U0780692

微语录
Weiyulu

巴菲特
投资微语录

荣千◎著

致股东的信+滚雪球的财富人生
经验分享

一本能让你读懂巴菲特的书
全球投资者终身学习的最佳选择

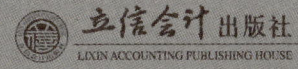

立信会计出版社
LIXIN ACCOUNTING PUBLISHING HOUSE

图书在版编目（CIP）数据

巴菲特投资微语录 / 荣千著. -- 上海: 立信会计
出版社, 2015.1
　　（去梯言）
　　ISBN 978-7-5429-4396-5

　　Ⅰ.①巴… Ⅱ.①荣… Ⅲ.①股票投资—通俗读物
Ⅳ.①F830.91-49

中国版本图书馆CIP数据核字（2014）第263586号

策划编辑　　蔡伟莉
责任编辑　　赵新民
封面设计　　久品轩

巴菲特投资微语录

出版发行　　立信会计出版社

地　　址　　上海市中山西路2230号　　　　邮政编码　　200235

电　　话　　（021）64411389　　　　　　传　　真　　（021）64411325

网　　址　　www.lixinaph.com　　　　　　电子邮箱　　lxaph@sh163.net

网上书店　　www.shlx.net　　　　　　　　电　　话　　（021）64411071

经　　销　　各地新华书店

印　　刷　　固安县保利达印务有限公司

开　　本　　720毫米×1000毫米　　　　　1/16

印　　张　　19.5　　　　　　　　　　　　插　页　　1

字　　数　　250千字

版　　次　　2015年1月第1版

印　　次　　2015年1月第1次

书　　号　　ISBN 978-7-5429-4396-5/F

定　　价　　36.00元

如有印订差错，请与本社联系调换

前 言
|PREFACE|

俗话说："人挣钱，累死人；钱挣钱，乐死人。"随着通货膨胀的加剧，物价飞涨，人们越来越意识到理财的重要性了。然而，中国的理财产品不多，绝大多数人选择的还是储蓄。但是，利息跑不过膨胀率，放在银行里的钱没有生钱，反倒不断地贬值。该怎样实现财富的保值增值？唯一的途径就是学会理财，特别是学会投资。

投资是一门大学问。在投资过程中，财富只是一串极具弹性的数字符号，它可以极速暴涨，也可以瞬间消失。收益的大小不仅取决于大环境，更取决于人们对投资技巧的运用。投资不是专业人士的专利，只要你掌握了一定的技巧和方法，你也可以在投资世界大展手脚。

沃伦·巴菲特是美国最杰出的投资家，他被世界投资者尊称为"股神"。2008年，根据《福布斯》杂志公布的全球富豪榜，巴菲特超过盖茨，跃居世界首富。2014年，在经济不景气的大环境下，巴菲特的净资产达到582亿美元，位居第四。

在巴菲特半个多世纪的投资生涯中，经历了美国国内多次的动乱、对外战争、三次石油危机、"9·11"恐怖袭击事件以及2008年席卷全球的金融危机，对社会环境高度敏感的金融市场，每一次都会掀起狂风暴雨，股市被搅得天翻地覆。在这些惊涛骇浪中，有无数的投资者顷刻间由亿万富翁贬为一无所有的穷光蛋。但是，股神巴菲特在面临这一次次危机的时候，都能绝地反攻，不仅及时躲避了股灾，还从中获得了巨额财富，这样的业绩，不得不令全世界佩服！

如今，巴菲特已经成为全世界股民的楷模。作为世界顶级富翁，他的个人生活却极为低调，外人几乎无法窥探到他的投资策略，这更为巴菲特本人蒙上了一层面纱，他的一言一行都让各大媒体以及股民揣度良久。关于他的风吹草动都可能影响到股票市场走势。所以，我们做投资必须了解巴菲特的投资理论。成功可以复制，学好巴菲特，我们也可以成为富翁。

但是，我们很多股民对巴菲特的投资理论只是一知半解，对其理论也只是似懂非懂，模仿巴菲特却没有吸收到巴菲特投资理论的精髓。为此，我们专门编写了这本《巴菲特投资微语录》。本书采用观点加案例的形式，"巴菲特微语录"部分摘录了巴菲特本人致股东的信以及其他一些演讲上的精华观点和语句，让读者全面系统地了解巴菲特的投资理论，同时，书中设有"活学活用"内容，则通过生动的例子，全面准确地分析了巴菲特的投资思想，帮助读者更好地把握巴菲特投资精髓。

每个人都渴望通过投资实现财富增值。但是，我们不仅要学习巴菲特的投资智慧，更应该学习巴菲特的投资耐心，避免投机心理，凭借自己的智慧和恒心，慢慢积累财富。总之，我们要下大工夫钻研巴菲特的投资学，掌握其精髓，并且不断实践，定能有所成就。

相信读者在阅读完本书之后，会对股神有更深入的了解和认识，为以后的投资生涯增添更多的智慧与策略，能更好地在股市遨游，赢得更多的机遇和财富。

目 录
|CONTENTS|

|投资哲学篇| 追求简单，化繁为简

|价值投资篇| 评估好企业和投资者

第4章　如何评估企业的内在价值

第5章　掌握复利，向时间要价值

第6章　长期投资，不轻易出手

|集中投资篇| 把鸡蛋放在同一个篮子里

第14章 集中优势兵力投资优秀股

第15章 聚焦市场，让市场为我所用

第16章 紧随时代发展，学习投资新方法

|交易原则篇| 寻找重大利好信息

第17章 适时买入股票很重要

第18章 伺机而动，果断卖出股票

第19章 抓准套利的最佳时机

第23章　走出股票投资误区

第24章　警惕股市陷阱

投资哲学篇　追求简单，化繁为简

　　巴菲特能够在别人恐惧时，勇敢投资股市，在别人贪婪时，控制投机的欲望，避免损失。我们能够做到在低迷的熊市，勇敢地投资吗？我们能够做到看着别人赢利，还保持理性，攥紧手中的钱吗？炒股炒的就是心态，拥有好心态，才会在变幻莫测的股市中保持足够的理性，沉稳应对各种可能发生的情况。像巴菲特那样有一颗平常心，善于化繁为简，股票投资也变得简单了。

第1章 炒的是心态，好心态才会赢

投机心理要不得

【巴菲特微语录】

总有一天伯克希尔会有机会把大量的资金再次投入股市，这点我们确信无疑，但是，就像歌里唱的那样："不知何处？不知何时？"当然，要是有人想问你为什么现在股市如此疯狂，请记住另一首歌："笨蛋总是会为不合理的事找理由，而聪明的人则避而远之。"

——巴菲特致股东函（1999）

【活学活用】

当某一支股票价格暴涨时，人们听得最多的就是"一夜暴富"的神话，什么卖羊肉汤的都赚了几十万元，拉三轮车的也买了奥迪等传闻不绝于耳。很多人以为投资股市是一个易暴富的行业，越来越多的人前赴后继地加入这一行列，但是绝大多数人对这一特殊行业实际上相当陌生。把"股市有风险，入市需谨慎"的警语也当成了耳边风。人们都心存投机心理，想从暴涨的股市里大赚一笔。结果，从"奴隶"到"将军"的很少，多数成了"烈士"。当然，也不乏一些走运的人偶尔赚到了钱。但是，很不幸，他们不知道自己为什么会赚了。不知道怎么赚的，自然也就不知道什么时候会赔，总是心存侥幸，自然赚少赔多，自己被套牢。

其实，炒股本是投资并非投机，必须明确区分这两个词，才能把握好正确的心态，做好股票投资。

投资指的是长期持有股票，分享公司成长带来的收益。结合现在的市场发展情况，只要是持有股票一年以上的就可以算作是投资了。而投机则是股民通过二级市场的差价获取收益，持有股票期限相当短，甚至短到只支持一个交易日。一夜暴富对于绝大多数人是个梦想，真正天上掉馅饼的事情微乎其微，不要奢求自己的5万元能在一夜间变成50万元，想要投资股市，就要长期持有，选准股票坚持下去，所有的财富都是累积出来的。

巴菲特曾说过："如果你不愿意拥有一只股票10年，那就不要考虑拥有它10分钟。"巴菲特还说："我最喜欢持有一只股票的时间是永远。"巴菲特习惯于听取所属公司的经理人员汇报经营成果，而不是公司股票的短期行情。他认为，只要有潜力的公司权益资本预期收益令人满意，公司管理层诚实能干，股票市场并未高估该公司股票，他就很愿意无期限地持有这些公司的股票。当然，有时候，巴菲特也会卖掉那些价格合理或被低估的股票，这是由于他需要一笔资金购买其他低估程度更高或者低估程度相同但他更了解的公司的股票。

从投资历史也可以看出，能够在股市长期发展中取得好回报的，一定是那些长期持有好的企业股票的人。万科最大的个人持股者叫刘延生，1991年前后，他总共买了400万股，10多年这些股票一直伴随着万科成长，2007年时他手上的这部分股票市值已经突破了20亿元。很多时候，"坚守"是比"买入"更加考验投资成熟度的操作。能够在股市低迷时坚守优质股票的投资者都是有思想的，更是有毅力的。

2008年3月，我国著名经济学家、国务院发展研究中心金融研究所副所长巴曙松表示，巴菲特投资股市的收益约为25%，2006年和2007年，中国股民选一支好股并持有，收益都远远超过这个数字。但巴菲特数十年来可以做到平均每次投资收益这么高，而我们的投资者却不能。正因为他长期持有股票，直到该股达到制高点，才断然割舍。虽然他每次的收益不高，但因为没有投机心理，能够让自己逐渐积累财富，他获得的是最后的成功。巴菲特的股票投资策略启示投资者，即使在投资领域，"长相厮守"也远胜过"露水情缘"。

不要在不了解股票的时候，就贸然进入，每次花一点钱去买股票，每次都在祈祷老天能够眷顾自己，能够赢利。但是，即使你略懂股票，但如果不去花心思研究，那么上帝也不会原谅你的懒惰的。

在瞬息万变的市场上，建立良好的心态，靠的不是心理培训，而是长期的训练和实践，放弃那些关于投机暴富的不切实际的幻想，真正遵循价值投资的客观规律。毕竟，和消息、概念比起来，这些规律才是最可靠的。

战胜贪婪和恐惧

【巴菲特微语录】

在大众贪婪时，你要缩手，在大众恐惧时，你要进取。当人们忘记"二加二等于四"这种最基本的常识时，就该是脱手离场的时候了。

——巴菲特在《财富》杂志上的讲话（1999）

【活学活用】

人有生活上有陋习，做投资时一样有投资的陋习。生活上的陋习有不守时，过马路不遵守交通规则，贪小便宜，在公众场合讲粗话等。投资也会养成一些陋习，这些陋习甚至可以将投资结果完全改变，由成功彻底转为失败。

在投资陋习中，最为严重的两种是贪婪和恐惧。贪婪和恐惧不仅是人类的大敌，更是股市的大忌。在绝境之时恐惧，在顺境之际贪婪，这些都是人性中的糟糕弱点，但很多人明知道自己存在这些弱点，却无法克服自我，最终也无法取得成功。而那些能够理性、客观地把握市场，在渺茫中自信，在顶峰时急流勇退的人，才能成为成功的投资者。

2007年盛夏，全球股票市场正是火热时期，当时世界能源危机也在持续，就在"中国石油"被公认为是世界上最赚钱公司的时候，巴菲特却分七次将其所持有的中石油H股股票，在7~9月短短3个月的时间内全部抛售了出去。

就在巴菲特卖出股票的3个月内，中石油H股股价在他12元的减持价上，又飙升到了20元。这让巴菲特的形象大损，曾经一度遭到世界各国知名证券投资者的嘲笑，他们认为巴菲特是头脑发热的投资人。

但是，正当人们疯狂购入中石油H股，陶醉于未来绽放的美好情景中时，股市行情却发生了惊天逆转，全球股市在2007年7月演绎了最后的疯狂之后，股价开始急速下降。截至2009年元旦，美国股市从14 000点跌到8 000点，中国股市更是惨不忍睹，指数跌去70%，中石油H股的股价最后竟降到7元，甚至还有一段时间跌到了4元。

为什么巴菲特能够在绝大多数投资者疯狂和贪婪之时，仍能保持清醒的头脑？就是因为巴菲特从来不贪求太多，他心中很清楚，收益和风险是成正比的，收益越大，风险自然越大，这是个不变的规律。人们不能心存幻想，不能心存侥幸，贪求太多，反倒什么都得不到。

当然，反之，投资股票本来就是一个存在风险的事情，如果过于强调风险，凡事裹足不前，处处恐惧，就很容易错失投资时机。特别是在熊市的时候，我们有很多人一直盯住熊市中的不利，专注于股市中让人沮丧的信息，而忽略了此时其中的一些"有利"信息，结果判断就受恐惧感的影响而发生了扭曲。其实，即便在熊市，股价也会有上下浮动，瞅准时机熊市也能赚钱。每当股价下跌，变得便宜了，这时大家竞相购入，价格定然上升。

巴菲特在2000年中石油香港上市跌破发行价、最低1.10港元的低迷恐惧时刻，独具慧眼地发现了中石油的价值所在，买入23.48亿股，不久股价上升，他从中获利，这就是个生动的例子。

要想提高自己在股票市场的赢利概率，就要戒除恐惧心理。越是恐惧，结果越是输得更惨。我们既然投资股市，就要把资金当成筹码，不要再回头望。只要尽了我们最大的努力，分析、研究、运用适当的投资战略，对市场有充分的了解和认识，即使是亏，也会亏得心安理得，知道将来一定会有机会重新赚回来，不会每次都亏。

总之，心是投资的主宰，戒除了贪婪和恐惧的心态，没有了思想上的束缚，心灵自然会更加明澈，我们在买卖股票时，才能保证思路正确清晰，看事情更加客观。

太自信也不是好事

【巴菲特微语录】

首席执行官自己心中有一个发展期望是一件很好的事情，甚至我们都会认为如果这些期望能够附带一些更为合理的条件，首席执行官即便公开发表个人心中的期望，也是很好的事情。但如果大公司公开宣布每股盈余可以长期维持在15%的增长率上，那么，我敢肯定它一定会给自己招来很多的麻烦，因为这样的高标准只有极少数企业才可能做到。

——巴菲特致股东函（2000）

【活学活用】

对待同一个问题，每个人思考的角度都会有所差异，得出的结论当然也就大相径庭。其中有一部分人在分析问题时，总是习惯性地采取快捷方式，忽略大部分应当注意的因素，而轻易地得出结论，有失客观。这群轻易就得出结论的人，常常就是那些过度自信，甚至非常盲目的人。

自信是优秀的品格，自信的力量能够帮助我们应对危机，战胜困难。在投资领域同样需要自信。在股市前景惨淡的时候，只有那些有足够信心的人才会逆势购买，为自己赢得钞票。但是，自信也是有一定限度的，并且自信应该建立在对信息的充分掌握上，否则就成了盲目自信，就像没有根的大树，早晚会倒塌。

有的投资者在刚进入股市的时候，还能常常有所斩获，等到变成老股民以后，因为赚了些钱，学了些指标，读了几本书，就渐渐地盲目自信起来，他们认为自己能抓住市场波动的脉律并且能够从中大获其利。于是他们疯狂地追涨杀跌，快速进出。但是，结果反而输多赢少，亏损严重。

这就是受了盲目自信的毒害。盲目自信阻碍了投资者提高操作水平，使投资者对股市的认识出现偏差。股市的发展是日新月异的，任何人如果盲目自信，都会停滞不前，最终必将被股市所淘汰。不要以为自己比别的投资者更了解股市，更能把握市场。其实，你可能收集到的大量信息，你所知道的东西，别人也同样知道，而别人可能还注意到了被你所忽略或排斥在外的信息。

一个真正杰出的投资人从来不自作聪明，自信地在市场中快速反应，以求战胜市场。他们更愿意充当动作缓慢却最终得到胜利的老黄牛。他们从来不会考虑在今天或明天的股市变化中捞得小钱，而后天又损失一大笔。他们只是认真地做好手头上的每一笔交易，并最终让自己和那些信赖自己的股东们都变成富翁。

巴菲特从不盲目自信，不做任何盲目的投资，他总是会用大量的时间去研究企业的素质，以保证自己的投资能够在未来有稳定的收益。他把自己看成是参股企业的当家人，并亲自参与企业的重大决策。

即便眼看着别人已经赚得盆满钵满，巴菲特也不会盲目地认为自己也能从中赚得到钱，他认为只有了解了市场、把握了市场之后才能购买股票，不能冒险进入那些自己根本不了解或无法把握的行业。所以，他每天都要阅读10份报告，选股之细心、用心程度可见一斑。正是着眼于投资，努力苦练内功，静静等待时机来临，果断抓住投资的大好时机，巴菲特的财富才会与日俱增。

早在几十年前，巴菲特的老师本杰明·格雷厄姆就曾把股市比成一个多变的"市场先生"。格雷厄姆还告诫巴菲特，要控制好自己。成功的投资人常常是那些个性稳定的人，投资者最大的敌人不是股票市场，而是他自己。即使投资者具有数学、财务、会计方面的高超能力，如果不能控制好自己，仍然难以从投资行动中获益。所以，不能盲目自信，自信应该建立在对市场和企业有了深刻的把握和了解的基础上，一切决策以客观事实为依据，这样才能更有把握成功。

盲目跟风输多赢少

【巴菲特微语录】

看到我们超高的报酬率，肯定大多数的投资者都会忍不住高喊着口号勇往直前。如果考量去年股市情况的话，你会发现任何一个投资人都靠着股票的飙升而大赚一笔。殊不知经过股市的狂风巨浪，又有多少人能够安全到达彼岸呢？

——巴菲特致股东函（1997）

【活学活用】

在一群羊前面横放一根木棍，第一只羊跳了过去，第二只羊也跟着跳了下去，紧接着，第三只、第四只也会跟着跳过去。这时，把那根棍子撤走，后面的羊走到这里，仍然像前面的羊一样，向上跳一下，这就是所谓的"羊群效应"，也称"从众心理"。从众心理很容易导致盲从，而盲从往往会让自己陷入骗局遭受失败。

"羊群效应"也很容易出现在我们人类身上。最常见的一个例子就是在进行投资时，很多投资者很难排除外界的干扰，往往人云亦云，别人投资什么，自己就跟风而上。

"随大流"是人们的习惯，特别是在股市，这种现象更是随处可见。股市能够增加财富的效应，让很多人觉得遍地是黄金。发财的关键在于眼光和信息，于是，"宁可犯错，也不能错过"成为许多散户共有的心理，他们推崇身边的投资高手，盲目迷信各种来源的小道消息。张大妈就是盲目跟风的受害者。

"你说，我是存到银行，还是买股票呀？"刚刚拿到到期的定期储蓄存折，张大妈难掩兴奋的心情，询问邻居小李。看到周围很多人都通过炒股赚了不少钱，张大妈也跃跃欲试。

对股票一窍不通的张大妈选择向小李求助，因为她知道小李没事的时候经常玩股票。小李兴奋地支持张大妈炒股，说自己可以全权代劳。于是，从开户到选股，张大妈全权委托给了小李。然而，看到小李给自己选的股票价格连续5

天下跌，张大妈傻了眼。

隔壁的老王也遇到了同样的状况，他说去年小李帮他选的一只股票现在已经退市了。这下可好，老王和张大妈都不停地抱怨小李没眼光。

听了两人的抱怨，金融专家钱教授说："亏了也不能怪别人。投资决策得自己拿，投资风险也得自己担，不能光听别人的。"

这可给新入市的张大妈上了生动的一课——投资要自主决策、自担风险、自享收益。

的确，别人赚钱，你不一定赚钱。别人说好，对于你可能就不适合。巴菲特从不盲目跟风，他有自己的看法。2000年，全世界股市出现了所谓的网络概念股，一些亏损、市盈率极高的股票一沾上网络的边便立即身价倍涨。但巴菲特却不为所动，他称自己不懂高科技，没法投资。1年后全球出现了高科技网络股股灾，人们这才明白"不懂高科技"只不过是他不盲目跟风的借口。

但是，巴菲特不跟风，崇拜巴菲特的股民却跟风严重。"听别人推荐"和"随大流"是新入市者中普遍存在的两类现象。很多新手尚未掌握基本的投资知识就急于投资，并对周围一些获得较好收益的投资者、专业证券机构存在"崇拜心理"，在进行投资决策时都出现了仅听别人推荐就购买一只股票或追随大多数人购买同一只股票的情况。这正是投资者对自己的判断、决策能力缺乏信任的表现。要想树立自己对投资决策能力的自信，投资者就必须学习并掌握相关投资理财的知识。在不懂的情况下，或者没有深入研究时，最好不要盲目跟风。

现在"股神"巴菲特的投资理念已经被众多投资者所接受，甚至于追捧。虽然巴菲特的确创造了惊人的投资回报率，所取得的成就足以证明了其投资理念值得广大投资者去研究、学习。但是在实际学习中，尤其是中国的投资者，往往对其投资理念理解不够深入，更多地纠结于巴菲特又投资了哪些股票，盲目跟风严重。拿中国香港为例，近些年来，中国香港有不少股票都和巴菲特联系上了，凡是被传巴菲特投资的股票，其大盘皆有不错表现。但是，这些消息扑朔迷离，有很多甚至就是纯粹的炒作。所以，投资者在面对巴菲特入股相类似的传闻炒作时，切不可盲目跟进，需在详细了解、分析相关上市公司基本情况后，再理智分析传闻属实的可能性，从而正确选择投资方式。即便传闻是真，也要考虑巴菲特买入时和现在价位的差距，根据自身的实力来决定。

另外，现在坊间流行的小道消息也同样值得投资者戒备。随着网络的普及，2007年以来入市的多是一些没有实际操作经验的新股民，他们最喜欢从各种网站的股票、基金论坛上捕风捉影，有的人甚至愿意花不菲的价格购买"机密信息"——这样就使很多人陷入了炒股只炒"代码和简称"的误区，一不知道上市公司的主营业务，二不了解公司的财务状况，只是凭借一些似有似无的小道消息贸然投入自己辛苦积攒的资金，结果损失惨重。对于这种小道消息带来的"羊群效应"，投资者还是避而远之为好。

冷静面对股市动荡，不要头脑发热，人云亦云。真理有时是掌握在少数人的手中的，当大部分人都疯狂购买所谓的"热股"时，不要再跟着去投资了，因为下一步的趋势就是变冷。很多人喜欢盲目地跟风随大流，因此导致了投资失败。要想在投资行业取得成功，必须先把基本功练好，学会利用市场信息去买进或者卖出，而不是随风向而动。

多份耐心，收获更多

【巴菲特微语录】

我们以不变应万变的做法主要是反映在我们把股票市场当成是财富重新分配的中心，而钱通常由积极分子手中流到了有耐性的投资人那里。

——巴菲特致股东函（1991）

【活学活用】

巴菲特是"能赚钱"的典型，而他能赚钱的原因，在于能够长期坚持投资理念，不因市场诱惑而改变。巴菲特认为："投资要有耐心等待，只有等'市场先生'犯错误，股票被严重低估时才买进。"

这说起来容易，做起来可需要很大的毅力，因为比买入和卖出更加困难的是等待，这个等待可能是非常漫长的历程。特别是看到别人轻松地快速赚钱，自己却一股不买，确实需要耐心。

巴菲特1973年和1974年进入股市，大量低价买入股票前，曾经耐心等待了3年之久。

股票市场1970年上涨3.9%，1971年上涨14.6%，1972年上涨18.9%，股市一路牛市，竟然持续了长达3年。终于到1973年股市下跌了14.8%，1974年又大跌26.4%。这时，巴菲特高呼：投资股票的好时候到了。他"趁火打劫"大量买入，1975年股市大涨37.2%，1976年又大涨23.6%，巴菲特两年分别轻松大赚21.9%和59.3%。

1982年8月到1987年8月，标准普尔500指数从最低的102点上涨到最高的338点，5年上涨3倍以上，又出现一个大牛市。

看到这种情景，巴菲特在1987年初致股东的信中警告说："当我在写这段文字的时候，整个华尔街还没有意识到一丝恐惧，反而到处充满了狂欢的气氛。是啊，有什么能比赶上一个大牛市更让人兴奋的呢？虽然公司的业绩增长已经缓慢不前，但大牛市的股价却照样狂涨，涨幅已经远远超过了企业的业绩涨幅。要知道，股价的增长不可能永远超越公司业绩的增长。"

巴菲特陆续把手中的股票卖掉，静静地等待下一个投资机会。1987年10月19日，股市暴跌，道琼斯指数一天下跌508点，与前日收盘相比一天下跌超过30%，创下历史上最大跌幅。巴菲特平安躲过了这一劫。

但就在1987年10月，股市暴跌后不久重新反弹。1987年年底除了永久性持有的3只股票和短期套利持股之外，巴菲特并没有任何投资举动。他相信，市场先生一定会给他机会的，一旦机会成熟，就大量投资。

市场先生终于在1988年兑现对巴菲特的承诺，巴菲特瞅准时机，在1988年和1989年间，先后大量买入可口可乐公司股票，累计买入13亿美元，而在10年后，其买入的可口可乐公司股票升值到134亿美元，一只股票就赚了100多亿美元。

这些生动的实例，让我们看到了巴菲特的耐心。这份耐心，这份执著成就了"股神"巴菲特。

但是，我们很多股民通常一入市，总是迫不及待地想买进股票，没有考虑股市是否正处在高风险期，也没有考虑此时的股价是否偏高。等到买完股票，就一心盼着它快快上涨。若发现股票稍有下跌，就方寸大乱，失去耐心，急着出售。随后，又去买正在涨价的股票，但是，往往刚买进热股，股票就开始大跌，结果损失惨重。

其实，股市都有这样一个规律，没有只涨不跌的股票，也没有只跌不涨的股票。涨过了头，就一定要回档进行强制性调整，然后再重新上涨；跌得过多，也必然会调整，随后上升。

另外，股市中有这样一个规则，有一些大户炒作某只股票，为了顺利吃货，就会集中力量，在股价涨跌的节骨眼上售出股票，将股价压低，这样很多散户会被吓跑，大户就可以用低价买入，然后重新拉抬。所以，股票下跌时股民要多一分耐心，等待一下，看清形势，如果是整个大势真正转坏，再出售也不迟。稍有点风吹草动，或一些小道消息，耐心持股，即便被套牢，也一定会有机会解套。

有时候，股市就是一次耐心大考验，谁能多一分耐心，谁就能够赢利。缺乏耐心，频繁买卖，常常得不偿失。

为了能够让自己有耐心等待，巴菲特办公室里都没有安装电脑，也没有股市行情机。另外，巴菲特办公室远在偏僻的奥马哈小城，远离纽约华尔街，少了很多喧哗，多了几分平静。心平才能气和，这样思路才能更加清晰。我们也可以让自己所处的环境变得宁静一些，让自己的心情恢复平和，让自己的思路更清晰，更加理性。

遇到亏损不要沮丧自责

【巴菲特微语录】

任何人想要研究1964年伯克希尔资产负债表的健全性，那么，他将得到和臭名昭著的好莱坞大亨一样的答案："放心好了，所有的负债都会如假包换。"

——巴菲特致股东函（1994）

【活学活用】

由于投资涉及个人利益的得失，投资者因此长期处于极度紧张状态。如果赢利，还有一点满足感聊以自慰；如果身处逆境，亏损不断，甚至连连发生不必要的失误，很容易头脑发胀失去清醒和冷静。此时，最佳的选择是抛开一切，离市休息。等休息结束时，暂时盈亏已成过去，思想包袱也已卸下，相信投资的效率会得到提高。做股票需要有健康的心态，有一定的抗压能力，能够心平气和地对待得失，这样才不会让情绪影响自己的决策，才能更容易做出正确客观的决定，扭转逆势，重获新生。

任何人都不能保证自己不失误，况且股市涉及方方面面，变化瞬息万变，任何一个环节出错，都可能导致出人意料的损失。即便是股神巴菲特，也同样投资失误过。

巴菲特自我披露，2008年是他接手伯克希尔·哈撒韦公司以来状况最差的一年，公司净收入下滑62%，账面损失达到9.6%，账面价值损失115亿美元。而造成这样巨大损失的原因，是自己未能预计到国际能源价格在2008年下半年时急剧下降，以至于他在油价接近历史最高位时，增持了美国第三大石油公司康菲石油公司的股票。

此外，巴菲特还坦言他在投资爱尔兰银行时犯下错误，出资2.44亿美元购买的两家爱尔兰银行的股票，到2008年年底，股价都纷纷狂跌89%。他戏谑道："我的投资组合原本想实现一个'便宜的买卖'，但形势的演变超出想象。当市场需要我重新审视自己的投资决策迅速采取行动的时候，我还在啃自己的拇指。"

可见，没有永远不失败的投资者。要把眼光放长远，经过冷静分析，认为自己的股票还有可能重新升值，就坚决持有。如果发现还会下降，那就果断售出。要给自己犯错的机会，只有经过失败，自己才能得到更好的锻炼，才能为以后的成功做好思想准备。想要成功就必须付出代价。所以，几次的失败，不要看得太重，这是很平常的事情。

另外，我们心中一定要给自己定一个成败的标准。不要随着市场股价的下降，就立刻抛售。有些人认为下降60个点算亏损，有人的股票即便下降80个点，他也不认为是亏损。所以，一定要有一个自己的标准，这样，自己做决定持有还是售出时，就有了一个衡量的标准，不容易频繁地患得患失，影响情绪。

此外，还要有自救措施。必须在开始的时候就考虑周全些，谨慎些，不要一下子把全部资金投入进去，手头要经常留有数量较大的备用资金。"如果经济状况欠佳，那么，第一步要减少投入，但不要收回资金。可以先投石问路。当重新投入时，一开始投入数量要小。"巴菲特如此告诫投资者。

最后，在理财时，使用自己的闲散资金，不要把应急的资金，或者保命的资金全投入到股市里，这样，哪怕损失，也不会影响正常生活。

第2章　理性思维战胜动荡股市

投资前制订周密计划

【巴菲特微语录】

　　这个目标有很高的难度，但是，仍然希望大家能够继续支持我们，在过去我们经常批评这些管理层，因为他们总是先把箭射出去，再去画上准心。不管这支箭将来射得有多歪，但是在这个问题上我们仍然愿意先标出准心，然后再进行瞄准。

——巴菲特致股东函（1993）

【活学活用】

　　计划是为实现某个目标而事先拟订采取的方法和策略。就像完成某项任务，人们的目标是实现这个目标，获得成功，但是该怎样才能达到这个目标呢？这需要根据具体情况进行研究，然后决定采取怎样的措施。只有目标，没有计划，人们很容易走弯路，就像是只有目的地没有路一样，很难到达目的地。

　　智者常常会在拥有目标后，再制订一个实现目标的周密而详尽的计划方案，给实现目标分个轻重缓急、先后主次，明白什么时候该做什么，中途遇到问题该怎样解决，这样就能逐步地实现目标。

一位不知名的新人在国际马拉松比赛中出人意料地夺得了冠军。记者们问他为什么会取得如此惊人的成绩，他说："在每次比赛前，我都要沿着比赛线路走一遍，把沿途出现的醒目标志标下来。比如，第一个标志是百货商厦，第二个标志是商业银行，第三个标志是一座红房子……这样一直画到赛程的终点。在比赛的时候，我就以跑百米的速度，奋力地向第一个目标冲去。过了第一个目标后，我就想着到达下一个目标，这样一个目标一个目标地实现后，我就很轻松地跑完马拉松了。开始，我并不懂得这样做的道理，常常把我的目标定到最后的终点，但因为途中路程太长，目标太远，我常常在半途就疲惫不堪，没有了向下跑的耐心，结果自然不佳。"

把一个大目标，分成几个小目标，有计划地，按步骤地一个个实现，就能最终到达最后的大目标。

但是，愚者从来不习惯为自己制订计划，做事情不分轻重缓急，主次先后，常常是眉毛胡子一把抓，丢了西瓜捡芝麻。结果耽误了大量时间，浪费人力和财力，最后结果也可能狼狈不堪。所以，要完成某个目标，制订合理的计划是很有必要的。

同样，在股票市场上，炒股并非人们想象得那么戏剧化，那么激动人心，并非凭风险、运气和热点投资消息就能获利。其实，投资股票需要制订周密的计划，这是一个机械操作而累积达到富裕的过程。制订一个周密的计划，能保证我们发家致富。

巴菲特信奉的格雷厄姆投资法的中心思想是："当企业的市面价格低于其价值时就投资。"一旦股价过高，他就停止投资，干脆休息，绝不拿钱开玩笑。他把写着"愚人和他的钱到处受到邀请"的醒目条幅挂在办公室的墙上。1969年，美国股市过热，巴菲特认为寻找有潜力的股票的机会越来越少，干脆卖掉了累积了13年的股票，解散了合伙投资基金。当他把钱分还给投资者时，仅奥马哈市就有50多人一下子成了百万富翁。巴菲特判断无误，他离场后，股市竞争愈发困难。3年后，美国股市的温度终于降了下来，道琼斯指数逐步降到了不及他1969年退出时的水平。1973年巴菲特又重新杀回股市。奇怪的是，自他进场后，市场又重新红火起来。1976年，他的收益率竟达到了令人瞠目的高度——59%。

巴菲特几十年致力于投资研究，形成了自己独特的投资策略，他年轻时就定下了这样的投资目标：获取市场的10个百分点，现在看来，他实现了。能取得这样的成就，可谓前无古人，后无来者。

那么，我们在制订具体投资计划时，需要考虑哪些问题呢？

第一，投入的资金数。

因为股票存在一定的风险，所以，最好不要把所有的钱都用来做投资，应该把钱分成若干份，将在一定周期内不急用的闲散资金拿来做投资，不影响家庭生活。

第二，选股数量和持股时间。

通常情况下，普通散户选择2~3支股票比较合适。根据投资环境尽量选择中长期，短期交易波动比较大，尽量不要参与。

第三，计划投资周期以及预期收益。

要给自己制订一个周期，计划一年投资几次，通常情况下，散户一年投资两三次比较好。三次以上的投资常常让自己自顾不暇，容易犯错误。另外，投资预期收益也要表现合理，不能太高，也不能过低，具体额度要根据市场情况而定。

第四，投资计划要具体明确。

制订计划要写下来，把每一个步骤，每一个环节都考虑周全。计划越明确，越有利于实施。太笼统，计划就失去了意义。

这四点是投资计划的基本因素，做好这项工作要进行深入的调查研究，通过自己的独立思考，进行缜密的推理论证，通过科学方法，做出理性的决定。不要道听途说，也不要完全相信所谓权威的话，以免盲目投资。

遵循计划做事，长期下去，常常让我们感觉单调乏味。很多人为了寻求刺激抛弃了计划，结果在不确定中输多赢少。只有那些长期坚持执行计划的人，才会最终走向富裕。

越简单越好，避免复杂

【巴菲特微语录】

　　这就是投资的精髓所在。你要买你看得懂的生意，你买了农场，是因为你懂农场的经营，就是这么简单。

　　　　　　　　　　　　　　　　　——巴菲特投资语录

【活学活用】

　　"追求简单，避免复杂"可以说是巴菲特投资理念的核心部分。这看起来很简单，只包含两个部分：买什么股票，以什么价位买。这两个招，好像谁都懂，但巴菲特却能把这两招用得出神入化，打遍天下无敌手。

　　针对买什么股票，巴菲特有自己的看法。他购买的股票有一个特点，就是拥有极高的商誉或者是处于市场垄断地位的公司，因为这样的公司的前景肯定是比较理想的。前者如可口可乐、万宝路、吉列、健力士以及1996年他开始大量购买的麦当劳，都是当今世界驰名公司；后者如华盛顿邮报、联邦快运等，这些公司几乎都是服务型企业或消费类企业。

　　另外，巴菲特所选择的投资企业，都是一些如他所说的"简单的企业"。比如，卖饮料的、卖报纸的，或者卖面包的、卖生产家具的，总之，该企业一定是一目了然、明明白白的。就是这些简单的企业给巴菲特带来了丰厚的利润。

　　值得注意的是，人都有好奇心，有很多股民总是受好奇心驱使，选择那些高科技企业，那些自己根本不懂他们的产品是什么东西的、程序复杂的企业。这些企业的发展情况很难把握，那么，投资其公司是赔是赢只能凭运气了。因此，一定要记住我们投资股票的目标，不是满足好奇心，而是去赚钱。巴菲特就是一位非常传统、理性的投资者。当他相信某一只股票的时候，并不急于在市场上证明自己的判断正确：他喜欢投资他能够理解，而且不会发生太大变化的业务。正是技术领域的快速变化使他远离了这一领域，因为他觉得无法确定一家高科技公司10年后会产生多少现金流。

对于传统企业，巴菲特更熟悉、更容易掌握其发展情况。他可以本着全方位、多角度的原则对上市公司进行评估，通过阅读大量的年刊、季报和各类期刊，了解公司的发展前景及策略，然后仔细评估公司的投资价值，并从中选出值得投资的优秀企业进行投资。知己知彼，自然百战不殆。

针对股票以什么价位买的问题，巴菲特是这样做的：他对筛选出的值得投资的上市公司估算出其内在价值，并等待股价低于这一内在价值时买入。巴菲特相信投资的不二法门是在价钱不好的时候，买入业绩出色的公司的股票，然后能持多久就持多久，只要这些公司保持着良好的业绩，就不要把它们放出去。简而言之，投资是要使资本向经营得更好的公司流动，而不是通过短期内股票差价的变动来获利。所以，巴菲特从来不会眼睛紧盯在公司的股价上，甚至有些时候他并不清楚一些股票的价位。他也不用学习电脑方程式，不去看复杂的图表分析，因为选择质地优良的公司，不是单纯选择股票那么简单。

巴菲特对买入和卖出的时机掌握得恰到好处，即使偶尔买入后被套住，也从不考虑止损，因为他坚信自己选择的股票有良好的质地，同时他更坚信自己选择的正确性，他认为自己手中持有的股票转入牛市获取利润，只是时间早晚的问题，他正是凭借着独到的眼光，坚持自我的投资态度以及稳扎稳打的投资作风才成为一位举世瞩目的投资大师。

除此之外，巴菲特曾对股民提出这样的忠告："股民操作应遵守越买越少的原则，在股市冷清之时买入，当股价上涨之后，如果看不准，就不要再加码，先试探一下，确信还能持续上涨几天时，才可买进，但量一开始要小。"

比如，投资者以100美元买入了可口可乐公司的股票1 000股，当股价上涨到110美元时，可再加码，但不要太多，加300~500股即可；等该股价再上涨到120美元时，可继续加码，但加200~400股就行了。

这种"越买越少"的操作方法，最适合股市散户。遵守这一原则，虽然买进的成本逐渐提高，但由于买进的数量越来越少，所以，成本增加的幅度较股价上涨的幅度小，投资风险也相应减少。

当然，作为一个投资人，一定要有颗淡定的心，追求简约，这样才会使目标更为明确。巴菲特的投资理念，代表着美国中西部人思想的精髓：他以十分实际的逻辑，而非抽象的概念或理论去思维；他不买卖股票，股票是抽象的；

他买卖的是生意——或者不能全面收购的生意的部分。用巴菲特的话说："我无意尝试和参与某些全国性的大潮流。"

由此可见，巴菲特投资并非玄乎其玄，只是抓住了自己熟悉的企业，通过各种方法多角度、全方面地了解企业发展状况，再在其股价较低时买入，之后长期持有。他相信，只要企业在运营，他的股票就会有赢利。而那些K线图，各种小道消息，他理都不理，这也让他不受外界影响，可以思路更清晰，更理性地抓住股票投资的本质。

所以，我们在选择股票时，要看该企业是否简单且易于了解，是否有稳定的经营史，长期的发展是否看好，经营阶层是否理性，对股东是否坦白，是不是能够紧随市场的脚步走，获利情况是否够好，能为股东创造多少利润，若要投资该企业有多少实质价值，能否在市场低于实质价值时买进，通过以上的思考分析，我们才会在股市中长久立足。

稳健投资策略才能常胜

【巴菲特微语录】

记住股市大崩溃的教训，我们要以稳健的策略投资，确保自己的资金不受损失，并且要永远记住这一点。

——巴菲特投资语录

【活学活用】

股市即人生，炒股如做人。这种比喻很形象：股市小人生，人生大股市。做人难，炒股也难；炒股难，做人也难。表面看起来炒股似乎只是股民动心起念促成的，实际是其性格、心态、为人、知识、经验等在瞬间的综合反应。要想成为一名股市高手，切记要保持理性的心态，稳健投资。

我们每一个投资人，入市之前一定要采取谨慎的态度。股市里有一条不言自明的铁法则：每个投资人必须自己包办投资的风险。这是全世界投资册子里都写明的，只是没有引起一些投资人的重视而已。巴菲特认为，自己当自己的基金经理，选择自己喜欢的优秀公司，显得更为重要。因为投资者拿钱出来投资是想要致富，而不是想去坐股市云霄飞车寻找刺激。

有些投资者抱着"随便买"的态度，坐上股市云霄飞车吓破胆得了心脏病。而"随时买"，更是使成绩趋向一般。想想看，为什么巴菲特今天手上拿着总值近4亿美元的现金还未投资？很大部分的投资者借由分散风险的做法来自我保障，免得因为欠缺足够的智慧和专长，把巨额资金投注在少数的事业上受到伤害。他们把资本分配在不同种类的投资上，借此达成避险的目的。

巴菲特虽然认为分散投资风险是必要的，但是如果把它当做投资的主旨就是不正确的，投资只执著于分散风险，以至于握有一堆不同种类的股票，但却对他们所投资的企业少有了解，这实在有点盲目。

巴菲特降低风险的策略就是小心谨慎地把资金分配在想要投资的标的上。巴菲特认为，最重要的是要投资哪些标的以及以何种价位买进以降低风险。也就是说，以合理的价位买进那些经营卓著的公司股票，减少发生损失的概率。巴菲特常说，如果一个人在一生中，被限定只能作出10种投资的决策，那么出错的次数一定比较少，因为此时他会审慎地考虑各项投资，方才作出决策。

巴菲特曾说："时间和精力是用来改变一只股票价值的力量，每个人只能把重心放在几支重要的股票上，因为他没有太多的时间和精力去研究所有的股票。"因此，巴菲特提供了一个不管经济好坏都会为你赚钱的投资管道，秘诀很简单：买入不管经济好坏都能赚大钱的企业。既然企业赚钱，投资者当然也就跟着赚钱了。

巴菲特之所以能形成自己一套完善的、独特的投资理念，并大受世人称赞，这与他的老师是分不开的。他的老师格雷厄姆，是20世纪美国最著名的证券分析大师。其50余年的证券分析投资生涯所获得的成就为其博取了"证券分析之父"、"投资价值理论之父"的盛名。

格雷厄姆把市场的报价形象地比喻成一个"市场先生"。这位先生的特点是情绪波动特别大，几乎是喜怒无常。在高兴的时候，就会报出远高于其实质价值的价格；而相反，一旦情绪低落，他的报价也就相当低，使价值明显低估。格雷厄姆的这个比喻充分反映了市场的非理性。他同时也指出聪明的投资者显然可以在这种情况下坚持自己的理念从而获利。所以，格雷厄姆的投资理念是：第一，坚持理性投资；第二，确保本金安全；第三，以可量化的实质价值作为选股依据。

总之，不要想着一口吞掉一个胖子，要稳健投资，逐渐积累自己的财富，小收益也能积累出大财富。

有一个人投资股市10年，5 000元起家，几乎从未借钱与透支，获利1 000多倍，但他从来都不张扬自己。他赞叹老子的哲言："上善若水"，水很低调，但地球上71%的面积都被水占去了。在2008年七八月间，别人问他在做什么股票，他答道："我今年已赚到60%的利润，现已退场抽新股，眼下股指已处于高位，我这种低手已不适应，就留给高手们去大显身手吧！"当问及以后每年的赢利目标时，他说："能赚到10%~25%就很不错了。巴菲特这样的股王每年的复利增长率仅为28.4%，我定到25%就很高了。要知道平均市盈率高达50多倍的股市已是过度投机了，像一个大赌场。如果你每年都能在赌场上赚到10%的利润，那么你不是太走运了吗？"

这位股民对安全策略的掌握简直是炉火纯青。如果我们每一个投资者，都能以一种理性的心态，稳健扎实地去投资，那么是不是在无形中就减少了许多的损失呢？同时也会让我们获得安全而稳定的收益率，这不得不引起我们的深思和足够的重视。

抓住最佳投资机会

【巴菲特微语录】

去年我曾告诉过你们，企业和证券市场正处于不同寻常的环境当中，这些证券价格相对于美国国债而言低得可笑。我们仍支持买入一些此类证券的观点，但要是放在以前，我会买入更多。好机会不常来。天上掉馅饼时，请用水桶去接，而不是用顶针。

——巴菲特致股东函（2010）

【活学活用】

先哲曾经说过：愚者错失机会，智者善抓机会，成功者创造机会。释迦牟尼在菩提树下修出正果，牛顿在苹果树下发现万有引力，有人在树下等待被撞死的兔子，一无所获。有些人一生都在等待让自己成功一次的机会，其实，机会不是等来的，是自己主动抓住的，发现机会，抓住机会，你就成功了。

资本市场形形色色、虚虚实实，那屏幕上跳动的数字牵动着每个人紧张的神经。证券交易所中总是充斥着繁复不停地叫喊和手势，这些激动人心的画面让人迷茫，让人失控。然而，就在这颠簸不定的股市中，有很多人因为抓住了机会而功成名就。

成功的巴菲特总被他人出于各种目的冠以各种光环。人们崇尚巴菲特，但人们是否深层次地考虑过巴菲特操作和判断的依据？巴菲特着眼于企业的长远运作，他也做其他的投资，如套利炒作，买卖白银等，但无论做任何投资，他都能恰到好处地把握住时机，获得最后的胜利。他让自己在投资方面的潜力发挥到了极致。

巴菲特对股票投资的时机把握得极好，当股市火暴异常，众人疯狂地抢进抢出时，他清醒地在一边冷眼旁观。而当股市大跌，众人都感到悲观失望而纷纷离场不愿再投资时，他抓住时机粉墨登场。为什么能把时机掌握得那么准确？他认为，这需要多多学习。

一般股民至多重视基本面分析与技术分析，他们很少想过如何提高自己的情商水平以及心性境界。因此，许多人终年在股海中浮沉，尽管有时好运赚到点小钱，但发大财的梦想最后还是破灭了，他们不仅耗尽了宝贵的时间，还赔了不少钱财。这样的股民，一方面让人叹息，另一方面也引起我们深深的思考。

其实炒股不仅仅需要在技术层面进行提升，还应该在情商和心境上，有一个把握。举个例子来说，当你认为一只股票值20元时，就等到熊市时以10元买入，在大众看好时以50元卖出。基本面有上市公司来做宣传，经营有上市公司去运作。你唯一要做的事情就是等待股票在心理价位被腰斩时介入，在心理价位的2倍时卖出。

巴菲特的选股方法就是公司评估加情商、心态评估。他在购买股票前，会慎重考虑公司的潜力。然后以大众心理作为人气指标，他的心里一直在画着大众心理PSY线。"用大脑不用腺体"是巴菲特的名言。大脑就是要判断企业经营和大众心理。

那么，我们进入市场时，该怎样具体把握股市行情，发现机会呢？股市上的机会有以下几个特点：

第一，市势有明显的升跌趋势。

明显的升跌，才可以使投资者看好或看淡而定下投资方向，也才可以因之而获利。怎样判断市势将会有明显升跌呢？移动平均线就可以发挥其作用。大市移动平均线向上或是向下而且走势明显的话，升跌也就很明显。

第二，市势除有明显方向之外，也有相当的波幅。

比如分析一只股票之后，认为其将会由1%升至1.06%。即使有明显的升势，但幅度如此之少，又能赚得多少？况且市场不会保证让你每次必赚。如果看错就亏，赚又赚不了多少，这就没有什么机会可言。真的机会应该可以让投资者有可观获利，股票的上涨幅度如果很小，比如两三个百分点，而且涨涨落落，很难捉摸，买中并不容易，这些都不算是什么机会。

第三，要确定赚钱的概率非常高，才算是机会。

有可能赚，也有可能亏，输赢各占一半，这也不可以看做是机会。差不多有八成甚至九成可以入市赚钱，才是真正的机会。有时有些投资者热衷于打听市场上的小道消息，这些所谓消息差不多人人都知，那还有多大可能赚钱？这些也不是机会，相反，可能是陷阱，是骗局。

第四，真正好的投资机会应该赚钱的可能性极高，亏钱的可能性极小。

什么情况之下可以做到赚钱的可能性极高，亏钱的可能性极小？比如大市由高位下跌，跌了近1万点，跌足了一年，跌穿250天移动平均线，离开250天移动平均线达30%，之后开始慢慢回升。过了一段时间之后，已回升至250天移动平均线之上。这时250天移动平均线已经明显发挥出强大的支持作用。大市强烈地显示这是一个转向市，由熊市返回牛市。这时人们做长线投资，赢面的肯定程度极高，这才是一个机会。

第五，股市机会的定义还应包含"值博率"。

有机会赚10万元，但如果亏也同样会亏10万元，这并不算是机会。但如果衡量之下，有机会赚100万元，亏只会亏去20万元，再加上以上所讲的因素，"值博率"极高，这才是一个大好机会。

总之，股市中存在机会，但抓住机会需要我们不断地学习，反复地调研，日积月累我们的投资能力才会得到提高，那时，就可以知道什么时候应该买入卖出了。

投资目标明确更容易成功

【巴菲特微语录】

投资人的目标是建立可以在未来几十年还能产生总体盈余最高的投资组合。在这个巨大的交易舞台中，我们的任务是寻找这样的企业：它的赢利状况可以让1美元的留存收益至少能转化为1美元的市场价值。

——巴菲特投资语录

【活学活用】

任何事情都要有一个明确的目标，我们应该知道自己想做什么，最终要达成一个什么样的结果。这样，我们做事情才有方向，不至于走向歧途。

同样的道理，投资股市更应该有明确的目标。我们每一个投资者在进行一项投资决策前，都应该明确以下两点：你的投资目标是什么；你的投资目标是否切合实际。就像投资大师巴菲特一样，他知道他的目标是什么。要想成功，你必须首先明确你的投资目标。

你可能是在为退休后的生活做准备，所以你的基本目标可能是安全。也可能你的目标是寻求独立，还有可能你的目标是让你的孩子们幸福。当你思考你的投资原因时，你会把经济上的目标放到一个特定的背景中去考虑，你会发现它们是第二位的：只是一种支持着某个更高目标的方法。

然后问你自己：你有没有竭尽全力去争取实现这些目标？它们是否只是梦想？两者的区别在于动力。梦想是一种你深藏心中但并不是真的有动力去实现的东西；目标则是一种你愿意而且往往很高兴去追求的东西。投资大师的目标无疑不是梦想：他们一天24小时不离投资。投资是他们的生命。一个时刻梦想自己成功的人，他的强烈欲望会让他变得精力充沛，能帮助他抵制住很多诱惑，更容易实现目标。

在我们明确了自己投资的目的后，我们还应该明确要保住自己的原始资本，因为如果我们连本金都保不住，那些能谈得上是投资吗？这就是你必须像投资大师那样将保住资本定为第一经济目标的原因。你得首先留住你的现有财富，不管是大财富还是小财富。

入不敷出会侵蚀你的资本，甚至让你背上债务。只有花的钱少于赚的钱，你才可能积累资本，保住财富——继而让财富增长。保住资本和节俭生活就是让富人区别于穷人和中产阶级的财富观。它们是财富的基础，是走向富足的唯一必经之路。

最后，我们应该明确投资领地，即使是巴菲特这样的投资巨人也只能占据蕴藏数万亿美元的庞大投资市场的一小部分。你没有数十亿美元的投资资金，所以，你的投资领地应该是小而集中的。决定你的投资领地的是你的能力范围。像投资大师一样，如果你采取行动，你必须知道你在做些什么。这意味着你必须留在你的知识范围内，不能偏离到你不了解的领域中。

所以说，划定你的能力范围是至关重要的。要做到这一点，你需要明确以下几个问题：

（1）我对什么感兴趣？

（2）现在我了解什么？

（3）我愿意去了解什么，学习什么？

答案越详尽越好，这样自己确定的投资领地才能更加切合实际，才能掌握得更加全面。

一个叫做乔治的人曾经在股市上赚了几百万美元。为什么他能够赚到这么多钱？因为他对纽约租金控制的法律了解得相当清楚，知道该怎样对他所购买的房产稍做改进而抬高租金——并顺其自然地提高房产的转售价格。事实上，大多数纽约人甚至不知道提高租金受控的房子的房租是有可能的。于是乔治最终取得了胜利，他已经完全占领了这块利润丰厚的小领地。有一位医生发挥了他对医学知识的理解优势，专门投资与医疗保健业相关的股票，结果大获全胜。由此可见，我们应该着眼于自己熟悉的领域，那样可以让我们少走弯路。

明确自己的投资领地后，我们就应该抵得住诱惑，全神贯注于投资的过程而不是投资本身。这里要保证自己的目标专一。

巴菲特曾这样形容：金融市场总是像摩托车运动一样戏剧性地变化，而要到达目的地必须只有一个目标，这跟射箭是一样的，只有目标专一，才能达到目的。

每当华尔街稍有风吹草动时，机构投资者会迅速调整他们的投资组合（买入或卖出）。他们的行为主要基于安全方面的考虑，而不是对公司良好的内在价值的体会。巴菲特对于那些机构投资者只是盲目跟风的非理性做法相当不理解，他不明白他们为什么那么做。

相当多的评论家认为，奉行分散投资这一传统准则的机构投资者比巴菲特更谨慎。巴菲特不同意这种说法。他承认机构投资者的确以更传统的方式投资，但是更传统的方式并不等同于更谨慎的方式。而且，谨慎的行动来自对事实的充分了解和理性分析。巴菲特不以"大人物"同意他的观点而自信，也不因为得不到他们的认同而丧失自信。无论人们是否赞同，巴菲特坚持以谨慎的方式管理金钱。

大多数机构投资者业绩平平的原因并不是因为智力，而是因为他们对投资的目标不明确，很容易受到周围环境的影响而转变投资方向。所以，我们一定要明确自己的目标，坚持朝目标前进。

顶住股价波动的压力

【巴菲特微语录】

只要你能承受得住价格的波动，拥有3支股票就足够了。我知道心理上我完全能承受得住价格的波动。我从小就是由善于承受得住潮流的人抚养长大的，所以，我是实施这套方法的理想人选。

——巴菲特投资语录

【活学活用】

众所周知，我国的多数股民，大多数时间都在紧盯着不断跳动的股价，他们往往因股价上涨高兴跳跃，因股价下跌忧心忡忡，或者，与持反对意见的人争执。他们受大盘的影响如此之深，以至茶不思饭不想。

这样对股票价格敏感的投资者很难做好投资，他们每当看到股票价格下跌，便如临大敌地想卖出手上的股票。这样的投资者就像巴菲特所说的那样，花了10万美元买下了一幢房子，而后你又告诉经纪人开价8万美元把它卖掉，这样的行为很不妥。

巴菲特说："由于种种原因，人们更倾向于以价格变动而不是以价值变动来得出结论。如果你去盲目地做某些事情或者跟随其他人做某些事情，你会发现事与愿违。仅仅因为股价上涨而去购买股票是世界上最愚蠢的事情。"

股价的波动是证券市场里再正常不过的现象了。股票价格的波动并不能影响公司的前景，大可不必让自己的心情随着股价的上下波动而起伏不定。股价随时都在发生着波动，波动得剧烈一些，的确会给投资者带来巨大的影响，但若因为股价的波动而使我们的心绪烦乱的话，会影响我们的行为判断。所以，投资者应该保持清醒的头脑，不能光关注短期股价的波动，从长期来看，可能你所持有公司的经济效益会补偿任何短期的价格波动。

通常情况下，3个月以下的股价是随机变动的，这种变动没有任何规律。对于每日波动，即便波动很大，也都是无关大局的。大量的事实证明，通过过去的走势去分析短期股价未来的走势常常以失败而告终。但是从长期来看，股价的变动是随着股份公司的内在价值而变动的。

所以，作为股民我们应该着眼的是公司的业绩，而不是股票价格的一时波动。作为一个杰出的投资者，要想追求高于市场平均值的回报，就必须努力学会克服各种可能出现的问题，坚信自己购买的股票，这样才能稳住价格波动给自己带来的内心波动，获得最后的胜利。

当然，作为一般的股民，人们常常会很困惑，经常说："道理我明白，可是不看股价我心里着急啊。"的确，很少有人能真正忽略股价波动。为此，我们要锻炼这种心理承受能力，改变自己的言行和思维方式。

通常对股价患得患失的人，都是因为担心自己的投入受到损失，把一时的利益看得太重要。所以，我们要自我提醒，不要贪图一时的得失。短期的下降，并不代表什么，既然认为股价还有上涨空间，就要保持信心，坚持持有下去。

另外，我们对某个事物了解得越多，心中的不安就会越少。所以，明明白白了解股市，让自己的买入更理性，更科学准确，内心的波动就会减少很多。当然，股市随时有风险，还要做好最坏的打算。

对于那些的确性格上比较敏感，缺乏自信的人，要么选择长期持有股票，克制自己去看股市，远离股市行情表；要么，就在投资前做好最坏的打算，看自己是否能够承受得了，如果承受不了，还是不去炒股。因为这样敏感的人早晚会被恐惧感驱逐出局。

总之，要想成为一个优秀的投资者，就要有信心，有毅力，要有意识地改变自己的思考和行为方式。把更多的精力用在分析企业的经济状况和评估管理状况上，这样就能更理性、准确地选择股票。

要用变化的眼光看待企业

【巴菲特微语录】

30年前，柯达公司的护城河和可口可乐的护城河是一样宽阔的，但是，如今的柯达已经不再像以前那样令顾客青睐了，它的护城河变窄了。而富士公司通过各种方式已经缩小了和柯达的差距。比如，富士已经顶替了柯达的位置，成为奥林匹克运动会赞助商。可口可乐的护城河比30年前更宽了。虽然我们无法真正看到一条护城河变宽，但是，每当你看到可口可乐的工厂又扩张到了一个虽然现在看不到赢利但到20年后会赢利的国家时，它的护城河就又加宽了一些。企业的护城河每天都在变，有的变宽，有的变窄，10年后，你就会发现它们不一样了。

——巴菲特在佛罗里达大学商学院的演讲（1998）

【活学活用】

我们无法肯定下一个10年会有哪些企业倒下，哪些企业崛起，商场的竞争太激烈了，企业的发展情况也是有很大变数的，曾经的奶制品龙头三鹿公司瞬间倒塌就证明了这一点。所以，不要以为现在很有名气的大企业，未来还同样能占据这个位置。我们要用动态的眼光看待企业，看待自己的投资。

家喻户晓的柯达公司曾经红极一时，它曾是世界上最大的影像产品及相关服务的生产和供应商，在过去，人们一提到照相，一提到胶卷，就一定会提到柯达，人们愿意购买柯达的产品，可见，柯达当时在影像产品市场上有绝对主导地位。然而，近十多年来，柯达品牌在逐渐被人们淡忘，而富士悄悄进入了人们的视线，占据了一定的市场。富士在人们心中的地位已经和柯达一样重要了。

曾经的龙头企业，为什么到现在会变成这样呢？柯达为什么会走到现在的地步？其中很重要的一个原因就是，柯达对高新技术产品反应太过迟钝，当数码照相技术以其独特的优势走入千家万户时，柯达还在依赖相对落后的传统胶片部门创收，慢了一步，消费者就流失了一大批，所以，现在人们印象中的柯达，还是停留在胶卷时代。另一个重要原因，是柯达的管理层作风偏于保守，没有前瞻性眼光，没有及时调整公司的经营战略重心和部门结构，决策犹豫不决，错失良机。其实，柯达公司早在1976年就开发出了数码相机技术，并把数字影像技术应用于航天领域；1991年柯达就有了130万像素的数码相机。如果当时柯达公司能够重视数码相机，那么，今天它依然占据消费者心中最重要的位置。

所以说，企业只有不断地挑战自我，不断地紧跟时代潮流前进，才能长久生存下来，并会把别的企业远远地甩在后边。如果稍一停滞，就会有很多企业后来居上，自己发展的空间变窄，甚至逐渐被社会淘汰。

特别是在一些高新技术行业，谁拥有了更先进的技术，谁就拥有了更广阔的市场，技术的淘汰更新太快，企业只有保持因特网公司那样的持久创新力，才能得以持续发展。

而其他行业，即便不必那样迅速创新，也要不断挑战自我，不断自我更新换代，这样才能引领时代潮流，始终占据市场，否则，就可能逐渐失去优势，退出市场，走向衰败。

而我们作为投资者，必须明白企业的发展历程并非一帆风顺，而是不断变化的，今天的一流企业，明天就可能落伍。所以，投资某个企业，不能图一劳永逸，要多关注该企业的发展，及时掌握最新信息，了解企业动态，继续判断

第3章 "投"其不备，出其不意

培养独立思考力

【巴菲特微语录】

我们真正强调的是独立思考而不是投票表决，但是，不幸的是伯特兰·罗素对于人性的观察同样也适用于财务投资之上："大多数的人宁死也不愿意去思考"。

——巴菲特致股东函（1990）

【活学活用】

任何一个投资者都应该学会独立思考，这个能力非常重要。曾经有人问巴菲特：如果出现问题的话，你去请教什么人？巴菲特回答说：投资成败一定是来源于思想层面的领悟的对错。所以，当真正出现问题时，我只能对着镜子说话。由此可见，真正成功的投资者，通常都是具备非常强的独立思考能力的人，他们必须通过独立思考解决问题。坚持独立思考是成功者的必备素质。

巴菲特在他漫长的投资生涯中，一直坚持走自己的路，独立思考，从不人云亦云，也从不放弃坚持的理念。

当很多投资者在牛市里忙着购股票，买进卖出的时候，巴菲特正在静静地等待，他在牛市觉得股票已经明显高估，就把大部分股票抛出了，然后闲下来，不盲目进入任何一家企业。他找不到便宜的，被低估的股票，所以显得很闲。等到出现熊市，很多投资者都在观望时，他反而忙得不亦乐乎，因为他发现了很多有潜力的企业的股价远远低于它们本身的价值。他这时一上班就给自己的经纪人打电话，然后继续研究到底现在哪些公司的股票特别便宜，再给经纪人打电话买股票。他每天都要关注《华尔街日报》上的收盘价，了解最近时间内大概在什么位置，再告诉经纪人在哪个区间买入。有时候，他的经纪人会在一天内接到巴菲特打来的五六个要求买入的电话。别人大跌大悲，巴菲特则是大跌大喜。

巴菲特在选择到自己真正信任的股票后，从来不去在意股市的波动，不管股市如何动荡，他都能做到从容淡定。他说人们拥有股票就该像拥有房屋一样，无论房地产怎样动荡，都不会感觉到心神不安，就算股市连续下跌，也不应恐慌，应坚信有价值回归的那一天。

巴菲特还对长期持有的投资原则格外坚定，他要依靠连续性来赚取利润，极少涉足短期投机行为，并且一直对此深恶痛绝。

巴菲特这样与别人格格不入的行为，其实是他独立思考的结晶，只有懂得独立思考的人才知道真理所在。

这种独立思考的能力来自于巴菲特的老师格雷厄姆，他的老师教导他：如果你对一件事经过了深思熟虑，并得出了合乎逻辑的判断，那么就不要受他人的影响，应该果断地坚持自己的主张。格雷厄姆曾写道："你不会因为这些人的不同意，而判断正确或错误。你之所以正确，是因为你的资料和推理是正确的。"

但是，在股市中，我们有很多投资者认为隔行如隔山，自己对股票投资不理解，应该听从其他人的意见。总之，他们根本不思考，他们只想参考，然后去模仿、跟随。

投资赚钱是自己的，评论是别人的。仁者见仁，智者见智，对于别人的意见，我们应该从不同的角度看待。在作出每一个投资决策前，我们可以参考别人的意见，但更多的还要具体考虑自己的情况，包括自己的风险承受能力、自己的投资风格、自己对市场行情的独立思考等。

为了培养自己的独立思考能力，我们要多阅读相关的书籍，不要在不懂得股票是什么的时候，就盲目进入。大量的阅读能让自己对这个行业有了更深入的了解，进而形成基本的投资思维方式。

有了自己的想法，就可以去实践，通过小规模的亲身实践，进一步验证和调整自己的投资思维，逐渐把握投资规律，看透市场投资陷阱，这样才能让自己逐渐自信起来，逐渐形成自己正确的投资方式。

抓住细节，赢在股市

【巴菲特微语录】

"读所能读的一切"，并从细微的数字、事实中感知变化。对一件事进行多个角度的推论，如此反复便容易对很多事情的发展有了预见力。

——巴菲特投资语录

【活学活用】

机会常常存在于细节之中，灵感往往来自于不经意的一瞬间，财富的积累需要细心、谨慎和执著。基业长青不是靠粗大的枝干，而是源于细枝末节的繁茂。所以，细节决定命运，同样，关注细节变化也会改变炒股命运。我们每一个股民都应该着眼于目标企业生存发展过程中的每一个细节，这样才能预见其发展形势，紧紧把握住任何一个机遇，成为赢家。

任何一个投资者，不管他是平民百姓还是百万富翁，都会希望自己能发现下一匹大黑马——下一个克莱斯勒或是微软，让自己赚大把大把的钞票。可是问题在于，没有人有这样先知先觉的能力，换句话说，没有人能完全精于此道。

巴菲特指出，投资就像从事其他事业一样，高明的教练会告诉你：注意那些事关重大的细节，留心细节，做好准备。那些原本看起来不值一提的小事，随着时间的推移，可能会对你的投资产生重大的影响。

比如，股市是通情达理有效率的。股价可能在两个极端之间来回进行剧烈的周期性的振荡，但在普遍情况下，大多数股票的价格是合理的，发现定价错误的股票是很困难的，一只股票之所以便宜有其便宜的道理。

当我们集中精力，想要在一支看上去价格低廉的股票上进行大的投资时，我们其实就下了一注，与其他投资者比起来，我们认为自己对于这只股票拥有信息、见识和知识方面的优势。也许的确如此，但巴菲特认为，这也可能恰恰是投资者错过或忽视了某些相关的细节信息，这些信息解释了这只股票的价格为何如此之低廉。

如果投资者买进的价格低廉的股票是某个行业的领头羊，其价位长期以来保持着较高的水准，那么投资者的决策可能是正确的，可能只是由于近期该公司或该行业运作上的一些问题才遭到了投资者的抛弃。1994年，美国医药健康类股票由于克林顿试图在这一领域进行改革而价格大跌，在这个时候买进莫克股票无疑是买进了"廉价"的股票。但买进价格下跌中的莫克股票跟买进压根没法和戴尔、微软或IBM竞争的小计算机公司的股票有着天壤之别。

巴菲特提出，如果投资者准备买进价格处于下跌中的股票，最好针对性地对该公司的规模、财政状况及其在所在行业中的实力等一些关键指标进行全面而深入的调查，不可以买进那些小规模的、以技术定位的投机公司的股票。

还有关于代理费用和基金费用等细节。我们支付的每一笔代理费用都会使我们的总资产减少，我们支付的每一笔基金管理费也绝不会给我们带来任何回报。这些费用可能看起来不多——每周的代理费用不过80元或者120元，每年缴纳的基金管理费用也不过几千元。但随着时间的推移，这些费用将累积起一个较大的数目。即使是那些貌似廉价的在线代理，如果你每天都要做几次交易的话，其费用累积起来也是惊人的。

当我们正在股市上大显身手的时候，很容易忽视这些点点滴滴的细节。当一个人在股市上每年能获得40%的高额回报时，他是不会在乎那每周100元的代理佣金的。对许多投资者来说，他们心中的股市似乎只会永远上升。

另外，还有税收，也是众多关乎我们投资计划的"小事"之一。随着时间的推移，延缓纳税会对我们的股票增值产生重大的影响，延缓纳税听起来可能是一件小事情，但如果我们是一个长期投资者，这就成了一件大事了。

那些在股市中久经磨炼的百万富翁投资者们从来都会把这些小的细节弄得明明白白，写进自己的投资规划中，因为他们深知仅凭过去两三年的市场行情来对未来股市做出长远预期会犯大错。在大多数年份里，当市场恢复到正常状态时（大约11%的年回报率），诸如税收和费用之类的小事情将显得很重要。所以，作为股民我们应该关注这些细节，在细节变化中发现投资机遇，在细节变化中将支出降到最低。

持续获利企业更值得选择

【巴菲特微语录】

我一直辛辛苦苦做的事就是，寻找最优秀的公司，具有很强的定价能力，拥有一种垄断地位。对那些不需要投入太多资本就能实现持续增长的超级明星公司更为钟爱。

——巴菲特投资语录

【活学活用】

对于企业的利润，巴菲特有着自己独特、简单的看法。巴菲特根据长期投资得出结论，有两种公司最值得投资。

一是具有持久竞争优势的品牌公司。这些公司以生产品牌产品为主，消费者因为认同其品牌，在通常情况下都会选择购买其产品，这样其产品就会具有消费垄断优势，这类公司因而具有持久的竞争优势。即使在经济不景气的情况下，因为消费者群体对其产品的信赖，这类公司的获利也不会遭受很大影响，不会大起大落，从而能给投资者带来长久的稳定的收益。

有人曾经做过一个小测验：可口可乐、百事可乐以及沃尔玛连锁商店所推出的三种碳酸型汽水，三者味道几乎无差别，经过测试表明，没有人能够通过品尝分辨出牌子。但是，当沃尔玛连锁商店在它的几千家分店门口将自己的汽水放在自动售卖机上，以两家名牌汽水的半价出售时，消费者还是宁愿选择自己喜欢的品牌——可口可乐、百事可乐，这就是"商誉"，就是消费垄断优势，它能够给企业和投资者带来巨大的利润。选择投资对象时如果能够抓住这些公司就等于搭上了财富的快车，利润将滚滚而来。

二是最有效率的公司，提出这一标准是从经营管理的角度出发的。在一个相关行业的所有企业中，如果某一公司的管理人员特别注重管理效益，讲究节约管理成本，能以最低成本进行公司的运作，这类公司也是有投资价值的。许多公司之所以能成为品牌公司，以最低最省的成本运作是其成功的重要原因，即便在经济不景气的情况下，由于其运行成本较低，利润也有一定的保障，在某种程度上保证了投资者的利润。而那些管理经营成本高于同行的公司，迟早会被淘汰出局，成为品牌公司更是毫无可能。

巴菲特在1979年的时候购买了美国通用食品公司的股票，当时每股价格是37美元，他一共购买了400万股。他之所以看中该公司的股票，就是因为这个公司有着高额利润，从该公司的经营历史来看，其利润每年以8.7%的比率递增。巴菲特的判断是对的，该公司1978年每股利润是4.65美元，到1979年，其股票每股利润出现巨额增长，高达12美元。其后平均每年以8.7%的速率增长，到1984年，公司利润涨到每股6.96美元，这段时间内，通用食品公司的股票价格也一直上涨，至1984年达到54美元。

巴菲特看中的这类高成长、高回报的公司得到其他投资者的认同。1985年，菲利普·莫里斯看到通用食品公司的投资价值，以每股120美元的价格从巴菲特手中购买了其全部股票。巴菲特因此大赚一笔，其投资年平均收益率达到21%。

巴菲特对其他公司股票的投资也与此相类似，十分注重公司的行业是否具有消费垄断优势，是否具有稳定的经营历史和稳定的收益，是否具有长远的发展潜力和前景。这是巴菲特在决定投资某个企业时特别注重的。在巴菲特长期持有的几种股票中，大多都像通用食品公司一样能够让他获得丰厚的利润。

另外，巴菲特在其后的投资活动中，对公司管理水平等质量因素的重视，有时甚至超过了对公司可测算的数量价值的重视。例如，美国的可口可乐公司是有着近百年经营历史和著名品牌的公司，该公司创立以来，一直能够持续发展。但在20世纪70年代初，由于董事长保尔·奥斯汀的刚愎自用和管理的无能，导致该公司上下管理混乱，投资频频失误，员工人心涣散，税前收益逐年下降，公司的发展前景堪忧。20世纪80年代初，奥斯汀被迫辞职，改由格伊祖塔担任公司董事长。格伊祖塔有着杰出的领导才能和良好的人格，他上任后大力提高可口可乐公司的管理水平，削减各项开支，取消各种与本行业无关联的投资，制订新的发展计划，可口可乐公司在格伊祖塔的领导下，不久又显现出勃勃生机。而反映在股票市场上，该公司的股票价格也逐年走高。1988年，巴菲特出巨资投资该公司股票时，该公司的股票市价已比1980年增长4倍。因此，从当时的角度上看，巴菲特是在"追高买进"，显然不是很明智的做法，当时华尔街的证券分析家们对巴菲特此举也持否定态度。事后，巴菲特就此事接受美国《机构》杂志记者特纳的采访时认为，他这次花巨资（10亿美元，是巴菲特最大的单笔股票投资）购买可口可乐公司的股票，是因为对罗伯托·格伊祖塔的领导才能充满信心，可见巴菲特对公司管理水平和领导者才能的重视，在他的公司内在价值分析方法中，已被提高到相当重要的地位。

巴菲特在1988年至1989年购买的10.2亿美元可口可乐公司股票，至1996年，市值已达71亿美元。短短7年时间，便为巴菲特赚进60亿美元的财富。而可口可乐公司在格伊祖塔的领导下，股票的市场价值已从1980年的41亿美元增加至1996年的1150.7亿美元，仅次于通用汽车的1373.4亿美元，位居世界第二位。这同样也证明了公司的管理水平和领导者的才能在公司的投资价值中占据着重要的地位。

可见，选择持续获利公司，要重点抓住那些具有消费垄断，能够获得较大利润的品牌公司，这些公司大多具有持久获利的能力，能够为投资者带来丰厚的回报。在选择这些公司的时候，对管理人员的经营效率应该重点考察，那些能够以最低成本运作的公司与同行业其他公司相比，常常具有较强的获利能力。选择这些质地优良的公司，就能像巴菲特那样战胜市场，赢得丰厚的利润。

与群众心理反向操作

【巴菲特微语录】

如果想要有超额的报酬，一定要等到资本市场非常惨淡并且整个行业都普遍感到悲观的时候。目前我们离那种状况仍然还很遥远。

——巴菲特投资语录

【活学活用】

在股票投资里，有一个非常重要的原则，就是进行与一般群众心理相反的操作，也就是在群众一片乐观时应该及时保持警惕，在群众一片悲观时勇于承接。因为，群众大都是"追涨杀跌"。

在理论上，股价越涨，风险越高，但群众却越有信心；股价越跌，风险越低，但一般的投资者却越来越恐惧。所以，投资者如果能在大众投机狂热时保持清醒和理智，在群众恐惧害怕时保持足够的信心，将有很大机会获利。

中国台湾经济学者和经济专家曾经在1987年表示，因为台币升值的缘故，以出口为导向的台湾经济必将受到影响，会导致经济增长减缓，随之，股票市场将会出现一季比一季下降的趋势。然而，结果却是股市连创新高，这种趋势直到9月份，更加狂涨不止。就在人们一片看好、股市将要创下5 000点新纪录时，厄运终于降临，股市大幅下挫。加上受美国股市暴跌的影响，台湾地区股市跌幅超过50%。这些现象均显示，股市的走向常常和股民们的心理背道而驰。

巴菲特非常善于利用群众心理变化，来为自己选择投资的大好时机。他经常说，他投资成功的秘诀是，在别人贪婪时恐惧，在别人恐惧时贪婪。

1973年，尼克松总统爆出了"水门事件"丑闻，这让本已陷入石油危机的美国更加步履维艰。国内通货膨胀和经济衰退问题日益严重，整个华尔街都屏住了呼吸。1974年，通货膨胀率高达11%。在全球范围内，经济衰退的浪潮不可阻挡。这年9月，道琼斯指数跌到了惊人的607点，整个美国紧张得瑟瑟发抖。

　　然而，就在全美股票市场不景气、众多投资者一筹莫展的时候，巴菲特却异常兴奋，他不知疲倦地选择优秀企业进行收购，一大堆公司上了他购进股票的名单。

　　1974年10月，《福布斯》杂志对巴菲特做了专访。记者问他："您对当前股市有什么感想？"

　　巴菲特轻松地说："现在到了投资的时候了！"

　　"什么？现在吗？"记者吃惊地问。

　　"的确，现在是华尔街少有的几个投资的大好时期：美利坚正在被抛弃，没人想要它。但是，当别人害怕时，你要变得贪婪。"巴菲特再次重申了他多次提到的观点。

　　后来的结果证明了巴菲特过人的智慧。在股市经历了最黑暗的时期后，开始逐渐升温，巴菲特以前所购的股票价格成倍地增长，他的个人财富也像滚雪球一样越滚越大。到了1982年，他的个人财富增长到2.5亿美元，在《福布斯》"美国400首富排行榜"中名列第82位。

　　可见，有时候和股民心理反向操作，会意外获得成功。但是，作出这样的决定必定需要勇气，因为周围有很多人都在质疑你，很多人都在劝你放弃。而勇气是需要有足够证据来增强的，想要与一般群众反向操作，就必须了解群众的心理，这样才能保证自己的投资行为更有把握。

　　第一，要听听投资顾问意见。

　　有很多投资顾问都会建议客户逢低买进，逢高卖出，但是，常常事与愿违。当大多数投资刊物都持乐观态度时，往往估价已经趋近顶峰；当大多数投资刊物看法悲观时，估价又常常低近谷底。

　　第二，共同基金持有现金比率。

　　如果共同基金的投资组合中持有现金增多，则表明股价要下跌；而如果持有现金减少，则意味着股价要上涨。所以，共同基金持有现金比率可以作为衡量判断的标准。

　　第三，证券公司人气是否旺盛。

　　如果证券公司中喧嚣不已，门庭若市，且一开盘就全面涨停，那么，股票很可能已经接近顶峰，应该谨慎投资，逐渐减持。如果证券公司顾客稀少，且书报摊有关股票方面的书籍卖不出去，这时通常股价已经跌到了谷底，可以适时买进。

俗话说"人取我与，人弃我取"，在股票操作中很有应用价值。所以，在任何时候我们都要保持冷静的头脑，深入考察，有足够的信心逆势而为。

不能生搬硬套投资理论

【巴菲特微语录】

一个人要能向别人学习，善于吸取他人的经验。

——巴菲特投资语录

【活学活用】

不懂就要学，进入股市如果不懂就要赔钱。所以，更要学习股票知识，学习炒股策略。如今，巴菲特已经成为了中国家喻户晓的"股神"，可以肯定地说，真正想在股市赚钱的人，没有人不学习巴菲特，学习他的价值投资理论，他的选股策略等，人们都在股市中应用，希望能够抓住好时机，大赚一笔。

然而，有一些不善于学习的股民，没有学到巴菲特炒股的精髓，而只是沾点皮毛而已。巴菲特在股票投资过程中，始终坚持长期持有的原则，一旦某家公司的股票被他选中买入，投资期少则一年，多则数年甚至几十年。据说在巴菲特的办公室里从来没有过报告股市行情的机器。巴菲特认为，如果打算长期持有一家优秀公司的股票，那么股市每天的变化就无关紧要。但是如果投资者由此理解成巴菲特对股市行情的表现不闻不问，那就完全错了。

巴菲特总是根据股票的内在价值和市场价格的对比情况来决定是买入还是卖出：当股票的市场价格跌落到安全边际之内，他就大胆买进；相反，如果市场的非理性因素导致某种股票的价格虚高，他就会果断地撤出。

巴菲特也是一个凡人，他同样需要以市场的价格作为参考。巴菲特与普通投资者的不同之处在于，他不是把精力整日用在查看股价的分析、走势的涨跌上。他是个出色的股票投资分析家，但在吵吵嚷嚷的股票交易大厅，人们绝对很难看到他的身影。不仅如此，他对股票的K线形态、技术走势也从来不感兴趣。他对股价关注仅仅是由于对股票的市价和内在价值进行对比的需要。另外，在股市运行的不同阶段，巴菲特对股市关注的侧重点也有所不同，在市场人气高涨和极度低迷时期，他会对所入选或投资的股票倾注较多的精力，以此抓住最佳的出市和入市机会。大部分时间，当一般投资者津津乐道于大盘和个股的时候，巴菲特正偏居一隅，聚精会神地分析属于竞争优势圈内的上市公司，思考着下一步的投资方案。

巴菲特在选择企业方面，特别注重企业的可持续发展能力，对于身陷困境或由于以前的计划不成功而改变经营方向的企业，他在投资时基本上不做考虑。巴菲特的这一投资理念常常被许多中国投资者错解，他们会把进行资产重组的企业和巴菲特所谈到的有问题企业画等号，似乎凡是进行资产重组的企业都不是好企业，都应列入投资禁区。

当然，从我国这几年企业资产重组的实际情况看，这种观点也并非全错。自1997年以来，资产重组成了证券市场最热门的话题，收购兼并、股权投资、资产出售、股权转让、资产置换等形式多样的资产重组层出不穷。从1999年一年的状况来看，企业资产重组就有1 110起，涉及金额461.6亿元。但是从资产重组的整体效果看，真正获得业绩改善和持续发展的上市公司并不多。因为早期的资产重组多数都是围绕拯救落后企业而为之，有的是为保壳而进行的"拉郎配"，有的是追求短期效益进行的年终突击重组，结果是报表性重组多，实质性重组少，更有相当数量的企业借资产重组之名，行市场炒作之实，不仅损害了广大投资者的利益，而且也败坏了资产重组的名声。

虽然资产重组形式多，内容少，总体收效一般，但是必须看到资产重组在我国较之在西方先进国家具有更加不寻常的重要性，并将成为我国未来经济运行长盛不衰的热点。鉴于资产重组的特殊作用，投资者有充分理由看好其为投资者带来的巨大商机。

所以说，学习巴菲特，一定要学到点上。股民郑万林曾经在学习巴菲特时走过弯路，但最后，他终于抓住巴菲特炒股的理念，活学活用，让自己在股市中越炒越火。

27岁的郑万林刚进入股市时，花去大量时间用于研读各种讲授炒股知识的书籍。一次偶然的机会他读到了《巴菲特致股东的信：股份公司教程》，从此，他开始学习巴菲特。但初入股市，他没有吃透巴菲特的理念，用错不少。接连的失败让郑万林从对巴菲特的盲目崇拜转向了质疑，并且自己趁着牛市赚了几笔，他开始怀疑巴菲特的理论。但是，随着股市大跌，他损失惨重，他真正意识到巴菲特投资理念的正确性，2005年至今，沪深股市又经历了一轮熊—牛—熊的嬗变过程，正是在这轮大牛市中，坚定学习巴菲特的郑万林终于获得了不菲的回报，同样因为认准了巴菲特的投资理念，使他在2007年年中就早早清盘，最终帮助他成功地躲过了此后的股灾。

郑万林说，巴菲特的投资思想核心理念只有三条：一是你必须把股票看做是一份企业；二是把市场的波动看做是你的朋友而不是你的敌人，从市场的愚蠢中获利，而不是参与其中；三是投资中最重要的是看安全边际。巴菲特并没有说价值投资就一定要长期持有。

这时的郑万林俨然一个老股民的模样，他已经成功摆脱生搬硬套的阶段，抓住了巴菲特的本质，活学活用。

所以，作为股民，我们要坚定地学习巴菲特，但不能照抄照搬，要抓住其本质。当然，不付出些代价，是很难学会的。所以，我们要在炒股的实践中，反复摸索巴菲特理论，融会贯通，结合中国实际，创造出适合自己的炒股理论。

不要被市场预测左右

【巴菲特微语录】

事实上，人的贪欲、恐惧和愚蠢是可以预测的，但它的后果确实是不堪设想的。

——巴菲特投资语录

【活学活用】

　　人们总是喜欢预测未来，在投资领域，许多股民更是愿意预测未来，人们总是对其寄予厚望，并把投资成败归咎于预测的正确与否。股友见面，第一句话常常就是："怎样看后市？"券商营业部也常常在做预测；报纸、电视、投资报告会，大多也会做预测。但是即便是一些一度预测成功的业内专家，也无法完美地解读未来。未来常常出人意料。

　　投资大师葛兰维尔在20世纪80年代早期能以个人的力量左右市场。1981年1月6日下午6时30分，他向他的全球3 000位投资客户传话：出清所有股票——全部卖掉。次日早晨，证券公司里卖单泛滥，道琼斯工业平均指数下挫24点，约等于400亿美元的账面损失。前一年的4月，葛兰维尔的买进指示使道琼斯指数上扬了30点。1981年9月，他的卖出指示则几乎引起全球金融恐慌。由此可以看出他那时有多么志得意满！大众对葛兰维尔的爱戴一如摇滚明星，他的巡回讲座总是超额订位。

　　但是葛兰维尔很快就露出败象，他曾经警告客户股市将有灾难，当道琼斯指数走到800点时，他告诉客户，股市正在崩盘中，投资人不仅该卖出手中持股，还要卖空，以便在金融末日来临前获利了结，结果股市反而站上1 200点。1984年，他再度警告数量日益变少的客户："多头市场只是一个泡沫现象，崩盘将至。"他的信徒因此痛失20世纪80年代的大多头市场，他身为股市先知呼风唤雨的地位也从此一去不复返。

　　投资者投资股市，预测可以成为其参考，但在实际操盘时，一定要以投资原则为主导。而价值投资者的投资原则主要取决于股票估值、上市公司未来的成长性以及经营风险。在实际操作中，股民应该遵循"买入时要意识到可能被套，卖出时要留点钱给别人赚"的原则，股价和市场走向等相关预测，都只能作为操盘时的参考。

　　投资大鳄索罗斯在提到自己的反射理论时曾提出人的可错性。所谓的可错性就是指人们习惯使用的某种思路或判断标准经常出现错误。比如，当我们进行很有逻辑的预测，并推出结果后，把这个结果应用到实际操盘行动中，最后，我们常常会发现市场的实际发展趋势和我们的预测相距甚远。据此，索罗斯认为人们在市场中的预测是易错的，而每个个体的错误累加到一起就造成了市场的错误。正因为索罗斯认识到了这一点，所以，他自己从来没有在投资经历中预测市场发展，而总是静静地等待，直到自己认为的投资大好时机来了才悄悄行动。

同样，巴菲特对形势的判断是在选择投资之前进行的，在投资的过程中会有一些公司上的变动，这势必会对股价造成影响，这时候必须对投资方向和策略做出适当的调整，而不是一味地迷信之前的预测。巴菲特也持不预测市场的观点，他也认为市场不可预测。他不但不预测股市，甚至于连股票走势图也基本不看，但他却取得了巨大的成功。

其实，股市预测也许不过是诸多参考资料中的一种，消化这些信息对于我们来说更为重要，也更为困难。在利用外界信息修正自己判断的时候，需要小心其中的一些误区。

第一，别让偏见左右我们的大脑。

我们的大脑常常会习惯性地把那些我们不赞同的观点过滤掉，只留下和自己观点吻合的。但是，对于投资这件事情来说，一味寻找印证自己看法的观点却没多大意义，自己的观点错了，再印证也没有用。

第二，对于预测一致的保持警惕。

大量实践经验证明，当投资者集体投资的时候，常常是危机快要到来的时候。

第三，平静对待预测失误。

未来是难以预测的，存在大量不确定性。在预测这个领域，错误总是难免，我们能做的就是端正对它的态度。

价值投资篇　评估好企业和投资者

　　价值投资理论是巴菲特最重要的投资理论之一，该理论抓住了投资的本质，让我们不必看着k线图不知所措，不必因为股市的跌涨起伏而心惊胆战。

　　价值投资理论告诉我们，衡量是否投资的标准关键看价格是否低于其价值。换句话说就是买到打折股，这样的股票才有更大的升值空间。

第4章　如何评估企业的内在价值

关注企业的盈余能力

【巴菲特微语录】

投资者的目标是建立一个能够在未来几十年中能产生总体赢利最高的投资组合。在这个巨大的交易平台上，我们的任务就是寻找这类企业：它的赢利状况可以让一美元的留存收益最少能转化为一美元的市场价值。

——巴菲特投资语录

【活学活用】

当股票价格常常无法完全同步反映公司的基本面的时候，通过分析企业的赢利能力则成了我们选择股票的重要衡量指标。

巴菲特分析赢利能力，是以长期投资为前提的，他强调："我所看重的是公司的赢利能力，这种赢利能力是我所了解并认为可以保持的。"

巴菲特向来不是很看重企业一年的业绩好坏，他更重视该企业在长达四五年时间的平均业绩。他认为，每年的盈余都是不断波动的，某一年的盈余好坏并不能代表长期赢利能力，所以，他认为长期平均业绩指标更能真实反映该企业的赢利能力。

在企业赢利能力分析方面，巴菲特主要关注以下三个方面：

第一，净资产收益率。

如果公司没有负债或负债很少，企业的净资产收益率代表了公司利用现有资本的赢利能力的高低。

巴菲特曾经说过："对公司经营管理业绩的最佳衡量标准，是看其能否取得较高的权益资产收益率，而不是每股收益的增加。我们认为，如果管理层和股票分析家们不去更多地关注每股收益及其年度变化，公司股东和社会公众就能更好地理解公司的经营情况。"

巴菲特认为衡量公司赢利能力的最佳指标是股东的权益收益。因为高水平的净资产收益率必然会导致公司股东权益的高速增长，相应导致公司内在价值及股价的稳定增长。所以，集中投资于具有高水平净资产收益率的优秀公司，才更能保证投资成功。

当然，在用净资产收益率衡量企业赢利能力时，还要考虑非经常损益项目、财务调整、有价证券计价等因素，并进行相应的调整。

1. 非经常项目调整

投资者还要控制任何非经常项目对公司利润的影响。巴菲特常常把所有资本性的收入和损失以及其他一些会增减利润的特殊项目排除出去，集中研究公司经营利润的方法，来考察该公司管理层利用现有资本到底生产出多少收益，从而判断该企业管理者的获利能力。

2. 财务调整

巴菲特在伯克希尔1982年及其后续的年报中多次重申自己喜欢的企业标准之一是：在少量负债或无负债情况下具有良好的权益投资收益率。

巴菲特认为，一家优秀的企业应该可以不借助借债，而仅用股权资本获得不错的赢利水平。反之，公司通过大量的借款来获得利润，那么，该公司的获利能力是值得怀疑的。

3. 有价证券计价

巴菲特认为在衡量年度经营业绩时，有价证券不应该按照市场价格来估价，因为证券市场的价格波动会对公司净资产收益率造成很大影响，所以，应该按照投资成本来估价。

第二，公司产品的赢利能力。

在比较产品赢利能力时，巴菲特不会草率地选择那些产品赢利能力在所有上市公司中最高的。而是要详细分析该企业产品在同行业公司的竞争中，是否不断改善产品，降低成本，使其赢利水平远远高于竞争对手。

在这一点上，巴菲特非常钦佩投资大师费雪，费雪就非常重视公司产品的赢利能力，他认为产品必须产生了利润，才有价值。如果利润没有增加，营业额再多也没有用。检验一个公司的利润可以计算其利润率，如此一算，常常能很快看出看似实力相当的企业中很大的差别。对于那些利润率较低的企业，我们最好远离，应该寻找利润率高的企业。

同时，因为我们是为未来做投资，所以，应该更多关注其未来的利润率是否增长，而不是过去的利润率记录。时代发展得太快，影响利润率的因素也在变化，比如成本上涨、管理层变更等，所以，应多考虑其未来利润率可能受到什么影响，是否有长久增长能力。

当然，这里的高利润率并不是要求特别高，如果利润率太惹眼，人们争相购买，也常常使其成为危险之源。通常情况下，利润率能够持续地比竞争同业高出2%或3%就可以。

第三，公司留存收益赢利能力。

管理层用来实现赢利的资本包括两部分：一部分是股东原来投入的历史资本，另一部分是还没有分配给股东的利润形成的留存收益。这两部分资本是公司实现赢利创造价值的基础。

如果说公司当前的市值反映的是股东历史投入资本所创造的价值，那么，公司未来市值的增长就主要从留存收益创造的价值增长中反映出来。所以，1美元的留存收益至少能够创造出1美元的市值增长，这样才算创造了价值，否则就是损毁价值。

未限定用途的收益只有在具有合理预期效益时才能留存，并且，这种预期必须是以充分的历史证据或未来的周密分析作为保证的。只有留存资本产生的增量收益相当于或者超过投资者通常可以获得的收益时才能留存。

分析留存收益的赢利能力需要我们在留存收益所投入的不同时期进行具体分析，而不能仅仅依靠计算留存收益的总体收益情况。

在判断经理们是否应当留存收益时，股东们不应当仅仅把最近几年总的增量收益和总的增量资本相比较，因为这种关系可能由于公司核心业务的增长而扭曲。比如，在通货膨胀时期，核心业务具有非凡竞争优势的公司，在那项业务中仅投入一小部分增量资产，就可以产生很高的回报率。公司销售在快速地增长，出色的业务定然能产生大量盈余现金。即便这家公司把绝大部分资金投入到回报率低的业务中，因为投入到核心业务中那部分留存收益创造了超高的回报，所以，公司留存现金的总体收益仍然很可观。

几种重要的价值评估方法

【巴菲特微语录】

成长当然是计算一家公司价值时非常重要的因素，因为它能够使所有计算出来的价值从很小变到大，但成长造成正面或负面的影响。如果投入的资金无法换取所追求的相对应的价值，那还称得上是投资吗？明明知道所付出的成本已经高出其所应有的价值，还是寄希望在短期之内可以用更高的价格卖出，这根本就是投机行为。

——巴菲特致股东函（1992）

【活学活用】

巴菲特一直都在坚持价值投资理论，但是，有很多投资者忽略了企业的价值和成长都是动态这一事实，而常常用静态的眼光和偏执的心态去估值。巴菲特从来不依赖任何一种估值指标。他通常用以下几种方法进行价值评估。

第一，市净率。

市净率是指每股市价和每股净资产的比率。市净率可用于投资分析，每股净资产是股票的账面价值，它是用成本计量的，而每股市价是这些资产的现在价值，它是证券市场交易的结果。

当市价高于账面价值时，表明企业资产的质量较好，具有发展潜力，反之则资产质量较差，没有发展前景。通常，优质股票的市价都会超过每股净资产很多，市净率达到3，企业形象会非常好。而市价低于每股净资产的股票，就和价格低于成本的商品一样，是没有购买价值的产品。在未来这个公司是否有转机，是否能够通过整改提高获利能力，这就要看市价和每股净资产之间的比值，比值越低意味着风险越低。

但是，因为现在公司中，有很多无形资产创造着价值，而这些无形资产是无法立刻进入账面价值的，并且也很难衡量其账面价值。比如，靠品牌和创新增长的企业、服务行业。市净率对于这样的企业就没有了任何意义。我们将无法按照其极少的账面价值去评估该企业的市场地位，甚至有时候会错估。

当然，这种方法对于金融服务公司的估值非常有用处，因为绝大多数的账面价值的资产负债表上都有流动性资产。金融公司的优点，就是账面价值的资产是以市场价标价的，也就是说，每个季度都会按照市场价进行重新估值，那么，它们的账面价值和实际价值就不会相差多少。当我们确定资产负债表上没有大量的不良贷款，那么，市净率就可以成为筛选价值被低估的金融股的可靠途径。并且要记住，金融类公司股票如果低于账面价值，暗示其正面临着一些困境，所以，一定要研究目标公司账面价值的可靠性。

第二，市盈率。

市盈率又称股份收益比率或本益比，是股票市价和其每股收益的比值。市盈率水平的高低常常会影响到投资者的行为。巴菲特就曾通过观察市盈率而大赚了一笔。

2004年，巴菲特在阅读花旗集团向韩国一些顾客提供的参考资料后，决定购买韩国股票。因为他发现韩国股市在2004年之前的市盈率都只有7倍左右，几乎是其周边国家股票市场的最低值，比如，中国股市在当时的市盈率是25倍左右。最终，巴菲特果然没有看错，2005年，韩国股市整体大涨50%，拉动MSCI亚太市场指数全年上扬21%。而巴菲特从中轻松获得大笔收益。

那么，我们怎么分析市盈率呢？打个比方，两支股票股价都是100元，两支股票的收益分别是20元和10元，则其市盈率分别是5倍和10倍。如果企业在未来的赢利能力不变，投资者要从企业赢利中收回投资，那么，前者只需后者的一半时间。如果现在看这两支市盈率相同的股票投资价值，那么，就要看其预期未来的利润增长速度，成长性较高的那一支其未来相同时间内的收益会更多。

当然，市盈率不能单看数值，还要和其他指标联系起来看。比如，市盈率容易受到基准利率的影响，通常情况下，基准利率和市盈率会成反比关系。市盈率还与股本关联，在美国，小盘股的平均市盈率高于大盘股平均市盈率的好几倍。

总之，对市盈率偏高或偏低的判断需要综合考虑多种因素。

另外，对那些发展较稳定、业务没有大变化的企业，可以把它们之前的市盈率和现在的市盈率进行比较。如果该公司的成长速度大致相同，和过去有大致一样的预期，但它是以一个比长期平均交易水平略低的市盈率交易，那么，该企业可能正面临风险，或业务有了变化，才导致市盈率变低，也可能是市场以非理性低水平的股票标价导致低市盈率。

第三，市销率。

市销率是现在的股票价格与每股的销售收入的比值。市销率中所反映的销售收入要比财务报表中的赢利更为真实，因为公司常常想方设法推高利润，为此，它们可能使用会计伎俩推高销售收入。但是，如果频繁使用，很容易被察觉。此外，销售收入相对于利润要稳定，一次性的费用可能临时性压低利润，对于处于经济周期底线的公司，从这一年到下一年中利润的变化可能非常明显。通过把当前的市销率和其历史的市销率进行比较，那么，变化小的销售收入在快速估值方面会更有优势。

那么，我们怎么使用市销率呢？通常情况下，市销率越低，越表明该公司股票目前的投资价值大。如果市场上出现了一大批公司证券市场售价明显低于其年销售收入的股票，里面定然有很多被低估的股票，要多加关注，找到价值高于价格的股票，果断买进。

当然，该种方法也有其局限性，因为销售收入的价值，取决于公司的赢利能力。如果一家公司说是有几百亿的销售收入，但如果每笔交易都是亏本的，我们就很难从市销率中发现，因为我们对企业将产生什么样的收益没有概念。

总之，投资者应该清楚，任何一种估值方法都有其一定的优势和劣势。要准确掌握各种方法的使用范围，多种方法灵活运用，从而全面掌握企业发展现状和潜力，保证准确决策。

寻找价值和价格间的差异

【巴菲特微语录】

绝大多数的"掷硬币赢家"通常都是一些智力部落——"格雷厄姆与多德部落"，这个特殊的智力部落拥有很多能够持续战胜市场投资的大赢家，这种现象绝不是"巧合"。来自"格雷厄姆与多德部落"的投资者都拥有一个共同的智力核心，那就是寻找企业整体价值与代表该企业一小部分权益的股票市场价格之间的差异。

——巴菲特在哥伦比亚大学的演讲（1984）

【活学活用】

在股市中，关于股票价格与价值之间的关系，一些不称职的专家，不停自吹能够评估任何企业的价值。然而，股票价格在价值线上下波动不停，能够真正弄懂价值和价格关系的人很少。不过，如果你把自己的时间集中在某个行业，长期观察和研究，也可能获得更多关于该行业公司估值的知识。

从长远来看，公司股票的市场价值不可能太偏离其内在价值增长率。从20世纪20年代中期到90年代末，道琼斯指数以每年5.0%的复利率（按保留红利计息）增长。而同一时间内，30种道琼斯工业指数公司的收入增长率为4.7%，价值年增长率为4.6%。两个增长率如此一致，绝不是偶然。即便技术的进步能够改善公司的效率，并能在短时间内实现价值的飞越，但是，竞争和商业循环的特性决定了公司销售、收入和股票价值之间存在着直接的联系。比如，在繁荣时期，因为企业能够更好地利用经济规模效益和固定资产设施，使其收入增长超越了公司销售收入的增长；而在萧条时期，因为固定成本过高，这些规模大且有大量固定成本的公司，其收入就会比销售收入下降得更快。

在实际操作中，股价会表现出远远超过公司的实际价值。不过，这种现象不可能长期维持下去，因为股价和公司价值之间出现的断裂必须要弥补。一个理性的投资者常常拥有更为充分的投资信息，他们明白股票价格将会长期维持在公司的内在价值水平附近。如果因为市场过热，一些投资者愿意大量购买一只股票时，市场价格就会被迫偏离真实价值。一些普通的投资者欣喜于这支被高估的股票正在非理性地高增长，却忽略了长期稳定的趋势，结果没购买多久，股票下跌，自己被套牢。所以，投资者应该对那些价格上涨幅度超过公司价值增加幅度的股票敬而远之。

那么，怎么才能较为正确地估算出企业的价值呢？虽然精确估计公司真实价值的确不是容易的事情，但我们依然能够得到用以估价的证据。比如，一支股票价格在某一时间段内增长了50%，而在同时期，该公司收入只有10%的增长率，那么，这只股票的价值很可能被高估了，如果买入该股票，注定得到微薄的回报。如果某公司股票价格一路下滑，而价格收入比低于公司预期增长率，这种现象出现，或许就是到了买入的好时机，股票的价格早晚会回归到其价值，如果投资人利用价格和价值的差异，在价值被低估时买入股票，必将从中获利。

当然，价格和价值之间的关系还适用于股票、房地产、债券、货币、艺术品、贵金属甚至整个经济市场。总之，任何资产的价值波动都是取决于买卖双方对该资产的估价。一旦真正理解了这一对应关系，我们就能把精力更多地集中在关键点上，集中关注企业价值和价格之间的差异，快速实现发财梦想！

以合理的价格买入股票

【巴菲特微语录】

伯克希尔公司并不像有些投资者想象的那样动不动就要去控股公司。决定是否要整体买下某家公司，需要慎重考虑很多因素。在通常情况下，考虑的因素有五六条之多，但其中一定要考虑买入价格是否合理。如果购买该企业的部分比购买该企业的整体价格更合理的话，那么，我仍然会选择不具备控股权的投资方式。

——巴菲特致股东函（1980）

【活学活用】

伯克希尔公司把合理价格问题放在重要位置，比如，一只股票可以以3美元的价格买到其10%的股权，还有一种情况是，以每股6美元购买整个公司。巴菲特通常会考虑用3美元每股的价格买入该公司10%的股权。然而，如果发生这种情况，其他公司的管理层则更愿意选择后者。为什么会出现这种奇怪的现象呢？

（1）心态上，该公司管理层看到并购一家公司的希望，所以，很容易兴奋和激动。而巴菲特遇到这种事情，心跳并不会随之变化。

（2）公司管理层很多都是在追求规模而忽略了赢利。

（3）大多数公司管理层跃跃欲试，渴望拯救这个即将并购的公司。因为，通常并购过来的公司都是经营不善，快要倒闭的。所以，这些管理层想一展身手，凭着他们优异的管理能力让其起死回生，这是让很多人都兴奋的事情。

的确，管理层这种乐观的态度是值得肯定的，但是，成功不是靠激情，而是要具备一定的条件，以合理的价格买入股票，会为以后的成功再铺一层基石。

否则，如果以较高的价格买入整个企业，除非这让企业的产品能够很容易调高价格，并且不会给销售和市场占有率造成负面影响，获得大量销售额，保证自己投资能够收回。除此之外，该企业的未来管理者拥有超强的管理才能，能够"无所不能"，然而，这样的人实在太少。

在20世纪40年代，巴菲特用于投资的第一笔资金中，有一半是自己业余投递华盛顿邮报的收入。30年过去后，在华盛顿邮报公司公开上市两年时，当时的股票价格特别低，巴菲特趁机买下了华盛顿邮报公司的一大部分股权。

当然，对于投资者来说，如何把握股票"合理价格"的度，是一件比较难的事情，充满不确定和变化。但归根结底，投资者要从价格和价值之间的关系中找到突破口。如果价格低于价值，就是最佳的购买时机，如果价格高于价值，那么，就要看其是否还有继续上升的空间，然后确定是否真的要买入。另外，还要看其未来的价值，现在的价格看起来贵，但在未来升值后，你会从中赚到更多，那么，它现在的价格就不算是贵的，而是合理的价格。经过长期的观察和实践，我们定然能够更加敏感，认识更加全面，能够更好地把握。经过考虑后发现没有合适价格的股票，那就静静地等待，不要盲目进入，以免损失。巴菲特购买国家产险公司、喜斯糖果公司、水牛城日报公司、内布拉斯加家具中心等交易都是经历了漫长的等待，等到合理价格之后才买入的。

为了避免自己受到外界影响，盲目购买股票，可以学习巴菲特，限制自己买股票的数量，比如，一年内只能买卖一两次甚至更少的股票，这样就会迫使自己在众多的股票投资机会中选择交易价格更为合理的股票。

股票不要急着卖

【巴菲特微语录】

1992年伯克希尔公司的股票投资项目，与上一年相比几乎没什么变动，很多人疑惑，为什么伯克希尔公司的管理层这一年都几乎不做什么事情呢？我解释说，目前公司的这些股票都非常好，有很好的业绩表现，并且，目前自己对这些股票也非常了解，为什么要卖掉它们呢？如果把它们卖掉，又到哪里去寻找比它们更好的投资项目呢？

——巴菲特致股东函（1992）

【活学活用】

巴菲特不仅强调要以合理的价格买入股票，同时也提出要慎重卖出的观点，特别是当自己的股票上涨，看到有很多利好的情况下，千万不要被眼前的利益诱惑，为了短暂的收益而卖掉长期来看能给自己带来更大收益的股票。此时股票的价格虽有上涨，但很可能与其内在价值相比仍然是偏低的。同样，如果该股票因为遭受金融危机或自身一些意外事故，而导致价格下跌，持股人也不要急着卖掉自己的股票，从长远看，该公司还有发展潜力，价格低于价值，未来其股票价格一定有很大的上升空间，所以，应该继续持有。

1919年，可口可乐公司股票每股价格已经高达40美元，从1938年以来，可口可乐发展了50年，它早已经成为了美国代表品牌，许多投资大鳄都敬佩可口可乐公司的长期生命力，但是，同时也下出自己发现得太晚的结论，以为可口可乐的发展已经达到了顶峰，所以，不敢继续投资该股票，甚至有些人卖掉了自己的股票。然而，可口可乐还在继续以蓬勃的生命力向前发展，也许它今天的股票价格，对于未来而言，还是很便宜。

所以，投资者应该着眼于未来，预计未来其价值的增长空间，而不是对过去已经无法捕捉到的利益叹息。

回顾2007年岁末A股的6124点珠峰，人们可以简单地指斥泡沫的危害，70倍市盈率的高估值无论如何都无法站稳珠峰，在高位继续追涨或者持有股票的投资者似乎都已经疯狂。但事实上，很多投资者都是过早地卖出了股票，随后又在牛市赚钱效应的诱惑声中再度入市，如此反复数次就类似童年丢手帕的游戏，曾经买到便宜股票的投资者，最终又丢掉了高价股票的手帕。

在一只股票价格上涨之后继续坚决持有，常常要比股价下跌之后继续坚决持有困难得多。如果自己感觉被假象愚弄而有出局的危险，那么，我们可以重新审视一下自己最初购买这只股票的理由，看看现在和过去相比，情况有什么不同，然后再决定是否卖出股票。

对于那些没敢购买股票和过早卖出股票的投资者来说，结果都是很遗憾的。只要这只股票是好股票，不管外面的社会发生什么样的变化，都应该慎重考虑买入或卖出。要看到其内在的价值，看其是否能够升值，这样即便有的价格很贵，也值得购买，有些价格升得很高，也不应该急于抛售。

全面考察企业的性质

【巴菲特微语录】

确定一家公司的内在价值，部分是艺术，部分是科学。

——巴菲特投资语录

【活学活用】

巴菲特是"简单和精明的投资者"的典范，理性投资是他的航标，凭着理性和简单的常识进行投资是他行事的一贯准则。巴菲特投资股票的公司性质都是很容易被人们理解的，并且前景发展能够容易把握。比如，他购买可口可乐公司的股票，购买的理由很多，但其中，主要的一条就是人人都需要喝水，人人都有可能喝可口可乐，这是一个非常简单的推理。事实证明众多的人都喜爱喝可口可乐，巴菲特的简单推理是正确有效的。

他专挑那些业务简单明白的公司来投资。越简单的生意越好做，美国著名的基金经理彼得·林奇说过："如果一个投资人不能在30秒内说出他们的投资对象是从事怎样的业务，那么，他们的投资很难成功。"但是，人们大多都有一种通病，就是对自己不太明白的事物有着一种好奇，似乎这样更具有挑战性和吸引力。所以，这些人在挑选投资对象时也常常将眼睛盯在那些自己似懂非懂、感觉模模糊糊的企业。当今世界发展迅速，可谓一日千里，股市上冠以"高科技"名称的公司多如牛毛，它们究竟生产什么东西，有的投资者连名字都说不出，却开口闭口"高科技"，对这类企业津津乐道，兴致勃勃。即便有些公司生产的东西有很高的科技含量，但因为应用范围狭小，市场需求极为有限，也没有发展前途。这类公司并不能凭借所谓的高科技创造效益，获得丰厚的利润。巴菲特对投资中的这种现象很不以为然，他选择投资对象的理由和标准常常简单到令人难以置信的程度。

基于上述投资理念，巴菲特不投资网络、电脑等高科技股票。用他自己的话说是他不明白电脑、网络科技公司的情形，不理解他们的产品，理不清他们的生产程序。他还说，网络、电脑等科技行业日新月异，发展变化太快，令人无法预测其未来，难以看清10年后的情形。谁能确保变化如此之快的东西10年以后还会存在呢？谁能知道10年以后又有怎样的新的科技公司会代替这些老的科技公司呢？尽管眼前科技公司犹如美丽的幻梦，吸引了众多的投资者和投机客，在股市中掀起美丽的浪花甚至狂澜，巴菲特也不为所动，而是坚守"砖头、水泥、蛋糕"等实实在在的东西。

另外，巴菲特认为，一个企业拥有良好的发展前景才有购买价值。他喜欢的企业首先业务要简明易懂，又具有贯穿始终的经营历史。而这两点只是就企业现状而言的。投资者常常说："投资实际上就是投资企业的未来。"既然投资需要着眼于未来，选择投资对象的时候就必须考虑到企业是否有长期的发展前景。

巴菲特认为，在商业竞争十分激烈的大背景下，只有那些能够满足消费者需求的公司，才能生存下去。过去要花10年左右的时间才能被淘汰的劣质公司和企业，今天，可能只要1年甚至更短的时间。对于投资者而言，挑选的投资对象如果是昙花一现的短命公司，则意味着冒极大的风险甚至面临灭顶之灾。所以，选择投资对象是投资者必须慎之又慎的大事。在多年的投资生涯中，巴菲特总结出的经验是，只有两种公司才会有足够的生存机会及最值得投资。一是品牌公司，消费者因认同其品牌，在一般情况下都会购买这类公司的产品，这类公司具有良好的"商誉"，具有消费垄断优势，其发展潜力远远大于普通公司。二是有效率的公司，在同行业里，营运成本低，管理效能高的公司，其利润有保障。这类公司是值得投资者关注的。所以，选择投资对象的最终落脚点还是要注重利润和发展前景，那些能够为投资者带来丰厚利润，具有长期发展潜质和远大前程的公司是首选。巴菲特的成功秘诀之一，就是选准投资对象，骑上为自己创造利润的"战驹"。

要想在投资市场上获胜，就得紧紧盯住这些"打不倒"的优质公司，这样的公司才有更大的升值空间，才能获得丰厚的利润。只有这样的有竞争优势的公司，才能以垄断者的姿态在市场上获利。竞争优势越持久，企业面对竞争者攻击时的承受能力就越强，企业在遥远的将来也能维持竞争优势，并以垄断者的姿态获利。

研究企业经营者的管理水平

【巴菲特微语录】

在伯克希尔公司所有的投资活动中，最让我和查理兴奋的是买入一家由喜爱、相信且敬重的人管理的、具有非常出众的经济前景的卓越企业。这种买入的机会很难得到，但我们始终在寻找，寻找过程中，我们的态度与寻找终身伴侣的态度完全相同。

——巴菲特投资语录

【活学活用】

一个企业发展状况怎样，未来的发展前景如何，都和企业的带头人——经营者，有着非常密切的联系。如果一个企业拥有优秀的企业领导人，那么，其发展前景就更好，反之，他可能会把企业带入阴沟。

巴菲特在选择投资之前，十分重视考察企业的经营管理者的素质。他考察企业管理者的时候注重管理者是否具有独立经营能力而不受惯例的驱使，是否能够理性决策，使企业沿着正确的经营路线不断发展。

管理经营者的理性行为主要体现在驾驭公司资金上。经营企业最重要的管理行为是怎么分配公司的资金。从企业的长远发展来看，资金的分配和使用决定了股东投资的价值。如何分配公司的盈余，与公司发展所处的生命周期的某一阶段息息相关。当公司沿着自己的经济生命周期向前发展的时候，它的成长发展速度、销售收入、利润、现金流量等经济指标都会发生重大变化。是将盈余继续用于投资，还是当做红利分配给股东？这种选择涉及管理者的逻辑判断和理性分析能力。

比如，一个公司在初期发展的时候，开发产品和建立市场的支出往往大于收入。保留所有盈余还不足以满足发展的需要，需要借贷。这时，管理者就要作出理性的决策，选择正确的发展方向，确定适中的投资规模，制定高效的市场行销模式，为公司下一阶段的发展打下良好的基础。

公司到了快速成长阶段，获利能力增强，运营模式逐渐产生自己的特色，产品逐渐站稳市场，但内部生产所需现金流量也随之急剧增加，公司自有的现金流常常无法满足公司快速扩张和发展的需要。在这一阶段，对盈余的分配就需要考虑全面，既要考虑到股东的投资回报，又要兼顾公司的发展。冷静与理性是公司在这一发展阶段对管理者提出的基本要求，那些面对困难手足无措丧失正常判断的管理者只会葬送公司的发展前程。

公司稳步发展时，发展速度会减缓，有剩余现金，此时就是公司回报股东的时候。管理者在这一阶段应该把重心放在降低行销成本和管理成本上，保持利润的不断提高，向股东坦诚，确保股东的利益。等公司进入缓慢发展的时期，公司开始体验到销售的艰难和利润的下降，不过仍然有较大的利润空间，这一时期，公司管理者面临的重大问题就是如何分配剩余利润。如果多余的现金用于再投资的收益率超过公司的股权资本成本，即公司股东要求的收益率，则公司应保留所有的利润盈余进行再投资。

一个优秀的经营者，能够理性处理这些问题，这样的企业，才能发展得更好。经营者除了具备理性外，还应该有自己的个性。拥有个性而不盲从的管理者，是股票获利的保证。在投资市场存在许多所谓的"惯例"，使得公司管理者产生一种盲目行为——模仿市场上大多数投资者的行为。管理者必须明白的是，投资者在市场上能够获得丰厚收益的并不多，从众等于追随平庸。因为市场大众的行为常常是非理性的，甚至是十分愚蠢的。在市场上受"惯例"驱使而放弃理性和独立判断的经营管理者的具体表现有以下几点：

（1）循老套路、沿袭旧思路，拒绝在当前的经营方向和方法上做任何改变；

（2）在每项业务上，不管经理人员的筹划有多么不明智，都能很快获得由工作人员悉心准备的内容翔实的关于利润率、策略等方面的研究报告的支援；

（3）盲目模仿、攀比同类公司的行为，包括扩张、并购、奖励、提高薪金等；

（4）无计划、无步骤地用光所有可支配的资金。

巴菲特认为管理者进入误区有四个方面的重要原因：

（1）大多数管理者不能控制自己行动的欲望，从而产生冲动过激行为，在企业扩张并购中寻求近乎发泄的快乐，这正是管理者的死穴；

（2）大多数管理者总是不断把自己企业的销售、盈余以及经理的薪金奖励等和其他同类企业相比，而这种比较往往会导致企业管理者的非理性行为；

（3）大多数管理者常常高估自己的管理能力；

（4）对习惯性规则的解释人云亦云，不动脑筋，生搬硬套地模仿。如果有三家以上的公司采用相同的方式处理问题，那么，第四家公司就会毫不犹豫地跟着做。

巴菲特针对这些问题提出，并不是腐败或者愚蠢导致这些公司的管理者难以抵挡那些会导致毁灭的非理性行为，而是习惯性的力量使得这些公司经理盲从，难以摆脱那些糟糕的行为。

巴菲特曾经和很多商界名人合作共事，如美国广播公司的托马斯·姆菲、唐·伯克，可口可乐公司的罗伯托·格依祖塔，还有富国银行的卡尔·理查德等。这些人在经营企业的过程中所表现出的非凡才干让巴菲特深感佩服。其实这些成功经理最为突出的特点就是不盲从，有深刻的独立判断能力，能够在经营理念上表现出自己的独立自主能力，所以，他们的企业同样能够立于不败之地。

拒绝盲目投资"烟蒂股"

【巴菲特微语录】

以合理的价格买进好公司而不是以便宜的价格买进普通的公司。

——巴菲特致股东函（1992）

【活学活用】

"烟蒂股"是指那些价格低廉，用很少钱就能买到的股票。选择"烟蒂股"的核心思想是处于对成本的考虑，购买这样的股票即便亏损也不会太大，所以，寻找"烟蒂股"早在巴菲特老师格雷厄姆所处的时代就被广泛采用。

在大学期间，巴菲特醉心投资之道，成为"金融教父"——本杰明·格雷厄姆教授的得意门生。大学毕业后，巴菲特来到格雷厄姆的公司——"纽约投资"公司工作，他遵循老师的投资方法，经常研究《股市导向》杂志，通过不断学习、实践寻找那些被格雷厄姆称为"烟蒂股"的股票。当他确定好股票后，会向格雷厄姆请教，然后力所能及地购买。4年后，巴菲特在股市投下的1万美元变成了4万美元。小小的甜头，让巴菲特相信"烟蒂股"投资方法。后来，他在开办自己的公司后，依然选择那些"烟蒂股"。

但是，寻找"烟蒂股"并非完全可靠，他遇到了第一次挫折。他买下了伯克希尔纺织公司的控股权，虽然纺织行业没有什么前景，但它的低廉价格诱惑了巴菲特。这家公司曾经有过辉煌的历史，但当巴菲特接管伯克希尔时，它已经亏损超过1 000万美元。巴菲特在接下来的20年里，虽然已经很努力，但权益资本收益率依然超不过10%。最后，他逐渐领悟到，纺织业务已经无法再给他带来利润，即便他再努力10倍，甚至100倍，这个行业已经饱和。最终，在1985年，他关闭了伯克希尔公司的纺织业务，转而将其变成了一家投资公司。这次他获得了一个宝贵的教训：很少有人能够成功地扭转病入膏肓的企业。

经过反思，巴菲特放弃了"烟蒂股"投资法，开始寻找那些股票价格远低于流动资本的公司，非常便宜但又有一点素质的公司，扩大安全边际。

"你满地找雪茄烟蒂，终于你找到一个湿透了的烟蒂，看上去还能抽上一口，那一口可是免费的。你把它捡起来，抽上最后一口，然后扔了，接着找下一个。这听上去一点都不优雅，但是如果你找的是一口免费的雪茄烟，这还是值得去做的。"这是巴菲特在一次演讲中介绍的"雪茄烟蒂式投资"观点。

他进一步解释说，如果你以很低廉的价格买入一家公司的股票，应该在短时间内获得不错的利益后，出脱了结，虽然这家公司从长远来看，没有发展潜力，但让你解了烟瘾，对于瘾君子而言，也不过是举手之劳。

不过除非你是个清算专家，否则买下这类股票非常不明智。首先，从长远来看，原来看似很划算的价格其实没有一点优势，在一个经营比较困难的企业中，各种问题会接踵而来，蟑螂绝对不是你看到的那一只而已。其次，起初的价差优势会很快被企业不佳的业绩所侵蚀。比如，你以800美元买入一家清算价值为1 000美元的公司，那么，如果你能很快将这家公司卖掉，你就获得了丰厚回报。但问题是，这样的公司问题一大堆，可能你要用5年甚至10年的时间才能把它处理掉，那么，在这段时间，你就只能拿一点点可怜的股利，得不偿失。所以，用合理的价格买入一家好公司要比用便宜的价格买入一家普通公司要好得多。

如果有足够的安全边际，该公司有发展潜力，那么，买入价格低廉最利于我们投资者。

事实上，寻找"雪茄烟蒂"投资成功的大有人在。"步步高"创始人段永平就是"雪茄烟蒂"理论的受益者。他在2001年年底斥资200万美元，以0.8~1

美元的价格，在纳斯达克市场买入约200多万股网易股票。这只股票的回报差不多有1亿美元。

"网易的股票每股价值2美元多的现金，才卖到不足1美元"，这就是段永平买入的理由。这是不折不扣的"雪茄烟蒂股投资"。段永平说，他是从介绍巴菲特的书中获得灵感后才购买的。为此，他于2006年以62.01万美元的代价，参加由巴菲特本人发起的网上慈善竞拍，目的是当面向巴菲特致谢。

可见，不要单单寻找"烟蒂股"，更要看它来自什么烟，"雪茄烟蒂股"才有更大的价值，有更大的安全边际。

第5章 掌握复利，向时间要价值

了解复利的神奇魅力

【巴菲特微语录】

在投资的王国，真正要做的是得到最大的税后复利。

——巴菲特投资语录

【活学活用】

有人曾经问过爱因斯坦："世界上最强大的力量是什么？"他的回答不是原子弹爆炸，而是"复利"。所谓复利，也称利上加利，是指一笔存款或者投资获得回报之后，再连本带利进行新一轮投资的方法。复利是长期投资获利的最大秘密。

有这样一个古老而有趣的故事，展现了复利的强大威力。

从前，有一个非常爱下棋的国王，他棋艺高超，从未碰到过敌手。于是，他下了一道诏书，诏书中说无论是谁，只要击败他，国王就会答应他任何一个要求。

一天，一个小伙子来到皇宫与国王下棋，并最终赢了国王。国王问这个小伙子有什么要求，小伙子说他只要一个小小的奖赏，就是在棋盘的第一个格子中放上一粒麦子，在第二个格子中再放进前一个格子的一倍，以此重复向后类推，一直将棋盘每一个格子摆满。

国王觉得满足他的要求很容易，于是就同意了。但很快国王就发现，即使将国库里所有的粮食都给他，也不够其要求的1%。一粒麦子只有一克重，却需要数十万亿吨的麦子才能够满足条件。尽管从表面上看，小伙子要求的起点十分低，从一粒麦子开始，但是经过很多次的乘积，就迅速变成庞大的数字。

复利看起来很简单，其计算公式是：本利和＝本金×（1＋利率）n（n：期数）。很多投资者没有了解其价值，或者即使了解却没耐心和毅力长期坚持下去，这是大多数投资者难以获得巨大成功的主要原因。如果你想让资金更快地增长，在投资中获得更高的回报，就必须对复利引起足够的重视。

打比方说：1万元的本金，按年收益率10%计算，第一年年末你将得到1.1万元，把这1.1万元继续按10%的收益投放，第二年年末将得到1.1×1.1＝1.21（万元），如此，第三年年末是1.21×1.1＝1.331（万元），到第八年将达到2.14万元。

同理，如果你的年收益率为20%，那么3年半后，你的钱就翻了翻，1万元变成2万元。如果是20万元，3年半后就是40万元……

可见，复利的确很诱人，但是，想要获得丰厚的复利收入，还要有一些必备的条件。

首先是本金。比如，某人1994年的月收入300元，每个月拿出100元投入到年收益率为10%的股票中，到了2005年年末，也就是100×（1+10%）×11=285（元）。285元，那是他当月收入的90%还多！而今天，这个经过投资收益率达10%的投资得到的285元，相对于他现在的收入来说仅仅是个零头。

由此看来，想要让你的复利来得更为神奇，你的本金可不能是个小数目。对于大多数工薪阶层来说，复利公式中的本金即使以万元为单位，都只能在两位数上停住，多不过几十万元。而当你有了几十万元的时候，你就该看看利率了。

其次是期数。这个期数和你的利率相对应。利率按年利率算，期数就以年为单位，如10年、15年。如果利率按月利率计算，那期数的单位就是月了。

如果以1%的复利来计算，经过72年以后，你的本金就会变成原来的1倍。同样，如果利用5%的年报酬率的投资工具，经过14.4年（72/5）本金就变成1

倍；利用12%的投资工具，则需6年左右（72/12），就能让1元钱变成2元钱。

综上所述，要让复利成为我们高效的累积工具，需要三个条件：

（1）拥有足够满意的本金；

（2）好的投资渠道；

（3）足够的耐心和精力。

由此可以看出，要让复利真正地为我们的钱财服务，首先要完成本金的积累，或者持续地对本金进行投入；其次要了解有限的投资渠道，在这些渠道里进行恰当的选择；最后要具备精明的选择能力，这是复利能否发挥神奇作用的分水岭。

持有时间决定复利收益

【巴菲特微语录】

如果你在一笔交易中挣了125美元，然后支付了50美元的佣金，你的净收入就只有75美元。然而如果你损失了125美元，那么，你的净损失就达到175美元。

——巴菲特投资语录

【活学活用】

对于投资者来说，短期投资交易，往往带有很大的投机性，成功与否的不确定性更大，并且往往损失大于收益。打个比方，如果一个投资者能够在短期交易中获得8%的收益率，那么，为了能够弥补上一次的失败交易，需要交易成功三次才可以。这就意味着，必须保证75%的交易是成功的，才不至于损失，这样的成功概率就变得很小了。

如果有人期望通过短期过高的复利取得暴利，这是妄想。因为最杰出的复利增长者——沃伦·巴菲特，也只维持了24%的常年投资报酬率，而大部分人都达不到这样的水平。所以，唯一的做法，就是保证一个长期增长的相对较高的复利。

在复利的模式下，想要获得较高的回报，就应该长时间坚持，坚持的时间越长，获得的收益越多。也许，在起初的一段时间里，得到的回报并不理想，看似微薄，但只要将这些利润进行再投资，那么，你的资金就会像滚雪球一样，变得越来越大。经过年复一年的积累，你的资金就可以攀登上一个新台阶，这时候你已经在新的层次上进行自己的投资了，你每年的资金回报也远远超出了最初的投资。

现在人们的收入不同于改革开放初期，如果一个大众家庭从现在开始投资1万元，通过运作每年能赚到15%，那么，连续20年，最后连本带利变成了163 660元了。看到这个数字后，我们也许并不感到满意，但是连续30年，总额就会变成了662 117元，如果连续40年的话，总额又是多少呢？答案或许会让你目瞪口呆，是2 678 635元。也就是说，一个25岁的年轻人，投资1万元，每年赢利15%，到65岁时，就能获得200多万元的回报。

然而，天有不测风云，市场并非总是一直景气。每年都保持15%的收益率是很困难的。但这里说的收益率是个平均数，如果你有足够的耐心，再加上合理的投资，这个回报率是有可能做到的。

这种由复利所带来的财富的增长，被人们称为"复利效应"。不但投资理财中有"复利效应"，在和经济相关的各个领域都广泛存在着复利效应。比如，一个国家，只要有稳定的经济增长率，保持下去就能实现经济繁荣，从而增强综合国力，改善人民的生活。从这个角度看，"可持续发展"这个时髦的词，实质上是追求复利的另一种说法。

可以说，复利是一种思维，是一种以耐心和坚持为核心的思维方式。如果我们能充分利用复利思维，不管是投资还是人生，都会有不错的回报。

规避负复利，实现财富增长

【巴菲特微语录】

在熊市中取得优秀的业绩，在牛市中取得平均业绩。

——巴菲特给合伙人的信（1960）

【活学活用】

复利对那些渴望实现财富增值的投资者来说，是希望和信心。复利的力量的确很大，无处不在。经济学家凯恩斯曾经在一篇题为《我们后代在经济上的可能前景》的文章中重点谈及复利的作用。当时的西方正值20世纪30年代的大萧条时期，许多人认为，未来世界繁荣将不会再现，但凯恩斯却指出，萧条不过是两次繁荣周期中间的间歇，支撑西方经济发展的"复利的力量"并没有消失。凯恩斯在当时已经发现，近代社会的崛起是从16世纪的资本积累开始的，而这个崛起引领人类进入"复利时代"。他还曾毫无隐晦地告诉我们："英国对外投资的始端可以追溯到1580年德雷克从西班牙盗窃的大批财宝；只不过经过长年的复利累加，德雷克带回来的财宝从1镑变成了10万镑。"

我们不能否认复利的巨大力量，但是，复利的概念也容易被使用"过度"或"选择性偏向"。复利有正复利，也有负复利。我们在强调正复利时，千万不要忽略负复利。

在2006年的牛市以后，很多人把复利表的计算收益率定为30%甚至50%，这是典型的不理性的乐观主义表现，任何时候超高的收益率都不可能具有持续性，这种统计只能误导自己。在长期的投资过程中，一定不要忽视某些年度亏损对总体收益率或平均收益率的打击，况且在长期的投资过程中熊市总是会必然出现的。

有时候，负复利可能会发挥更大的作用。在复利发挥同等作用下，下跌1/3需要上涨50%才能复原，下跌50%则需要上涨100%才能复原。如此算来，如果照2008年，A股跌幅达76%，那么，我们可以算一下自己将会亏损得多么惨重。所以，我们要重视负复利，尽量避免负复利。

巴菲特规避"负复利"的方式，独特而有效。从其1957~2007年共51年的投资业绩中，我们可以看出，仅有2001年的收益率为-6.2%，为负增长，其他所有年份的收益都是正增长。巴菲特的这一业绩充分说明了复利的魅力，也充分说明了规避"负复利"的重要性。

规避"负复利"是巴菲特一贯的投资目标。巴菲特在1966年7月12日给合伙人的信中指出："当大多数人赚钱时，我们也赚，而且赚的程度差不多；当大多数人输钱时，我们也输，但是输得少一些。"

所以想实现复利增长的梦想，关键之处在于规避"负复利"。

在投资市场中，规避熊市中的"负复利"，继续获利，需要克服人性的弱点：贪婪与恐惧。熊市初期需要克服人性的贪婪，熊市中后期需要克服人性的恐惧。

华尔街有一句名言："市场是由两种力量驱动的，贪婪和恐惧。"也就是说，贪婪与恐惧是每一个投资者的本性。在投资过程中，投资者的获利心理是永无止境的，投资者对利益的贪婪更是永无止境的。投资者面对风险时，希望其少些更少些，最后甚至到了恐惧的地步。

在股市繁荣的时候，投资者往往都会忘记以往市场崩溃时的惨痛教训。投资市场的繁荣不仅会增强投资者的信心和对股市上涨的预期，而且也会提供机会让已经进入了的投资者来哄抬或操纵股市的价格，以便吸引更多的投资者进入；反之，如果被悲观或恐惧的力量所笼罩，那么股市的价格就会发生逆转，而投资者认为股市的价格会进一步下跌，整个股市都会处于恐惧之中，股价跌到最低也没有人敢购买。

投资市场的暴涨暴跌，是市场的本性及投资者的人性作用的结果，这种恐惧与贪婪在复利的作用下更能无限地放大。

所以，投资，必须最大限度地规避贪婪和恐惧。

第6章　长期投资，不轻易出手

长期投资，好处多多

【巴菲特微语录】

　　对于幸福婚姻而言，选妻重要，伴妻同样重要；对于成功投资而言，选股重要，持股同样重要。

——巴菲特投资语录

【活学活用】

　　巴菲特向来喜欢长期投资，他认为，选对一只股票无法保证大的回报，还要很多年地持有。想得到的回报越大，持股的时间也就需要越长，可能是几年，十几年，甚至几十年。长时期持股能够减少很多损失。

　　第一，减少摩擦成本。

　　股东最终获得的收益一定是要小于公司的资金积累。其中一个重要原因是有摩擦成本，摩擦成本就是指因摩擦费用而造成的投资收益损伤。比如，因为频繁交易或支付较高的管理费用，投资者就将为此付出高昂的摩擦成本，也就变相地降低了投资回报率。所以，最好长期持有一只股票，不要听信交易大厅中那些百般劝说每一个投资者去卖掉一只股票，同时买入另一只股票的人，因为他们的目的是获得更多的手续费。

巴菲特说，绝大多数投资者都没能赚到足够多的投资回报，这不能怪别人，只能怪自己。正是投资者使自己的投资受到了一系列伤害，才在相当大的程度上减少了本该属于他们的投资回报。

第二，推迟并减少纳税。

这也是长期投资给投资者带来的好处之一。打个比方，如果某公司仅投资1万美元，除此之外，它每年还有1倍的投资回报率。在这种情况下，如果该公司每年都把股票卖出去，卖出股票时还要交纳34%的所得税，在重复了19年以后，该公司为国库缴纳了13 000万美元的税款，而自己获得25 250万美元的收益。

那么，如果该公司长期持有该股票20年，结果又会怎么样呢？如果该公司持有该股票20年一直没动，那么，其回报会达到1 048 576万美元，在扣除34%的税金即356 516美元的所得税后，那么，最终得到692 060美元。25 250万美元和692 060美元比较，我们就能看出长期投资的好处了。不仅纳税高，自己收益也高，是一箭双雕的美事。

第三，避免被主力影响。

主力拥有雄厚的资金优势和良好的信息优势，所以，他们的进入或卖出，都会影响到一只股票。很多个人投资者千方百计打听机构主力什么时间进货、出货，以便及时应对主力冲击，以免股价下跌让自己损失惨重。但是，如果长期投资，就没有了这些麻烦。长期投资，避免了股价一时涨落的影响，只需耐心等待股票逐渐增值。根据股票价格和价值的关系，适时买进自己的股票，酌情卖掉股票。

总之，长期投资，能够让我们避免很多不必要的损失，极大地扩展了我们的利润空间。所以，尽量耐心一些，长期持有股票，放长线钓大鱼。

长期持有优秀企业股票

【巴菲特微语录】

选对了股票，而且这家公司一直情况良好，你只要一直拿住股票就行了。

——巴菲特投资语录

【活学活用】

巴菲特以长期持有股票而闻名，但他真正长期持有的是那些增值能力能够长期超越产业平均水平的优秀企业股票。

那些优秀的企业能够保证其在未来5年或10年内继续保持较高的股东权益回报率。理论上在大盘指数和市场估值水平比较稳定的情况下，通常这种企业的股票价格会随着企业年复一年的内在价值的提升而同步上涨。比如，你以每股5元的市价买入一支每股净资产为2.5元，每股净收益为0.5元的股票，这时的静态市盈率是10倍，市净率是2倍（每股市价除以每股净资产），净资产收益率是20％。这是一个赢利水平非常优秀的企业，如果企业每年收益不做分配，全部用来做再投资且资产赢利能力保持不变的话，那么该公司两年后的每股收益就是0.60元，再过一年是0.72元，第三年是0.864元，而第五年的每股收益则应是1.25元。此时如果大盘指数没有出现巨大波动，且股票市场对该企业的估值水平没有出现变化的话，该公司股票的市盈率还是10倍，那么此时该股票的市价应为每股12.5元，5年间市值增值到原来的2.5倍，投资该股票期间所获取的年均复合收益率是20％。

投资者必须明确的是，5年间股价增加到原来的2.5倍，并不是受股票市场大牛市的带动，也不是有人故意哄抬股价。事实上，公司的经营发展正一如既往，市场从市盈率和市净率角度讲对企业的估值并未发生改变，股价的上涨或者说股票的增值完全是公司经营业绩的提高所使然。这里有些投资者会担心，5年后企业内在价值提高到了原来的若干倍，那股价是否一定能随之同步上涨呢？请注意，这里要看5年前市场对该企业股票的估值是否合理。如果当初的估值是合理的，而现在的股价却没有随其赢利水平的增长而同步上涨，那只能说明市场目前对该企业的估值是错误的。

　　例如一家企业，其每股账面净资产是7元，由于业绩较差，又没有什么经营前景，所以它的市场交易价格是每股5元，市净率只有0.7倍，为折价交易，看上去很便宜。由于企业基本上没有利润，投资者若想获利，只有依靠股价回复至净资产值或者企业被按账面价值清盘。后一种结果目前在国内还没有先例，因为国内的企业不到财产赔光的那天是不会被清算的。所以投资者赚钱的唯一希望就是股价能达到账面价值。如果这种希望能在一年内实现的话，投资者每股赚2元，一年收益率能达到40%（2元/5元＝40%）。这里有一个问题必须引起注意，如果这种愿望不能在一年内实现，股票购买者的获利将会急剧下降。要是股价能在两年内达到账面价值的话，投资者的年均收益率是18.3%，如果等到第三年投资者得到的年累进获利是11.8%，到了第四年获利会降至8.7%，第五年则下降到6.9%。如果该公司赢利能力始终没有改善，市场对它的估值也没有改变，那么投资者就完全没有什么获利可言。

　　对于那些喜欢购买市场价格低于账面价值的股票投资者来说，由于企业的赢利水平没有提升，获利的希望就在于账面价值的实现上。如果这种价值实现未发生，投资者只能等待，预期的年获利累进率便会实实在在地消失，而且如果要花上许多年，投资者最后所得到的年获利累进率可能会少于将钱存进当地银行所得到的利息。

　　由此可以看出，应该购买经营前景好的企业，企业每股收益的持续增长会使得股票的内在价值得以提升。只要市场估值水平不变，随着时间的推移，投资者就可获得满意的投资回报。而对于那些经营业绩差的企业，哪怕价格比较低，若市场对它的估值不变，投资者就永远得不到收益。

　　对于那些前景很糟糕，但股价相对于账面价值很便宜的折价交易股票，巴菲特说："除非投资者是一个清算专家，否则买下这类公司股票的投资方法非常危险，原来看起来很便宜的价格可能到最后一钱不值。"

　　所以说，要长期持有的股票，一定是值得长期持有的股票，是具有好的发展前景公司的股票，这样，长期持有才能获得更丰厚的回报。否则，可能给自己带来亏损。

避免被短线投资诱惑

【巴菲特微语录】

就短线而言，股票市场是投票机，人气旺的股票走高；但是从长线来看，股票市场是体重机，本质好的股票不会寂寞。

——巴菲特投资语录

【活学活用】

投资股票的一个重要问题就是应该以短线投资为主还是以长线投资为主。目前，我国股票市场还处在一个发展阶段，各个方面都有待于进一步完善，很多股民更愿意进行短线投资，希望更快获益，而对于5年之后甚至10年之后的投资，个人投资往往不太愿意冒险。很多人认为，既然短线能获利，何必炒长线呢？现在，我们先来分析一下短线投资和长线投资两种方式的利弊。

到底哪种方式更好，主要要看哪种方式能够获得更多的收益。首先看一看短线投资。短线投资如果看中，收益可以极快。比如，一天之内买卖股票或期指，只要每日赚到百分之五，不要太贪，平均十多天，就已经可以将资本增值一倍。一年计算下来，资本额可以增值不知多少倍。每天百分之五的增长在股票市场其实并不太困难，买入一些热门的股票，有时一日就可以升一两成。即使并非天天都买进股票，但短线因为获利快，看中哪一支就炒哪一支，只要看得准，其累积的利润会以几何级数上升，可以使投资增值无限。

相反，以长线投资作为出发点，就要以某些股票作为对象，要有耐性地持有这些股票，不像短线买卖那样，随时都可以转换。锁定了某些长线投资项目，就要将这些股票暂时"搁置一边"，由其升跌。况且因为是长线的关系，即使现在大市出现跌势，手中持有的股票也不会清仓，就让其跌后再回升，希望之后会升得更高。

由此可见，短线可以更快获利，获得利润更高。而长线投资则显得呆滞，且获利太慢，并且，转换股票还有限制，远不如短炒可以随时换成另外的股票。

　　但是以上只是单纯地在理论上讨论。事实上呢？我们很少能看到短炒的人士能够在市场上发财。赚一点利润可能并无问题，但比起长线投资而言，反而容易招致损失。短炒人士容易损失的原因就在于股票在短线上的波动很大，并不容易捕捉，有时看到一只股票某日突然之间上升而买进，可能这只股票只是炒高来派货，或只炒一日半日就再回落。这些股票市场上有不少。短炒人士并非抱着长线投资的心态，即使亏，也会止亏。10次有5次这样，即使其他5次赚钱也可能只是白干。如果某一两次买得较为大手，但股价回落得急，可能即使再多赚三五次，都未能弥补一两次的损失。

　　即使赚得到钱，因为短炒行为使投资人不得不考虑尽快获利，所以，在赚钱时可能只是赚得很少就要平仓。所以，所赚的可能性很有限。

　　而长线投资就不同了。长线投资如果所买入的是优质股，即便短期回落，也无须急于卖出，因为一旦卖出损失会更大。优质股跌后会回升，而且通常都会升得更高。这使投资人将短线损失化为长线利润，损失可以不作实，但长线利润却可以有实际的收益。

　　特别是一些优质股，对于长期投资来说，都是升多跌少。如果是短炒，刚巧遇到大市调整，反而会遭受损失。

　　长线买入股票，还有股息、红股等收益，这并不是短线买卖的投资人可以得到的。以往做长线投资的，比如汇丰银行、和记黄埔、美国的IBM股票等，都证明升幅超过百倍。

　　巴菲特永续持有绩优股的获利相当丰厚。根据伯克希尔·哈撒韦2001年的财务报表来看，巴菲特投资华盛顿邮报28年，赚了82倍；投资美国运通赚了3.68倍；投资吉列公司赚了4.43倍。还有可口可乐一直是他们长线持有的投资项目。用巴菲特的话说："我们很少关心几年内这些公司的股票成交量。我们在意的是公司的长远进步，而并非依据短期股票的增值来衡量业绩。如果我们对此抱有坚定的长线投资信念，短期价格对我们便失去了意义，除非它们提供增加公司所有权的机会。"

　　综上分析，我们可以得出结论：以长线投资为主短线投机为辅的方式更容易发大财。

巧妙挖掘被低估的股票

【巴菲特微语录】

股东持有股份的时间越长，伯克希尔的表现和该公司的投资经验就会越接近，在股东买卖股份的股价相对于实质价值，折价或是溢价的影响程度也会越小。这正是我们希望能够吸引长期投资者加入的原因之一。总的来说，我们做得很成功，伯克希尔公司大概是美国大企业中拥有最多具有长期投资股东的公司。

——巴菲特致股东函（1996）

【活学活用】

经常有人会问：现在股市那么动荡，让我们耐心等待，长期捂股不动，承担的风险不是太大了吗？当然，选择长线投资必然要承担系统风险、政策风险、上市公司道德风险等所有风险。但是，风险是和收益成正比的；风险越大，意味着收益越高。随着我国股票市场的日益规范化，跟随这个趋势，越早介入风险越小；当大众普遍都认同这个趋势时，风险也随之而来了。到了那时，就很难再抢到物美价廉的股票了。其实，我们可以在风险和收益的夹缝中寻找到一条长线投资途径，那就是投资目前被低估了价值的产品，寻找具有成长潜力的"不动股"。

巴菲特在选择目标投资企业的时候，从来不是按照市场分析师的眼光去看问题，而是把自己当成该企业的经营者。他会像经营自己公司一样，预先把这家公司的产品、财务状况、组织结构、未来的成长前景、发展空间以及其竞争对手分析得一清二楚。

所以，我们也应该像巴菲特那样，把企业考察得清清楚楚。想要做长线投资，一定要考察企业的生命周期，每个行业中的企业都有它发展的生命周期，受到此限制，如果你选中的是一条短命的绩优股或蓝筹股长期持有，定然惨败。长线投资的特性决定我们要在企业发展初期或者发展期介入，也许此时的企业业绩平平，但未来前途无量。所以，我们要详细考察企业的成长性，比如，要考察它的主业，看一看其主业是否在一个社会长期需求或独特的行业中，其主导产品的生命周期能否持久存在，其主打产品的市场前景是否广阔，企业是否具有更新产品的创新能力，是否拥有足够的财力支持，现金流是否充足，企业收益是否主要来源于主营业务，而不是其他副业或出自不知名的地方，企业领导是否具有优秀领导素质等。

下面，我们分行业重点介绍具有发展潜力的企业所具备的特征。

1. 知识产权和行业垄断型

这类企业的发明专利能得到保护，具有不断创新的能力，值得关注、分析。比如，美国的微软公司就是这样一个公司。

2. 不可复制和能模仿型

像可口可乐这样的公司，它之所以能够长盛不衰，就是因为它有自己不可复制的秘方。如今它的品牌已经渗入世界。而国内同样是卖水起家的娃哈哈，它的无形资产也已经达到了几百亿元。如果有这样的独特产品，那么，公司的发展潜力值得关注。

3. 传媒教育型

现在人们越来越重视教育，所以，传媒教育业将会大有发展，同时该行业进入门槛高，垄断性较强，所以，适合做长线投资。比如，新华传媒、歌华有线等。

4. 物流交通型

机场、港口、集装箱、能源、供水、路桥等企业，这些企业行业风险小，一次投资大，能够持续成长，周期长，适合长期投资。

5. 现代农业

中国耕地广袤，耕地就需要种子，人们需要吃肉蛋奶，这些农业企业管理相对完善，较为大型的农业企业，拥有长期的客户需求。

6. 以中药为原料的生物工程型

现在中医发展潜力巨大，有些公司已经初步研制出抗癌药物和抑制艾滋病毒的药物，一旦形成市场规模，打入国际市场，前途不可估量。

7. 金融、基金、保险、证券业型

具有雄厚实力的，已经发展平稳的类似平安保险、中国人寿等公司，都不会在短时间内垮台。这些公司因为有专家把关，持有大量优质股，净值增长快，分红能力强，且风险小，适合长线投资。

8. 资源不可再生型

金属矿藏等都是不可再生资源。当资源短缺时，其产品价格自然上涨。

9. 清洁能源、环保型

未来发展趋势要求人类节约能源，保护环境，所以，清洁能源型企业也有很好的发展前景。比如凯迪电力、深南电、天威保变等。

总之，作为投资者应该仔细研究各个行业中较有潜力的企业，从中寻找"不动股"，而不是完全依赖一些股评专家的说辞。做自己有把握的投资，长期持有，才会获得高利润。

忙碌工薪层投资策略

【巴菲特微语录】

我会把所有的钱都投资到一个低成本的追踪标准普尔500指数的指数基金，然后继续努力工作。

——巴菲特在伯克希尔股东大会上的发言（2008）

【活学活用】

2008年，伯克希尔召开了例行的股东大会，在这次会议中，有人问巴菲特这样一个问题："如果您现在30来岁，唯一的经济来源是一份全日制的工作，因为工作比较忙，没有时间去仔细分析投资的事情，在这种情况下，如果攒够了第一个100万元后，该怎么去做投资，并且应该投资什么样的投资资产种类和配置比例？巴菲特给出的答案是——购买管理费很低的指数基金。

对于购买指数基金投资，巴菲特给出了以下三点意见。

第一，选择成本较低的指数基金。

指数基金和那些由基金经理主动选股构建投资组合的共同基金有所不同，它要被动跟踪股票指数，基本上将会投资大部分甚至所有股票。其最终目标，就是为了实现相当于市场平均水平的收益率，所以，不用研究选股，管理成本明显低于那些主动型共同基金。

指数基金的管理费用越低，所用成本越少，所占优势越大，净收益率就越高。而共同基金投资者的投资中每年都要被抽出2%作为管理费，所以，投资收益率无法超过甚至赶上指数基金。作为忙碌的工薪层，可以不必常常关注、分析股票，只需安心持有指数基金，时间过得越久，自然积累的财富就会越多。

第二，定期投资指数基金。

为了获得更为丰富的收益，不妨给自己制订一个定期买入低成本指数基金的计划，如果能够坚持长时间持续定期买入指数基金，虽然可能不一定买在最低点，但同样也不会买在最高点。

第三，长期持有指数基金。

通常情况，作为个人投资，很容易受股市波动的影响，有跟风现象，特别容易关注股市上最新的涨跌情况，随涨买进，随跌卖出，常常高买低卖，赔多赚少，也容易错过最佳投资时机。在选择买卖指数基金时，投资者要切记，过于受股市影响，过度兴奋或买入成本过高都是投资的大忌。

比如，长期投资一支标准普尔500指数基金，其未来10年内的收益将会超过普罗蒂杰公司精心挑选的5只对冲基金。之所以如此，是因为在20世纪的时候，美国经济持续增长的速度已经是128倍，道琼斯指数从66点上升到11 497点，上涨了173倍。另外，即便是过去的44年里，标准普尔500指数在75%的年份都是上涨的。

所以，对于个人投资者，特别是忙碌的工薪层来说，如果没有时间去了解股票，对任何行业和企业都不甚了解，并且有长期投资的意向，那么，最好选择广泛的分散投资。这类投资人应该分散持有大量不同行业的公司股份，并且分期分批购买，就可以定期投资指数基金，并长期持有，定然能获得更多回报。

长期持有也要灵活变动

【巴菲特微语录】

谁说我只做长期投资，战术应按实情灵活调整。

——巴菲特投资语录

【活学活用】

巴菲特的确以长期投资著称。他曾说过："我从不以为长期投资是一件困难的事情，你持有一只股票，而且很长时间都不卖出，这就是长期投资。我和查理都希望长期持有我们的股票。事实上，我们希望与我们持有的股票白头偕老。我们喜欢购买企业。我们不喜欢出售，我们希望与企业终生相伴。"但是，有时候，他也适时调整战术，灵活变动，规避风险，以便获得更大的收益。可以说，巴菲特的进退之道相当灵活机动，值得国内投资者借鉴。

巴菲特认为，当股票的市价赢利比率从平常的10～25倍涨到40倍时，股市此时必定出现大规模投机，股市泡沫已经形成，即便是以价值投资为导向的投资者，在此时也应该及时退场，只有这样，才能全身而退。1998年，巴菲特首次将自己所持股票全部卖掉，当时，他的很多档股票已经暴涨到50倍市价赢利比率的历史新高，更有甚者已经突破了50大关。此时，他保持了理性态度，见好就收，以安全为主，及时地卖掉了伯克希尔的大量持股，并用所得钱款买进现金雄厚的保险巨头通用再保险的全部股份，以规避未来的金融危机。

当然，在这期间，他也为处理掉手中的大量股票而大费脑筋，因为他要出清手中所有的持股，但是如果把价值数10亿美元的伯克希尔股票在市场上进行抛售，必将导致股价狂泄谷底。那么，该怎样不至于损失，又能摆脱未来危机呢？最后，他想出一个金蝉脱壳的办法，以股权换债券，轻松把手中的股票出脱，躲避了股市的泡沫风险，还狠狠地赚上一笔，这足可证明巴菲特在股市中的灵活机动。

另外，巴菲特还经常强调，如果自己购买股票公司的业绩不佳，那么，最好卖掉自己全部的股票，然后，把这些资金投资到更有价值的企业上。当然，如果该企业还有很强的竞争优势，管理层值得信赖，你可以继续持有，直到股票涨到你认为不可思议时再卖。这期间，股价定然有短期波动，但不用担心，好公司会摆脱困境，重新起航的。当然，虽然放心，也要密切关注其业务发展和竞争环境。如果其竞争优势逐渐减弱，转而靠降低价格进行竞争的话，最好停止持有，尽快卖出。

另外，你也可以在长期持有某些股票的同时，调整一下投资组合，保证组合整体收益上升。正如巴菲特所说的那样："任何一个给定年份的业绩都取决于很多变量，其中有些变量我们根本无法控制也无法预知。我们认为所有各类投资都是好的投资，我们非常高兴我们可以依赖于几类投资而不是只依赖一种投资。同时进行几类投资，让我们可以在各类投资中辨别出更多投资机会，也减少了由于我们排除单独一类投资而完全退出投资的风险。"

总之，市场震荡加剧，长期持有不等于"按股不动"，投资者要学会根据市场变化做出适当的调整。可以通过不断重复购买，降低成本，尽量扩大安全边际。或者像巴菲特那样将股票转换成债券躲避风险，不断地优化自己的投资组合，灵活地应对市场震荡，实现财富的增值。当然，这样做只是短暂的，过犹不及，频繁变动不仅增大成本，还可能失去很多大好的获利机会，得不偿失。

买进股票后不等于长捂不放，应该根据自己买入该股的目的，及成长目标来适时卖出。不要等着公司的基本面早已破坏，公司甚至退市，还在死守，这样做，就并非真正意义上的长线投资了，结果只会让自己损失更大。所以，长线持有时也应该按实际情况灵活调整战术。

理性选股篇　做有把握的生意

　　巴菲特曾经说过一句话："如果你在错误的路上，奔跑也没有用。"选股就好比我们在选择走哪条路，至关重要。想要选出像可口可乐那样的绩优股，我们非下一番工夫不行。

　　但我们下工夫的地方不是研究大盘上几条线的走势规律，也不仅仅研究外围经济政策对股市的影响。研究的关键在标的企业以及该行业。我们买股票其实就是在买企业，这个企业好，股票价值从长远来看自然上升，否则，企业有退市危险，你能赚到钱吗？

第7章　关注宏观经济对股市的影响

通货膨胀对股市的双重影响

【巴菲特微语录】

美联储像井喷一样往经济中注入货币，才使我们的经济大厦免于彻底倒塌。但是，"货币药物"副作用的威胁可能和金融危机的威胁同样严重。大量发行货币会有助于推动经济复苏，长期来说也有通货膨胀的危险。我们美国人有一个说法是，没有免费的午餐，每件事都会有它的后果。

——巴菲特在某次演讲中的讲话

【活学活用】

从2007年下半年开始，通货膨胀成了最热门的话题之一。"粮价涨了，油价涨了，猪肉价涨了，房价更是在涨……"可以说是涨声一片。这让敏感的老百姓渐渐紧张起来，办公室、菜市场、洗手间、公交车、网络论坛……关于涨价的讨论随处可见。那么，作为普通老百姓，我们该怎样认识通货膨胀呢？

通货膨胀，就是货币相对贬值的意思。说得通俗一点，就是指在短期内钱不值钱了，一定数额的钱不能再买那么多东西了。假如以前，8元钱能买1斤猪肉，可是现在却需要15元才能买1斤猪肉。而且这种物价上涨，货币贬值的现象还比较普遍，也就是说，不光是猪肉涨价了，当你环顾四周，看到绝大部分商品的价格都上涨了，这就可以断定通货膨胀确实在发生。

通货膨胀，是由于流动性过剩造成的，一般在经济繁荣时期，大量的钱在市场上流动，不管是数量还是流通速度都比平时要快，货币的流动性大大增强。按照通行的经济学规则，市场上所需要的货币总额等于市场上所有物品的价格总和除以货币流动速度。当货币总额增多的时候，货币流通速度加快，那么商品的价格就会高涨。这是因为繁荣的经济刺激了居民的信心，吸引了资本的介入，使货币增加。通货膨胀一般分为几种类型。

（1）需求拉动型通货膨胀，这是最普遍的一种类型，也是最常见的。大多数通货膨胀是由需求造成的。由于需求过度扩张，导致产品供不应求，物价上涨，货币贬值。比如房地产行业，在经济上升时期，由于自住房和投机房需求加大从而导致房价上涨，房产业需要的资金比较多，属于经济里的龙头产业，房产业的价格上涨往往拉动其他产业，从而导致GDP出现过度需求的局面，关于这个类型的通货膨胀，经济学里有一个经典的故事：

一个人买粮食的时候认为粮食贵了，卖粮食的说，是因为面粉贵了，卖面粉的说，是因为油条和面包贵了，卖油条和面包的说，因为他们要吃猪肉，而猪肉太贵了，他们必须提高价格来增加收入；卖猪肉的说，因为生猪太贵了，所以肉贵。养猪的老大娘说，因为粮食贵了，所以生猪贵了。

这一个过程是循环的，找不到哪个环节是最初的根源，但是肯定是由于需求的过度扩张造成的，一个环节的过度会导致其他环节都提高价格，从而导致整个社会的价格上涨。这也许是由于粮食稀缺造成的，也许是由于养猪的少了。但不管怎样，由于需求扩张而产生的物价上升直接带动了相关产业的提价。

（2）成本推动型通货膨胀，这主要是由工资上涨引起的。工资本身具有刚性原则，只上涨不可跌，通常认为工资的降低会挫伤员工的积极性。由于工会力量的强大，工资和福利经常出现被人为拉动到超出社会承担能力的程度。由于发放工资过多导致货币发放超出实际需要，从而造成通货膨胀。这种通货膨胀一般在西方容易出现，因为西方国家的工会属于比较独立的机构，他们只从工人的角度去考虑，不顾提高工资的社会成本，这样容易造成通货膨胀。还有采购成本突然提高，而造成通货膨胀也属于成本推动型，比如1973年由于石油输出国联合垄断价格，导致石油价格猛涨，形成了世界性的通货膨胀。

（3）利润拉动型通货膨胀，这主要是由于企业垄断或者是企业联合定价而导致利润增加，货币需求扩大，从而产生通货膨胀。这种通货膨胀是比较少见的，而且也不重要。

通货膨胀对社会经济的影响有利有弊，一方面能够短暂满足经济发展需要，另一方面却让人们手中的钱越来越不值钱，人们生活变得贫困。同样，通货膨胀的利弊影响，也会在股市上得到反映，对于投资者来说，也是利弊参半。

通胀对投资的影响很大。因为通货膨胀率的高低就等于手中握有现金的实质价值损失幅度。巴菲特明确指出，由于预算赤字和贸易逆差等外在因素对通货膨胀的影响，这些因素"将会是决定你在柏克夏哈萨威里的投资能获利多少的最重要因素"。高通货膨胀率，对于公司能否为投资者赚得实质的报酬来说是一项负担。

高通货膨胀加重了公司对股东收益的负担。为使投资者获得真正的收益，公司必须获得比投资者的痛苦指数（指税收与通货膨胀的总和）更高的净资产收益率。

所得税从来不会把公司正收益变为股东的负收益。如果通货膨胀率为0的话，即便所得税税率为90%，股东仍会获得收益。但是，随着通货膨胀率的上升，公司必须为股东提供更高的净资产收益率。对于净资产收益率达到20%的公司（很少有公司能达到这个水平），如果处在12%的通货膨胀率之下，公司就只能给股东很少的收益。当所得税税率为50%时，一个净资产收益率为20%，并且全部利润用于分红的公司，其实际净收益率只有10%，在12%的通货膨胀率之下，股东获得的购买力仅仅为年初的98%。当所得税税率为33%，如果通货膨胀率为8%，则净资产收益率为12%的公司对股东的回报便降为0。

所以，我们在选择股票时，就应该选择那些有能力对抗通货膨胀的企业。从理论上说，如果我们现在的通胀率达到了10%，那么，我们必须投资那些股东权益回报率大于10%的公司。也就是说，股东权益回报率大于通胀率的部分，才是你真正赚的钱。

对于那些需要大量的固定资产才能维持运作的公司，常常最先受到通货膨胀的伤害；而那些固定资产少的企业，则会受到尽量少的伤害。所以，在通货膨胀时期，应该购买那些固定资产占比很小的公司。

股市在变动的利率中起伏

【巴菲特微语录】

经济在20世纪这100年里发展得很成功，美国和加拿大的人均国民生产总值都在稳步增加。但因为国家中间经历两次世界大战，并且经历了经济大萧条，当时美联储的基准借贷利率最高时可达到21%，最低时只有1%，所以，我很看重利率这样的浮动因素。对于个人来说，利率的增减当然也很重要，但是不要忘记，无论什么时候你身上的债务也正是你拥有的资产。

——巴菲特某次演讲的讲话

【活学活用】

最近几年，中国各大银行都在不断调整利率，利率的变化直接影响着我们投资股票。利率上升，就会有一部分资金被银行储蓄和债券吸引过去，导致股票市场上的股票需求减少，这时股票价格自然会下跌；而如果利率下降，则储蓄不如买股票获利更多，就会有一部分资金流出银行，进入股市，这时，股票的价格就会随之上升。

另外，利率的上升也会导致公司借款成本增加，致使企业难以获得足够的必需资金，这时，企业为了降低成本，不得不减小企业规模，这样企业的利润自然也会逐渐降低，其股票的价格自然就会下降；反之，则股票价格会上涨。

由此可见，利率和股票价格的变动是呈反向发展的，但这是通常的情况。偶尔，利率和股票价格成正比。在股市发展史上，就曾出现过这样的特殊情况。1978年，美国股价和利率同时上涨。当时出现这种异常现象主要因为许多金融机构对美国政府当时维持美元在世界上的地位和控制通货膨胀的能力有所怀疑。

当时，股票价格已经下降到了极低点，远远偏离了股票的实际价值，导致大量的外国资金流向了美国股市，引起了股票价格上涨。

可见，当股市行情看好，股票行情暴涨，这时候，利率的上调，虽然使存入银行的钱获得更多利息，但比较于从股市中投资获得的收益来说，还是很少的时候。那么，利率的调整对股市的影响就会减少，其对股价的控制能力也就减弱。

同样，当股市处于暴跌的时候，即便出现利率下降的调整政策，也无法挽回股价下跌局面。

既然利率和股价具有一般变化走势，我们可以通过利率的变化，大概预测股市的发展情况。那么，我们应该怎样预测呢？

第一，关注国际金融市场利率水准变化。

因为国内利率的变化会受到国际金融市场利率水准的影响。现在国家和国家之间的经济来往越来越频繁，联系越来越紧密，所以，市场越来越开放，海外利率水准的升降，一方面会对国内的利率水准产生影响，另一方面，也会引起海外资金退出或进入国内股市，这样就会导致股票价格的下跌或上扬。

第二，关注贷款利率变化。

因为贷款的资金都是由银行存款来供应的，所以，根据贷款利率的下调可以推测出存款利率必将出现下降。反之，利率必然上升。这样，股票市场也会发生连锁反应。

第三，市场的景气情况。

如果市场过旺，物价上涨，那么，国家为了抑制经济过热，就可能提高利率来吸收百姓资金，以减少市场压力。反之，如果市场疲软，国家就有可能降低利率水准，刺激消费，推动市场发展。

总之，要密切关注利率变化，从中发现蛛丝马迹，预测未来股市发展。

汇率调整改变股票价格

【巴菲特微语录】

到2003年年底，伯克希尔公司共持有的外汇部分总额达到214亿美元，投资组合分散到了12种外币上，在2003年，我还说类似这样的投资还是第一次。在2002年之前，伯克希尔和我都没有买卖过外汇。但是更多的迹象表明，目前我国的贸易政策将为以后几年的汇率不断地施加压力。

……

但是，我们国家现在实行的贸易政策最终会把美元拖垮。美元价值现在已经出现了大幅下滑趋势，并且没有任何好转迹象。如果政策不改，外汇市场脱序的情况就会不断发生，并且在政治和金融上产生一定的连锁反应。虽然没有人能够预测其影响的范围会有多大，但是政治家们不得不看到这个问题的严重性。

——巴菲特致股东函（2004）

【活学活用】

一般来说，一个国家的货币是股价涨跌的风向标，货币升值，股票价格就会紧随其上；反之，也会随之下跌。比如，1987年美国股票暴跌，其实很大程度上是外汇行情变化导致的。在股票还没有暴跌之前，美国突然公布预算赤字和外贸赤字，并声称要继续调整美元汇率，这一政策的出台，导致很多人对美国经济和世界经济前景产生担忧。加之其他一些原因，最终出现了那场大股灾。

随着社会的发展与进步，当代国际贸易迅速发展，并呈现潮流发展趋势。同时，汇率对一个国家的经济影响也越来越大，任何一个国家的经济都在不同程度上受到汇率变动的影响。汇率的变动直接影响外汇行情，而外汇行情对股票的价格又有着相当大的影响。我国股市受汇率的影响也会随着我国企业对外交流的不断深入和频繁，随着贸易开放程度的不断提高，而越发明显。

那么，汇率变动会对股市产生怎样的影响呢？

通常，汇率的变化对股市的影响分为短期影响和长期影响。

从短期看，汇率的变动常常会导致投机性热钱的流动，从而影响股市资金供给和市场利率水平。比如，人民币兑美元汇率在2008年之前升到5:1，那么，外国资金一进入股市就能获得10.6%的年复利。但是，因为我国实行严厉资本管制，国外资金无法大量进入中国，所以，这样的投机机会很少。通常，在没有政府干预的情况下，市场汇率调整会在较短时间内达到相对稳定的水平，此时，有关汇率变动的想象空间完全消失，股市也趋向稳定。但对于那些实行外汇管制且汇率错误定价程度比较高的国家，政府处于稳定宏观经济，重估币值，反倒能刺激市场不断产生进一步的重估预期，导致股市长时间振荡。

从长期影响上看，汇率变动可能对部分上市公司的业绩和财务数据产生直接影响。一方面它会因为记账货币原因使账面数据发生变动。比如，如果人民币升值，则以美元表示的每股净资产、每股利润等都会上涨，从而改善了财务数据状况。另一方面，上市公司的进出口成本会发生变动。比如，人民币升值，则以人民币计算的进口成本下降；出口品外币价格不变的情况下，以本币计算的收入也相应减少。

可见，汇率的变化，会影响股市发展，所以，关注汇率也是我们投资课上不可缺少的一环。当然，汇率的变化对股市的任何影响最终都要通过股市的供求关系起作用，这一点不容忽视。

税收政策对股市的冲击

【巴菲特微语录】

政府为缓解危机而实行的政策势必引发通胀，现金是注定会贬值的，这时投资才是最好的策略。

——巴菲特投资语录

【活学活用 】

税收是国家为维持其存在、实现其职能而按照法律预先规定的标准，强制地、无偿地、固定地取得财政收入的一种手段，也是国家参与国民收入分配的一种方式。因为税收政策直接关系到投资者的收益和成本，所以，对于个人和家庭的投资策略都会产生直接的影响。税收政策不仅影响可用于投资的个人可支配收入，通过改变投资的交易成本还可以改变投资收益率。正因为如此，其成为了国家调整财政的重要杠杆。通过税收总量和结构的变化，国家可以抑制社会投资总需求膨胀或者补偿有效投资需求的不足，同时也能调节证券投资和实际投资规模。比如，通过对证券投资者征取不同的税种和税率来影响投资者的税后实际收入水平，从而起到鼓励、支持或抑制作用。企业从事证券投资所得收益的税率应高于个人证券投资收益的税率，这样就能促使企业进行生产性投资。

税收对投资者股票种类的选择也有影响。通常情况下，纳税级别高的投资者愿意购买具有较多收益率低的股票，而纳税级别低或者免税的投资者，则更愿意购买大量收益率高的股票。

税率过高，就会抑制股票投资，对股票市场产生消极影响。因为税征得越多，企业用于发展生产和发放股利的盈余资金越少，投资者用来购买股票的资金也就变得越少，投资者的投资积极性也会下降。他们认为，挣的钱都被国家拿走了，还不如不挣落得清闲。反之，低税率或适当的减免税则会增强企业投资的能力，也会提高个人投资和消费水平，刺激生产发展和经济增长。

由此可见，税收与上市公司的经营效益和股民的投资成反比。税收对于许多上市公司来说，特别是享受15%的优惠税率的公司来说，能够提高他们的投资积极性。否则，如果取消他们的这一税率优惠，他们收益将下降将近10%，这样就容易影响股市前景。另外，对于股市投资方面的人来说，因为现在红利要征税，税率的高低直接影响股民的收益。总之，税率的调整必然让股民或者投资者增加或减少负担，国家从而可以整体调节经济，保证股市正常运转。所以，我们投资者可以据此了解税收政策的变化，把握国家经济宏观走向，预测股市未来趋势。

政治因素的影响不容小觑

【巴菲特微语录】

未来避免再次出现像2008年那样的金融系统崩溃，拥有一个强有力的政府保证经济复苏是非常必要的。

——巴菲特投资语录

【活学活用】

政治因素主要是那些对股票价格具有一定影响力的重大经济政策、国际政治活动或者政府法令、政治措施等。这些政治上的变化或者导致经济市场的大变化，直接影响社会经济发展，从而影响股市；或者导致人们心理发生变化，间接影响股市的发展。随着信息技术的日益发展，人们接受信息越来越及时，而这些政治信息的流通，也极大地影响着人们的生活，对股票价格产生了越来越敏感的影响。

即便是巴菲特，他的从业经历中，也曾因为政治变动，导致投资受到影响。比如，他在购买康菲石油股份后，股价大跌，使公司损失数10个亿。之所以投资失败，就是因为受到当时政治大环境的影响。2008年，伯克希尔的净收入大跌62%，一直下跌到49.9亿美元，即每股3 224美元。此外，伯克希尔每股账面值减少9.6%，这也是巴菲特在掌舵44年以来表现最差的一年。

由此可见，投资股市，我们还要关注政治大环境的变化，预测未来股市发展情况，以免被套牢。对于政治影响，主要应该考虑以下几个方面。

第一，战争。

战争导致国家的政治经济极不稳定，人心动荡，股价下跌，这是战争造成的广泛影响，并且通常都是负面的影响。但是，股票在战争中受到的影响，有长期的，也有短期的；有好的方面，也有坏的方面；有广泛范围的，也有单一项目的，投资者要冷静分析，找到值得投资的最佳股票。

战争对不同行业的股票价格影响不一样。通常情况下，战争促使军需工业兴起，那么，凡是与军需工业有关的公司的股票价格必然上涨。因此，投资者可以适时购进军需及其相关工业的股票，售出容易在战争中受损的行业的股票。另外，战争中断了某些地区的海空或陆运，导致原料或成品输送运费上涨，商品自然涨价，这样，那些靠运输原料供给的公司，其业绩就会逐渐萎缩，股票必然会跌价。

第二，国内重大政治事件。

比如政权转移、领袖的更替、社会的安定性、发生的一些政治事件等，都会影响股价波动。通常这些事件，首先对股票投资者的心理产生影响，然后又间接地影响股价。

第三，国内重大经济政策。

比如产业政策、税收政策、货币政策对股票价格有重大影响。货币政策的改变，必将引起市场利率的变化，从而导致股价或涨或跌；如果国家让一些企业享受国家减税、免税的优惠政策，那么，其股票价格必然呈上升趋势；而如果调高个人所得税，人们的消费水平下降，商品滞销，对于这些生产商品的企业就会造成不利影响，导致股价下跌。

还有国家重点扶持某些产业的政策，会推高该产业中企业的股票价格；而一些国家抑制发展的企业，其股票价格会下跌。比如，国家对社会公用事业产品和劳务实行限价，包括交通运输、煤气、水电等，这就会直接影响公用事业的赢利水平，导致公用事业公司股价下跌；现在国家大力发展文化事业，并提出了很多优惠政策和奖励政策，这类企业的股票价格就会上涨。

第四，国际政治环境。

随着交通运输的越发便利，通信手段也越发发达，国家和国家之间、地区和地区之间的联系越来越密切，世界不再是各个独立的了，相互之间都有这样或那样的联系，所以，任何一个国家的政治、经济发生变化，都会影响到其他国家，股市也会随之发生动荡。比如日本地震，那么，为日本供应石油的公司，因为无法运往日本或者因为日本公司没有能力偿还债务，该国外公司的股票价格就会大幅下跌。

另外，外交关系的改善也会使有关跨国公司的股价上升。所以，投资者应该在某个国家和某个国家外交关系改善时，不失时机地购进相关跨国公司的股票。

第五，法律制度。

一个国家在金融方面的法律制度是否完善，投资收益能否得到保护；投资市场能否得到管理和规范，都将成为股民投资的考虑因素。市场法律制度完善，人们就有了更多的安全感和投资信心，股市自然会健康并繁荣发展。

总之，社会政治因素同样会影响股市，并且其影响通常都是突然的，无法预测的。如果我们多关心政治，多关注政治趋势，投资股票时，就可以尽量避免损失，获得丰厚的投资回报。

行业变化预测股市未来

【巴菲特微语录】

几年前，包括银行、股东与证券分析师在内，他们几乎没有一个人看好媒体事业。事实上，报纸、电视和杂志等媒体行业的行为已经不再局限在特许行业设定的该做的事情上了。

——巴菲特投资语录

【活学活用】

不同行业的发展前景是不一样的，像烟草类行业，在我国就属于夕阳性行业，未来发展前景值得担忧；而文化产业则受到国家政策的扶持，未来发展前景良好。所以，选择股票要选对行业，行业的变化直接影响股票价格。

在1990年的投资报告中，巴菲特表示媒体事业的获利能力在走下坡路，因为该行业的行业景气程度在下降。到了1991年，因为零售业形态的转变，广告和娱乐事业发展日益多元化，曾经风光一时的传媒行业竞争力受到严重打击。

还比如，曾经风靡一时的铁路，到如今，美国已经有多半人不坐火车了，所以，铁路股票价格根本引不起百姓的兴趣，股价自然不理想。而像网络、计算机之类的高科技公司的股票则成为当今比较热门的股票行业。

由此可见，行业的发展是有一个周期的，有景气的时候，也有逐渐衰落的时候。所以，投资者应该了解整个国家的经济形势与行业政策，对哪些是夕阳行业，哪些是强势行业，哪些行业是有前途的，哪些行业正在面临困境，做到心中有数。对国家某行业政策扶持的上市公司来讲，经营的阻力要小一些，获利的能力会大一些。

虽然某个行业现在不太景气，但如果未来会有大发展，不妨也投入一些关注，特别是高科技、高附加值的产业。不过高科技股票风险也比较大，需谨慎。投资者一定要树立买股票就是买未来的观念，具备长远的眼光，购买合适的股票。

投资者应经常检视各类行业股票的表现情形，这将有助于摆脱目前弱势行业的股票、换入强势行业的股票。某一行业的股票常常有某种联动性。如果某行业的龙头股表现疲弱，则往往会波及该行业的其他股票。同样，如果某行业的几种指标股呈强劲起势，则会带动其他同类个股。

强势行业的股票往往是领导大市的主角，尤其是行业中的龙头，具有指标股的作用。因此，选股必须选择强势行业中的领头股，这样往往能领先大势获利。通常某个多头市场的领头股到大市反转时，便成为抗跌的好股票。

第8章　选择一流股票的圣经

寻找长期发展稳定的产业

【巴菲特微语录】

我喜欢的是那种根本不需要怎么管理就能挣很多钱的行业，它才是我想投资的那种行业。

——巴菲特投资语录

【活学活用】

巴菲特一再强调，在选择投资目标时，一定要选择具有稳定发展前景的产业。早在1967年伯克希尔用860万美元的价格并购了国家产险和海火险公司以后，当年他们的保费收入就达到了2 200万美元，一直到1977年，累积的年保费总收入已经达到1.51亿美元。

巴菲特在美国运通股价最低的时候买入该公司5%的股票，随后将近两年时间，运通的股价就大涨了3倍。5年后，运通股票涨了5倍，股价从35美元上涨到了189美元。

巴菲特在伯克希尔1994年的年报中对他投资美国运通的历史进行了分析，他认为正是对该公司的长期了解才会大笔增持了该公司的股票，后来看来这是很明智的投资行为。由此可见，一个具有稳定发展前景的产业，拥有较大的赢利空间，将会给投资者带来丰厚的回报。

那么，我们怎样去辨别哪些是能够长期稳定发展的产业呢？

要选择具有长期稳定发展的产业首先应考虑其周围环境，一方面看外部的宏观环境，比如自然、社会、人口、技术、政治、经济、文化、传统、法律等各种因素；另一方面，要看产业的竞争环境，其产业内的竞争对手情况、买方、供应商、替代品生产厂商、潜在进入者等。

通常，产业外部的宏观环境对企业起到间接的影响，而产业竞争环境则会对企业的发展起到直接的影响。

其次，还要考虑产业结构。产业结构对企业的竞争优势确立和其可持续发展起到深远影响。产业之间的竞争不断降低某个产业的投资资本收益率，当某个产业的收益率低于投资资本要求的最低收益率水平时，一些投资者就因为无法承受长期的低收益率，甚至亏本的危险，而及时退出该产业，转投其他有更高收益的产业，这样，原来投资的产业竞争压力减弱，收益率会逐渐回升。当某个产业收益持续走高，那么，就会有越来越多的资金流入该产业分割这块蛋糕，直到市场竞争越来越激烈，产业收益逐渐下降，直到最低，挤走一些投资者，这样，这个产业才逐渐反弹。

既然市场就那么大，怎样在市场上持续占据一定地位，就要看该产业结构是否合理，能否顶住高竞争压力，或者是否拥有特权产业结构。比如像报纸那样，在各个地区都有固定的受众群，其他地区的企业无法进入该地区。这样具有垄断性质的产业，就是收益比较稳定，风险较小，值得我们投资的产业。

另外，在投资某类产业时，一方面要考虑该产业是否具有足够的吸引力，也就是其平均赢利能力是否足够强。另一方面还要考虑该产业的结构变化程度是否较大，是否具有稳定性。综合这些分析，我们才能尽量比较准确地投资有发展的产业。

资本配置能力决定企业存亡

【巴菲特微语录】

企业经理人要做的最重要工作应该是资本配置。一旦管理者决定进行资本配置，那么，其基本行为准则就是促进每股内在价值的增长。

——巴菲特投资语录

【活学活用】

投资者购买股票时，一定要选择具有优秀管理层的企业。而衡量企业管理层是否优秀的重要标准就是他们是否能够主动站在股东的角度考虑问题，而不是被动地在机构强制力的束缚下工作。管理层日常最主要的工作就是进行资本配置，资本配置的能力主要体现在管理层能否正确地把大量资本投资于未来长期推动股东价值增长最大化的项目上。资本配置的远见在某种程度上决定了公司未来发展的远景，从中我们可以看出管理者的能力和优秀的品质。同时，管理者是否具有资本配置能力，也直接影响企业发展，对企业和投资管理都至关重要，可以说关系着企业的存亡。

在经历了席卷华尔街、惊动全球的次贷危机之后，有的人倒下了，而巴菲特却站了起来，而且站得更高。在2008年3月5日发布的福布斯最新全球富豪榜，巴菲特取代比尔·盖茨，以620亿美元的身家稳坐全球首富。巴菲特为什么能够逆市而上、险中取胜呢？

巴菲特之所以能够取得一次次的成功，绝不是因为他有未卜先知的本领，他一直坚守自己最重要的投资法则之一："在别人贪婪的时候恐惧，在别人恐惧的时候贪婪"。他绝不会冒险把所有的资产都投资于风险系数极高的股票资产，他手中的股票资产仓位只保持在40%~60%之间。正是能够控制人性中的贪婪和恐惧，掌握了资产配置的艺术，他才成为了股神。巴菲特曾经说过，他不敢拿股东的利益做赌注，会慎重考虑每一次投资，这种负责任的精神值得我们学习。

每一分钱都是应该能升值的，绝不能浪费每一分钱，但是，在现实生活中，有很多企业管理者把手中的利益用在那些毫无赢利能力的高价项目上，结果惨烈失败。这就是没有合理进行资本配置而导致的。正确的资本配置应该是把资金不断投资到具有高回报率的项目上，为股东赚取更多收益，这样才能促使股价上涨并且保持这种长期趋势。想要在短期内通过显著提高公司内在价值，为股东创造更高的价值回报，最终必然会导致股价报复性反弹。

另外，还有一些管理者虽然具有较高的素质和丰富的管理经验，但因为他们缺乏改变，结果也无法做到合理配置资本。通常，一个管理者身居公司领导岗位，就好像有一个固定思维，认为在这个岗位上就应该按照公司原有的步调前进，这是一种对管理者的无形强制力。要求管理者按部就班地按照老样子前进，即便企业中存在各种各样的弊端，管理者也不必动脑筋，只需要模仿和照搬就可以了。并且，公司管理层无论是否优秀，他们所作的决策是否明智，下属都会投其所好、推波助澜，这就逐渐把企业领到了歧途上，这样的公司将来一定会出现问题。

正因为如此，巴菲特向来重视减少伯克希尔公司所属控股公司管理层的机构强制力的影响。另外，在投资企业的时候，巴菲特还会劝告广大股民要尽力避免投资那些公司管理层不够优秀，或者公司管理层虽然优秀，但却受机构强制力摆布的上市公司。

总之，只有能够站在股东立场考虑问题，能够据此做出明确的决定而不受机制强制影响的企业，才能保持长久稳定的发展。

掌握企业治理结构

【巴菲特微语录】

在年度股东会上，有人常常会问："要是哪天你不幸被车撞到，该怎么办？"我只能庆幸他们还在问这样的问题，而不是问："要是哪天你不被车撞到，我们该怎么办？"

这样的问题让我有机会谈谈公司治理这个很热门的话题，它分为三类。

第一类，这类公司的股权结构中，没有一个具有掌控能力的大股东。在这种情况下，我认为董事会的行为应该像是公司的一个因事未出席的大股东一样，在各种情况下，都要确保这位虚拟大股东的长期利益不受到损害。但是，很不幸，所谓的长期利益反而给了董事会很大的弹性操作空间。

……

我认为，董事的人数不用太多，十个正好，董事人员，应该主要从外部选，而外部董事应该建立对CEO表现的评核制度，并定期聚会，在CEO不在场的情况下，依据这些原则评断其表现。

——巴菲特致股东函（1993）

【活学活用】

公司治理结构就是指投资者、管理团队和董事会三者之间的关系，它们各自都有不同的权利和义务，当这三者能够公开而又独立交流的时候，我们就说这个公司有一个良好的治理结构。

建立有效的上市公司治理结构，首先应该回答这样一个问题：公司治理结构的目标是什么？或者说现代公司的作用是什么？如何认识和回答这个问题，将直接影响上市公司治理结构的本质、功能定位和治理形式等，也将直接决定上市公司治理结构的有效性。

其实，公司治理结构的目标就是将股东的利益最大化。因为现代公司制企业所有权和经营权分离后，公司的经营权就交给了职业经理人行使，该怎样保证职业经理人按照股东的意志经营企业并获得最大效益呢？这是摆在很多股东面前的重大问题。

巴菲特之所以具有长期持续的高回报，不仅仅取决于他独到的投资眼光和超凡的能力，还有他对投资企业所倾注的心血。然而，绝大多数的股东并非像他这样。比如，某家公司的管理层准备把公司的利润一部分分给慈善机构，管理层常常按照自己的喜好或者利益来确定慈善机构，而决策常常和公司利益、股东利益无关。在巴菲特公司，捐赠的慈善机构是由股东指定的，是以股东利益和意志为转移的。

之所以会出现管理层不站在股东立场这样的问题，主要是，公司股东缺乏长期持股准备，并不是高度关注做好企业，而这样，公司就必定付出内部人控制的代价。巴菲特指出，在美国众多的公司中，股东对经理人的约束是很差的。至于公司经营状况，股东也没有足够重视起来，结果，公司治理的灵魂就丢失了，最后导致管理层经营失效，直接影响股东的利益。可见，股东应该关注企业的发展，在必要的时候表态，而不是紧盯着利益。

另外，股东和经理人应该具有良好的互动关系，这样才容易协调，保证企业的大发展。那么，怎样选择一个合格的经理人呢？巴菲特关于合格经理人有"三条永恒的信念"：热爱自己的公司；像所有者那样思考；廉洁奉公且才华横溢。对于这样的经理人，股东要为他们创造发挥才能的条件，消除一切与生产无关的活动，让他们把精力集中在企业的经营上，明确经理人的职责，使他们把公司作为自己的唯一财产。

最后，应该建立有效的激励机制。很多企业通过让管理层分享企业在资本市场的成长收益，使得他们的行为更符合股东的长远利益。巴菲特认为可以采取现金奖励的方式奖励优秀的管理者，然后，再由他们去购买公司的股票，如果他们对公司未来充满信心，这样他们就会站在公司所有者的立场上工作。

而对于公司的董事会，巴菲特在1993年的伯克希尔年报中说道："如果只有不直接进行管理的单一所有者，董事应该通过各种适当的途径提高该所有者的长期利益。"这意味着董事应该撤换不称职的经理人，不管他多么可爱。董事还有另外一项工作，就是"如果一个能干但贪婪的经理人做过了头，并试图摸进股东口袋深处的话，董事们必须赶快敲打他的手。"

但是，董事们常常没有做到这些职责，为什么一些聪明又体面的董事如此不称职？因为他们通常按照自己所拥有的股权数量来衡量言行，没有把企业当成自己的，缺乏负责任的态度，结果导致对经理人监管不力，损害了股东的利益。所以，董事会应该独立起来，并负担其应有的责任。

作为投资者，我们应该考虑企业内部治理结构，投资者、管理团队、董事会三者之间的关系如果处理不当，整个企业发展就会出问题。比如，经理人私吞财产，董事会形同虚设，股东大会不停地召开，如果这样，这个企业发展就会变得很困难。所以，我们应该积极了解投资对象的内部治理结构。了解这些信息并非很难，年度代理委托书中都详尽地列了出来，会介绍董事会内部人员的构成。另外，如果我们投资较大，那么，其中怎样行使自己的表决权值得关注。我们可以集合大多数投资者联合对公司决定提出异议，发表自己的建议，这样也保障了自己的收益。

投资具有核心竞争力的企业

【巴菲特微语录】

最终我们的经济命运将取决于我们所拥有的公司的经济命运。

——巴菲特投资语录

【活学活用】

股神巴菲特曾经说过他的投资秘诀："如果你是20~21岁的人，想把你的全部家当都押到股市上去的话，你就得亲自去考察一下。你需要真正分析它们的财务情况，你得努力搞清楚它们是否拥有持久的竞争力，评估其管理层的才能和完整性，然后你再去决定是否要以合理的价格去购买它。这就是我们所做的全部。"

其中，企业想要具有持续竞争力，就必须在该行业中拥有绝对的核心竞争力，保证其发展得稳而快。想要具有让竞争对手望而生畏的核心竞争力，品牌优势和低成本是很重要的因素。巴菲特投资的企业，要么是像保险或超市那样的低成本公司，要么就是像可口可乐、吉列那样的具有国际品牌的大公司。这些公司都有竞争优势，即便在竞争最为激烈，经营环境非常恶劣的条件下，还能支撑，不会轻易倒下。除此之外，它们的产品在行业内极具竞争优势。即便品牌大，如果该企业缺乏持久创新力，导致不久之后另一品牌的后来居上，那么，该品牌很可能被排挤出去。所以，不但要有品牌优势，还要具有维护品牌优势的能力，特别是创新产品，引领行业的竞争优势。当然，有些行业并不需要品牌优势，比如超市。如果选择这样的行业，就要看它成本观念是否够强烈。成本足够低，获利空间大，它同样能够在竞争中获胜。

具体而言，主要有以下一些公司的股票值得投资者考虑。

第一，经营业绩良好的公司股票。

股票发行公司的利润是影响股价的主要因素，股票价格随着公司赢利情况而变动。因此投资者应选择那些业绩卓著，发展前景光明的公司的股票。选择此种股票，不仅不必担心股息收入，而且投资者还可从股价的增值中获得差价收益。

第二，大公司的股票。

规模大的公司一般实力雄厚、业务范围广，能够稳步向前发展，经得起市场风浪。购买这种公司的股票，除有保障的股息收入外，还能获得股票增值收入。

第三，被低估了价值的知名公司股票。

如果你属于冒险型投资者，则可选择购买被低估了价值或不受欢迎的知名公司的股票，这样往往会有意想不到的收获。有些知名的上市大公司，因受市场等因素影响，股价会下跌，但这往往是暂时的，一旦公司渡过危机，股价会直线上升。如果投资者能抓住机会买其股票，就可获得巨额的差价收入。每当市场不景气时，被低估价值的知名公司股票会有很多，投资者应悉心加以研究。

第四，管理层水平高且重视研究开发的公司股票。

一家公司的发展主要取决于管理的好坏。拥有优秀管理人员的公司，其前途是不可估量的。决定公司发展的另一个因素是新产品的研究与开发。如果公司非常重视研究与开发工作，不断推出更新、更优的产品，在行业中始终处于领先地位，那么股价上涨是很自然的事，那些知名的公司几乎无一例外地依靠优秀的管理和具有生命力的新产品而飞黄腾达。购买这些公司的股票，投资者一定会随着公司的发展而获益。

第五，拥有著名商标和专利权的公司股票。

许多公司因拥有专利和商标而享有无法估计的资产。例如IBM公司拥有的"IBM"商标，柯达公司的"柯达"商标等都使得公司获得过迅速发展。

第六，规模较大的金融机构持股的公司股票。

如果一家公司股票被某些知名的金融机构所拥有，那么当公司需要集资时，所发出的股票和债券很容易被原来金融机构的股东所购买。同时，这些金融机构也会在公司管理及财政上给予支持和帮助。

当我们看中某些具有竞争优势的股票，在准备投资时，选择一种或多种股票还应从以下几个方面分析是否该选择这种股票。

第一，股息及分红。

许多投资者选择投资股票是因为其股息比银行存款利息高，而且还可以分得红利。因此，选择某种股票时，股息的高低和红利的多少是主要考虑的因素之一。

第二，价格。

对很多短期投资者来说，他们关心的往往不是股票的股息收入，而是低价买进、高价卖出，从股票价格变动中获取差价的收入。因此，分析股票价格变动趋势，也是投资者应重点考虑的因素。

第三，安全性。

收益与风险永远并存，要想获得大的收益必须冒大的风险；要想保证安全，使风险最低化，甚至无风险，就不能期望获得高收益。因此，在进行股票投资时，一定要充分考虑各种不同股票的安全性，在收益最大化的前提下，尽可能选择风险性小，安全性高的。在风险性小，安全性高的前提下，尽量选择收益最高的股票。

第四，税金。

股票投资是要付税的。因此，投资者在选择股票时，应进行比较，尽可能节税，以降低投资成本。

第五，手续费。

委托经纪公司买卖股票要支付其一定的手续费，不同的经纪公司收费标准不同。通常投资额越大，手续费的比率越低，用同样资金一次买卖和数次买卖的手续费也不一样，这就需要投资者计划周详，减少手续费以降低投资成本。

第六，期限。

股票投资期限长短与收益是直接相连的，一般时间越长，收益率越高，所承担的风险也越大。

第七，变现性。

投资者在购入股票后，有可能出现急需资金的情况，这就需要考虑股票的变现性，应选择那些买卖比较方便的股票投资。

抓住机会，投资顺风行业

【巴菲特微语录】

保险这个行业从整体上看表现还是很好的，但实际上，其情况并非全然如此。在过去的10年中，不论是在产品还是在人员上，我们也犯过一些错误。从某个角度来看，纺织行业恰好相反，管理层已经非常优秀，但该行业也只能获得微薄的收益，由此可以明确，投资者选择一个顺风的行业要比逆风行业好得多。

——巴菲特致股东函（1977）

【活学活用】

每个行业都有一个周期性发展过程，其景气指数是不断变化的，如果遇到某个行业景气时，即便是不太好的企业，也可能搭上这一顺风车，股价上升，所以，投资者可以据此发现景气行业，获得收益。

一些行业的产品，一旦需求被满足就不会产生新的需求，或者需求萎缩，或者需求处于稳定之中，总之需求不再增长。在一个需求不再增长的行业里，企业的成长必然受到阻碍。比如中国的电视机行业，需求让长虹兴起，也是需求让长虹衰败。

特别是一些制造业，需求无法持续下去，如果该企业不去主动开发新产品，不主动挖掘客户的潜在需求，这个企业必然关门。而开发新产品，企业又要重新开始，之前累积的经验教训可能无法转移到新产品上，在这一蜕变过程中，谁不能成功，就必然倒闭。

　　巴菲特投资纺织公司，本希望它梅开三度，进一步发展，但纺织业作为制造业的元老，已经大势已去。最后不得已，巴菲特把他控股公司的股票逐渐卖出。到1980年，巴菲特基本结束了他在纺织业的无谓努力，并向股东认错。在当年致股东的信中，他说："去年我们缩减在纺织业的投资规模，虽然不愿意但却不得不结束。除了少数设备转移到新贝德福德外，其他连同房地产都处理掉了。你们的董事长因为没能早点面对事实而犯下大错，而在到新贝德福德的织布机也淘汰了约三分之一，这些生产线不具备投资效益，就产业循环而言甚至很有可能会产生损失。"可见，当该行业已经不再景气，即便再好的企业，也会面临亏损倒闭的危险。

　　1967年，巴菲特的伯克希尔公司用860万美元的价格并购了国家产险和海火险公司，当年它们的保费收入就已经达到了2 200万美元，到了1977年，累积的年保费总收入高达1.51亿美元。可见，选对一个景气行业，其赢利的空间的确非常大。

　　当然，行业景气也有长期景气和短期景气，要判断行业景气周期，关键看该行业面对的受众群，是否需求很容易获得满足，市场是否很容易饱和。另外，特别是在中国，国家政策也会导致某个行业发展上升或下降。所以，我们在投资前要多关注各方面的信息，及早发现行业景气回升的蛛丝马迹，及时投资。

　　总之，市场经济的周期性规律不可抗拒，国家宏观经济大环境和行业产业小环境同样都有周期特征，繁荣、衰退、调整、复苏，这些都是经济的必然规律，周而复始，循环往复，不容回避。投资者如能深刻认识到周期性，进而灵活加以利用，就是投资成功的重要武器。

　　虽然行业景气对整个行业内的任何企业都有或好或坏的影响，但研究行业的景气周期和内在机理的同时还要配合个股的实际情况进行综合分析，这样准确度会更高。即便行业景气指数很高，也不能随便投资，还要慎重选择经营稳步上升的好企业，这样才会赢利更多，赢利时间更长。

低成本经营企业更具投资价值

【巴菲特微语录】

伯克希尔公司特别强调节约成本。我们的榜样是一位准备刊登丈夫讣文的寡妇，报社告诉她每登一个字要收0.25美元，于是，她要求刊登"Fred死了"。但报社称至少要8个字，于是，老太太说"Fred死了，售高尔夫球卡"。

——巴菲特致股东函（2002）

【活学活用】

赢利减去成本等于利润，所以，成本是企业是否获得利润的重要因素，甚至关系到企业的生存和发展，成本控制对于每个企业来说意义重大。企业在经营过程中只有根据市场需求，运用各种手段不断降低成本，减少能耗，提高效率，才能创造更多利润。这样的企业才能具有更强的竞争优势，才能有更强的抗风险能力。

巴菲特同样认为，真正优秀的企业应该是控制成本的高手，投资这样的企业才会获得丰厚回报。一旦企业成本过高，那么，它通常会出现各种问题，特别是在经济不景气的时候，成本过高往往成为企业的灾难。

1993年，巴菲特用4.75亿美元收购了美国著名高档品牌鞋企业Dexter，本以为该公司的品牌竞争力很强，能够抵抗得住亚太鞋企的成本竞争，然而，他判断错误了。

1999年，巴菲特旗下几乎所有的制造、零售和服务业务都取得了优秀的业绩，但唯有Dexter鞋业，没有什么业绩。经过调查，该公司的管理上没有问题，Dexter管理层和其他公司的管理层一样优秀。问题出在了业务方面，因为大部分鞋子是美国本土生产的，成本很高，而境外厂商依靠国外廉价的劳动力，能够很好地控制成本，所以，1999年，在美国13亿双鞋子的消费量中，大约有93%的鞋子是进口的，这些进口的物美价廉的产品自然受到追捧。

2001年，巴菲特不得不承认自己购买Dexter是一个错误。他说："Dexter在我们收购之前几年，事实上在我们收购后也有几年，尽管海外鞋企竞争激烈，但业务仍然繁荣。就此，我认为Dexter应该能够继续在国际竞争中处于领先地位，然而，我判断错了。"

可见，即便品牌过硬，如果成本过高，价格过高，那么，消费者也不愿掏腰包买下。所以，尽量控制成本，保证有足够的利润空间，这样，才能保证拥有足够的资金应对各种突如其来的危机。

巴菲特很明白降低成本的重要性，所以，他收购的公司通常都是低成本经营的公司，这样安全边际才够大。收购美国商业新闻就是个典型的例子。

1961年，洛里洛克创办了美国商业新闻，他是一位经验极为丰富的记者和公共关系高级管理人，在80岁高龄的时候，他已经把这家商业新闻建设成了能够把信息传送到150个国家、25 000个客户的优秀企业。

商业新闻的凯茜写信给巴菲特，让他看看美国商业新闻是否符合他的收购条件，巴菲特很快联系上凯茜，达成了伯克希尔与美国商业新闻的收购协议。之所以巴菲特会如此快速地收购这家公司，非常重要的一个原因就是凯茜在信中提到美国商业新闻严格控制成本，该公司没有秘书，也没有管理分层，控制一切不必要的开支，把资金集中在了能够给企业创造更大利润的科技创新和业务发展上。

总之，企业的成本越低，安全边际越大，投资的风险越小，所以，我们在选择股票时，也应该考虑企业的成本问题。

善于从阅读中找到投资机会

【巴菲特微语录】

我在10岁的时候就把我在奥马哈公立图书馆里能找到的投资方面的书都读完了，很多书我读了两遍。你要把各种思想装进你的脑子里，随着时间的推移，分辨出哪些是合理的。一旦你做到了，你就该下水（尝试了）……越早开始阅读越好。我在19岁的时候读了一本书，形成了我基本的投资思维方式。我现在76岁了，做的事情就是基于我19岁时从那本书得来的同样的思维方式。阅读，然后小规模地亲身实践。

——巴菲特投资语录

【活学活用】

巴菲特拥有广泛的阅读量，大量的阅读培养了他独立思考的能力。也让他懂得了很多投资知识和技巧，同时，阅读也能帮助他寻找到中意的公司进行投资。他非常重视从阅读中获取更多信息。所以，巴菲特在概括自己的日常工作时称："我的工作是阅读。"

巴菲特认为，在投资之前，我们必须明白我们买的是什么。所以，他每天都要大量阅读与上市公司业务和财务相关的书籍和资料，这样，他在了解公司的情况下，才能够审慎地做出投资判断。

比如，他在研究GEICO保险公司的时候，一直在图书馆待到最晚时间才离开。他从一家保险评级服务机构开始，阅读了很多保险公司的资料，还阅读了一些相关的书籍和公司年度报告。在此基础上，他一有机会就和保险专家以及保险公司经理们进行沟通。这样，他对这个行业的发展，这个公司所处的地位，这个公司的内部情况有了一个全面的认识和了解。通过和该行业的专家进行交流沟通，进一步了解该公司的近况以及发展。如此一番下来，巴菲特就能更为理性地看清市场，决定投资策略。

当然，巴菲特在阅读的时候，看得最多的是企业的财务年报。他说："我阅读我所关注的公司年报，同时我也阅读它竞争对手的年报，这些是我最主要的阅读材料。"

他每年都要阅读成千上万份的公司年报，但他沉醉其中，就像人们每天读报纸一样，读得津津有味，他每年累计的阅读量超过了1万份。

在投资中石油股票前，他就读了该公司2002年、2003年的年报。通过年报上的信息发现了商机，然后寻找与中石油相关的最近5到10年的书籍和资料，进行调查研究，寻找年报后隐藏的真相。

当然，在阅读之余，他还要把自己的一些疑问和有关专家、业内人士进行交流，甚至与该公司的雇员、竞争对手等交流，就像记者采访那样，不断试图找出企业真正的发展情况。

然而在现实生活中，人们往往忽略了阅读，有些人甚至不懂得什么是Beta值，什么是有效市场，什么是投资组合，什么是期权……一个连股市最基本概念都不了解的人，怎么能够希冀炒股发财呢？

还有很多人不知道怎么了解投资的公司，其实，阅读就能解决这个问题，很多书籍或材料可供我们阅读了解该公司。

在1999年的伯克希尔股东大会上，查理·芒格说："我认为我和巴菲特从一些非常优秀的财经书籍和杂志中学习到的东西比其他渠道要多得多。我认为，没有大量的广泛阅读，你根本不可能成为一个真正的成功投资者。"

由此可见，阅读非常重要，巴菲特的投资成功秘诀就是在大量的阅读加调查中得到的。大量阅读才能掌握大量相关信息，才能为日后的调查研究打好基础。

所以，我们每个投资者都应该学会从阅读中获得信息，从阅读中提高技能。

第9章 挖掘成长中的潜力股

选择有潜力的低价股

【巴菲特微语录】

发现一家好公司与赚钱之间有很大的差别。

——巴菲特投资语录

【活学活用】

股票价格低，本身就是一个优势。低价格往往意味着低风险。一只股票的价格之所以低，说明该股票的种种不利因素已被大众所了解，而股票市场的一个特点就是，大家都已经知道的事情往往对市场不再起作用，正如大家已经知道的好消息公布出来也无法再使市场上升。所以，如果一只股票的价格很低，那一定是因为一些众所周知的原因，并且大家都已经接受了这种现状。

然而事情并非一成不变。在一批低价股中，常常就隐藏着几支可能变好的股票。同时，低价的特性使得操作成本低，容易引起主力的关注，容易控制筹码。由于比率效应，低价股上涨获利的比率会更大，获利的空间与想象的空间更广阔，再加上群众基础好，常常会使低价股成为大黑马。

以下这样的企业，就很容易成为股市黑马，极具潜力。

（1）产业方向和经营业绩基本处于长期稳定，在经济危机中不但没遭受重创，还能迅速翻身的公司股票。

（2）遭受长期冷落，但关乎国计民生的股票，例如属于人民大众最重要的吃饭问题的粮食和农业概念股企业是可以而且必须持续发展的永恒产业，如果其业绩和发展预期良好，而且没有被爆炒过，则正处于价值洼地，非常具有投资价值。

（3）国家规划扶持发展，生产与科研结合，有能力、有规模、有实力做新能源产业的公司。这样的公司必然在不远的将来影响到人类的生产、生活方式，无论现在起始阶段多么迷茫，或是股价已被炒得很高，但只要是符合全球人类革新方向的，就还值得长远投资布局，不过得有一定耐心。

当然，潜力股并非都低价，低价股并非都有潜力，有些上市公司积弱多年，毫无翻身的机会，甚至亏损累累，这样的低价股还是少碰为妙。最重要的是找出低价股中的好股票和有利好可能的股票。

在基本面上看，潜力股票一般具有以下特征：

（1）绝对涨幅不大，一般低于30%。

（2）业绩尚可，无退市风险。

（3）没有重大危机，没有包括诉讼、违法等其他对外公布的重大事件发生。

（4）K线图尚无出现快速上扬的形态。

（5）高位时的成交量也没有过分放量的现象。一般情况下，如果大于20%就比较危险了。

（6）比价效应具有明显优势。某一只股票若跟同类题材、同板块内的其他股票的价格和涨幅相比较，有明显落后的现象，则该股还有一定的潜力，有一定的上升空间。

投资者要注意，同板块内所有股票的涨幅和步调并不完全一致。涨幅有大有小，绝对价格有高有低，这是一种很正常的现象。因为影响股票的价位和走势的因素很多。某些属性相同，也不一定意味其股价的走势就应该一样。这一点投资者要切记。

日本股神是川银藏说："选择未来大有前途，但却尚未被世人察觉的潜力股，并长期持有。如果我们能够找到这样的低价潜力股，未来收益可想而知。"

发现安全股票

【巴菲特微语录】

如果你认为法人机构、拥有高薪的职员和具有丰富经验的专业人员会成为保持金融市场稳定和理性的力量，那么，你就大错特错了，那些法人持股比重较大并且持续受关注的股票，其股价通常都不合理。

——巴菲特致股东函（1985）

【活学活用】

近年来，做股票越来越困难，大盘动不动就跳水。想买高科技股票，恰逢全球性的高科技大衰退；想买绩优股，又怕踏上一个陷阱；想买ST，怕再亏损成PT；好不容易看上一家新股，又怕像安阳钢铁那样跌破发行价。其实，任何一只股票都会有踩到地雷的时候，这时，投资者要么清仓，要么选择一批相当安全的股票。

巴菲特投资不但要求安全，而且要求绝对安全，所以，他买入的前提不是有安全边际就行，而是要有足够的安全边际。投资就是在不确定中寻找确定性。巴菲特充分认识到这一点，他坚持集中大规模投资一只股票的前提是寻找到了这只股票赢利的确定性，而赢利的确定性来自于充分的安全边际。如果没有足够的安全边际，巴菲特宁愿不投资，即使错过了赚钱的机会也丝毫不后悔。

因此，巴菲特在进行投资时，常常会寻找那些能够在未来10年、15年甚至20年后，其经营情况都能够预测的企业，在他看来，这样的企业才具有安全性。

通常比较安全的企业是那些十几年都没有什么变化，没有什么大动荡的企业。这些企业的管理层不断进取，逐步完善企业的服务、产品和生产技术。

那些安全性极强的企业都有一些共同的特征，比如没有负债或者负债很少，企业经营没有大的起伏波动，生产正常平稳。

我们在选择安全的股票时，可以参考以下因素，考察企业是否具有发展潜力，是否安全。

（1）具有一批优秀的管理层。管理层包括公司的治理结构、管理能力以及管理团队等内容。

（2）公司业绩每年增长15%左右，这是我们选择股票的第一要求。

（3）企业的核心竞争力。比如技术、管理、品牌、销售或成本控制上的优势。

（4）有良好的业绩和分红记录。

（5）所处的行业需求稳定增长，起伏不大。

（6）估值相对较低。主要考虑公司的成长性是否突出，成长预期是否合理。

（7）在中国还要考虑该企业是否顺应国家宏观经济发展方向。这样的公司才会得到国家的大力支持，未来发展前景才好。

股民不仅要考虑企业本身是否稳定安全，在投资时，还应该分析股票涨跌的安全度自己是否能够承受。比如，要考虑以下问题：

（1）下跌的可能性有多大？下跌的空间有多大？

（2）在选择股票时，必须同时权衡股票的安全度和机会大小两方面的因素。既要积极地捕捉赚钱机会，又要稳健地保证资金的安全。

（3）在分析股票的安全性时，投资者在头脑里要有一个完整的时间概念，并且分别对中、短、长期内的安全度进行分析。

短期安全度：一般是指一周内。

中期安全度：一般是指一个月内。

长期安全度：一般是指一波行情内。

通常情况下，根据股市和大盘上的信息，具有这些内容的股票比较安全：

（1）大市走势不会出现大的回调，成交活跃，人气比较旺盛。

（2）股票价位尚处在安全区内，主力尚无出货清仓的意图。

（3）技术图线还没有出现造顶的现象。

（4）没有出现过度放量的现象。

（5）利好尚无澄清。

（6）利空已经公告而且股价也已做出了过度反应。

结合以上公司情况和股市情况，就能够更全面地掌握安全股票的信息，寻找到更好、更安全的股票。

商誉度高的企业更好

【巴菲特微语录】

如果所收购公司拥有的有形资产净收益率远远大于市场平均收益率，那么，这样的公司价值就远远高出其有形资产净值，这种超额回报的资本化价值就是经济商誉……经济商誉是无形资产的结合，是一种消费者在和产品、雇员的频繁愉快体验中逐渐形成的普遍认同的良好声誉。这种声誉创造了消费者特许权，消费者特许权则成了售价的决定因素。消费者特许权是经济商誉的一个主要来源，其他来源包括不受利润管制的政府特许权，比如电视台，以及在一个行业中持续保持低成本生产者的地位。

——巴菲特投资语录

【活学活用】

巴菲特在漫长的投资岁月中对企业的商誉总是非常重视，商誉是巴菲特能够在短时间内判断一个企业的重要依据之一。他曾说：优质企业拥有长年累积的商誉，伴随漫长的岁月流逝，伟大的企业总是让人折服地走在发展的最前列，并一定会常年给投资者带来丰厚的财富复利增长。所以，重视商誉是巴菲特最重要的投资理论精华之一。

我们都知道，根据债券价值评估模型进行企业股权价值评估时，企业的有形资产实际相当于债券的本金，而企业未来的现金流量则相当于债券未来所获得的利息。显然，在本金相同的条件下，未来能得到的利息越多越好。这就是说，在投入相同的有形资产时，通过经济商誉得到的现金流量越多，该公司的内在价值就越高，净资产收益率也就越高。

另外，在通货膨胀情况下，有形资产会随之贬值，有形资产的比重越大，贬值速度就越快。但是，经济商誉则能有效地抵制贬值，甚至会因为通货膨胀加快升值。

比如，蓝筹票据公司在1972年收购喜斯糖果公司时出价2 500万美元。而当时喜斯糖果公司资产的实际账面价值只有800万美元，但没有负债，年税后利润200万美元，净资产收益率为25%。在巴菲特看来，这种高收益并不是喜斯糖果公司账面上的厂房、设备等资产所带来的，而是喜斯糖果公司作为一个优秀的糖果供应商的声誉所创造的。

因为声誉好，喜斯糖果公司在定价上可以远远高于产品成本的价格，这就是经济商誉的本质。只要这个好声望继续保持，就会持续产生高收益；而经济商誉也会保持稳定，甚至可能增加。

所以，良好的商誉对于企业来说非常重要。巴菲特曾在公开场合说过："我越来越看重的，是那些无形的东西。"企业的商誉像一个真实而又让人难以触摸的光环，始终萦绕在大众的消费意识领域中，即使在经济最不景气的年代，也有自己一定的存活空间。所以，投资具有良好商誉的企业，更为安全。

商誉是企业中的人、财、物等因素在与消费者进行经济活动中相互作用，形成的一种好感，这种好感可能来源于企业所拥有的优越地理位置、良好的口碑、有利的商业地位、良好的劳资关系、独占特权和管理有方等方面。而中国企业的商誉，还有很多来自政策呵护下的垄断地位以及由此带来的好处。

具有经济商誉的企业总能实现高于平均水平的净资产收益率水平。一个企业如果形成了强有力的经济商誉，特别是在自由市场竞争中形成的经济商誉，常常能够保证该企业具有更好的发展持续性，比如，可口可乐公司。而建立在政策保护下的商誉，则会随着政策的变化失去，并不很牢靠。所以，投资者应该更多关注在自由竞争环境中产生的商誉，投资这样的自身具有很强发展力的企业，才更安全可靠。

所以，我们应该多关注具有良好商誉的企业，这样的企业更容易获得好的发展。

持续获利才是硬道理

【巴菲特微语录】

只要公司的赢利持续增长，股价早晚会大涨。

——巴菲特投资语录

【活学活用】

有很多企业的发展史很短，特别是随着市场竞争的日益加剧，企业的生命周期也在逐渐缩短，有一些一时声名鹊起，俨然是一个暴发户，股价可能随之高升，但它却又像流星一样，闪耀瞬间，最后销声匿迹。如果我们股民跟风投资了这样的企业，结果只能是投多少赔多少。

看股票好不好，不是看该企业短期的效益，而应该看它的长远发展是否具备持续赢利能力，只有那些能够持续获利的企业才会创造更多的价值，才会促使股价不断上涨。

巴菲特经常强调说："我所看重的是公司的赢利能力，这种赢利能力是我所了解并认为可以保持的。"所以，我们在判断一个公司是否有投资价值时，可以观察其历史，看其过去的发展情况是否稳定且具有获利能力，然后看其现在的管理层，是否能够带领企业继续稳定地超前发展，当然，还要看企业的管理模式是否合理科学，是否可能造成企业内部变动。最后，还要看企业主营的业务，看在5年到10年的时间内，是否会有竞争压力。另外，还有企业的创新能力、品牌等。如此细致地分析一个企业的过去和现在，才能更准确地把握其未来的发展趋势。

通常，巴菲特在选择一个公司时，会通过以下几方面进行评估。

第一，公司产品的获利能力。

具有持续赢利能力的企业，通常其销售的产品往往比同行业的竞争对手能获得更多的利润，更能赚钱。

第二，公司权益资本获利能力。

在这点上，巴菲特主要看股东投入的每一分钱最后能够赚到多少净利润。由此可以判断公司为股东赚钱的能力是否比竞争对手强。

第三，公司留存收益获利能力。

这主要考察管理层利用未向股东分配的利润进行再投资的回报程度。如果投资回报高，那么，公司的赢利能力则较强。

第四，公司的成本控制能力。

该公司的领导人是否有控制成本意识，该公司的浪费现象是否严重。

除此之外，投资者还应该回避以下三类公司。

第一，周期性强的公司。

对于周期性强的行业通常赢利水平存在不稳定现象，这是由其所在行业的特点所决定的，行业本身就时好时坏，这种企业赢利也必然处于不稳定的波动中。比如中国的一些钢铁行业，宝钢、鞍钢等，他们虽然管理水平、经营能力以及市场占有率都很好，但他们的赢利始终是盈亏交替，存在周期波动。这样的企业多数也会让投资者时亏时赢，赚不了什么钱，所以，应慎重选投这样的企业。

第二，过于复杂的公司。

公司的经营历程过于复杂，就常常会一波三折。多元化发展使公司不稳定。比如摩托罗拉公司铱星计划的失败，很大原因就是技术太复杂、管理太复杂、资金太密集，导致其举步维艰。任何一个小环节出现问题都可能造成企业项目停滞，甚至崩溃。所以，投资者应该尽量避免投资这样过于复杂的企业。

第三，没有历史的公司。

对于那些迅速出人意料崛起的公司，我们应该保持警惕，特别是在高科技行业中，这样的公司比较多，某一样软件开发成功，就可能使一个名不见经传的小企业迅速成为人们眼中的新星。但同样，如果另一家企业开发出更好的软件，该企业就可能存在被挤出去的危险。所以，这样发展得大起大落的企业还是少投资为好。

总之，投资的时候，应该从静态和动态两方面考虑，通过对公司本身的赢利能力，以及随时间变化而产生的赢利能力的变化进行评估，然后再作投资决策，才会更为稳妥。

企业业绩不怕慢，怕不稳

【巴菲特微语录】

糖果店是个非常有意思的行业，但大多数糖果店老板却不这么认为。据我们了解，这几年，经营糖果店的企业，除了喜斯糖果还在赚大钱外，其他都勉强支撑，经营惨淡。所以，我敢肯定，喜斯糖果并不是搭着行业的顺风车而赚钱的，它经营状况非常稳定，自身具有很强的竞争优势。

——巴菲特致股东函（1987）

【活学活用】

巴菲特认为，企业的经营业绩是衡量一个企业是否优秀的重要标准。但这个经营业绩指的是多年经营业绩的平均值，而不是某一年的经营业绩。如果一家企业今年的业绩比去年高出50%，这也无法代表这家企业就是优秀的。每年的经营业绩都会有起伏，有时候起伏大一些，所以，应该从其长期发展来看，看它的平均业绩值。如果该企业业绩稳步上升，即便慢一些，也是值得投资的。

喜斯糖果公司稳扎稳打的经营业绩，获得了包括巴菲特在内的很多投资者青睐，喜斯糖果公司也的确以其不菲的业绩回报了股东。任何行业都有兴盛期和衰落期，甚至一直处于冷淡期。糖果公司受行业经济景气影响，每年的下半年特别是圣诞节前后是销售的旺季，如果这段时间销售量没有上去，那么，全年的销售业绩也就不可能上升了。所以，糖果公司存在很大风险。但是，喜斯糖果公司做得非常好，在其他公司都没有赢利甚至举步维艰时候，喜斯糖果丝毫不受影响，业绩依然稳步上升，创造了一个又一个的奇迹。那么，喜斯糖果公司到底是如何做到的呢？

首先，喜斯糖果公司拥有好的产品，该公司每年在花色品种上大约保持100种左右。为了更好地适合市场需求，它们会定期增加新口味，停售一些过时的口味，让每位来此的顾客都能有不一样的体验，每次都有新的惊喜。当然，因为糖果口味不断更新，有些人对已经被淘汰的口味念念不忘，当顾客都在表达对旧口味的怀念时，公司会适时恢复旧口味，这样，消费者不但不会吃得厌烦，反倒吃得更开心了。

其次，喜斯糖果在客户服务上，也是值得称赞的。特别是经理人查克·希金斯那种百分之百为客户着想的精神，深深地感染了公司的所有员工，服务热情周到，也为该公司在消费者心中增添了重量。

再次，喜斯糖果公司还创造新的经营模式。它与内布拉斯加家具中心合作，将糖果成功摆进了内布拉斯加家具中心，进一步扩大了市场，提高了综合效益。

正是喜斯糖果公司近乎完美的经营模式和理念，让其品牌深入人心，经营业绩稳步上升。巴菲特说，自从伯克希尔公司收购喜斯糖果公司并由查克·希金斯领导以来，该公司的业绩成长一直非常稳定，喜斯糖果公司的年销售额已经从1972年的0.29亿美元增长到1991年的1.96亿美元。

更令巴菲特喜出望外的是，喜斯糖果公司的利润增长速度大大超过销售增长速度，税前获利从1972年的420万美元一路增长到1991年的4 240万美元，税前利润率在1991年达到21.6%的最高纪录。

在这20年间，伯克希尔公司对喜斯糖果公司的投入除了当初购并时账面上的700万美元外，累计只留下1 800万美元的未分配利润，所以1991年末，喜斯糖果公司的资金投入实际上仍然只有2 500万美元。可是20年间它的累计利润却高达4.1亿美元，交纳所得税后，全部返回给了蓝筹票据公司和伯克希尔公司用于投资获利更高的项目。

可见，正是喜斯糖果良好的经营让其业绩稳步上升，也让投资者从中获得不菲的收益。所以，当我们进行投资时，发现收益稳步上升的企业，就应该及时关注，发现其经营状况良好，收益起伏不剧烈，可以考虑投资。

开拓新领域，寻找新商机

【巴菲特微语录】

其实，有很多具有投资价值的领域，只是一般人没有眼光，也没有花费时间和精力去寻找。

——巴菲特投资语录

【活学活用】

巴菲特是一个勇于开拓新领域的挑战者，正是凭借自己聪明的头脑和勇于开拓的精神，让他逐渐积累了财富，成为投资大亨。

巴菲特的老师格雷厄姆经营的格雷厄姆纽曼公司宣布解散后，61岁的格雷厄姆决定退休了。巴菲特辞别老师，返回自己的家乡奥马哈，准备大展宏图，拥有真正属于自己的公司。他在亲朋好友的财力支持下，开始了自己的有限合伙投资事业。这一年，他才25岁。

创业初期，公司7个有限责任合伙人，共同出资10.5万美元。其中，主要合伙人巴菲特从100美元开始投资。以后的13年，巴菲特的资金以每年29.5%的速度向上增长，尽管道·琼斯工业指数在13年中，有5年是下跌的。在合伙期间，巴菲特不只买下冷门股票，也尽量保持对许多国营企业和私人企业的兴趣。1961年，他买下了美国丹普斯特米尔制造公司的股票，1962年，他开始购买伯克希尔纺织公司的股票，当时的伯克希尔正艰难地支撑其营运。巴菲特看准了伯克希尔的长期效益及潜力，大胆地购买该企业的股票。随着投资者的陆续加入，越来越多的合伙关系也跟着建立起来。到了1963年，巴菲特决定重组合伙关系，使公司成为一个合伙体。到1965年，巴菲特的合伙体资产已达到2 600万美元。1969年，巴菲特决定结束合伙投资，因为他发现市场里充斥着投机之风，但真正有价值的投资却相对难寻。合伙体解散的时候，一些合伙成员，包括巴菲特，将其股份投资在伯克希尔公司。当时，巴菲特的合伙持股已经成长到2500万美元，这使他足以控制伯克希尔投资公司。

20世纪70年代末期，伯克希尔的股东们已经开始怀疑他们继续投资纺织业是否明智。到了80年代，年报显示出纺织部门未来的厄运。该年度美国纺织业失去了它在董事长致辞中所享有的声望和主导地位。1985年7月，巴菲特结束了纺织事业的投资，转而买下了一家保险公司，这是伯克希尔另一项辉煌业绩的开始。早在1967年3月，巴菲特以总价860万美元购买了总部设在奥马哈的两家绩优保险公司的股权，这两家公司是美国国家偿金公司和全国火水保险公司，这是伯克希尔传奇成功的开始。其实，巴菲特就是依靠这些保险公司打下了江山。保险公司是一流的投资工具，保险客户支付保费，提供了经常性的流动现金。保险公司把现金加以投资，直到保户申请理赔为止。因为不能确定何时会发生理赔，保险公司倾向于投资变现能力较高的有价证券，主要是股票和债券。这样，巴菲特不仅取得了稳健经营的保险公司，也获得了其后来投资所需的丰厚的资金来源。

1967年，美国国家偿金公司和全国火水保险公司已经拥有价值2470万美元的债券以及720万美元的股票投资组合。两年之内，巴菲特使它们的股票和债券总值达到了4200万美元。对巴菲特而言，这是一次典型的成功运作。巴菲特早期在保险业上的成功，使他更积极地发展这个领域。20世纪70年代，巴菲特又买下了3家保险公司，并购并了其他5家保险公司。今天，在保险业界中，伯克希尔公司的投资组合净值已仅次于美国州农公司，排名第二。

除保险公司之外，伯克希尔还拥有报纸、家具、糖果、珠宝、百科全书出版社、真空吸尘器以及制造和销售服务的公司。这使巴菲特很快积累了除保险、股票之外的其他经验。毫无疑问，巴菲特是一个善于学习、敢于开拓进取的人，他极高的投资天赋再加上谦虚谨慎、不断学习的能力，最终将他塑造成为一代投资大师。

巴菲特也对自己以往的投资活动做过一个总结。虽然他慎重考虑科技股，对他避免损失有一定帮助，但因为太过谨慎，甚至有些保守，他和美国科技股甚至于Internet股狂飙所创造的财富擦身而过。从中，巴菲特体会到自己过去的错误，他要克服他的科技股恐惧症，勇敢地向陌生的科技股领域进军。

在美国证券交易监督委员会的一再督促下，由巴菲特执掌的美国最具传奇色彩的私人投资公司——伯克希尔公司最终公布了其最新的投资组合。在其新的组合中，最引人注目的是，巴菲特终于开始购买高科技的网络股，其新购进的股票为1690万美元的互联网软件公司微软，此后，巴菲特便大胆地和过去敬而远之的Internet发生联系了。

巴菲特敢于开拓的精神值得我们很多人学习，只有敢于开拓，才能紧跟时代潮流，让自己不至于落伍；只有具有开拓的精神，才会发现更多潜力股，最先品尝胜利的果实。

第10章　选择经营业务好的企业

具有一流业务的企业发展更好

【巴菲特微语录】

　　良马配上技艺高超的骑士，这样的组合才能取得好成绩，缺一不可。如果马不好，技艺再高超的骑士也无能为力。企业同样如此，虽然伯克希尔纺织公司有一批才能兼备的管理人才，但不幸的是，他们面临的是流沙一般的困境。如果把这些管理者放到资质更好的公司里，我相信他们一定会做得更好。

　　　　　　　　　　　　　　　　　　　——巴菲特致股东函（1989）

【活学活用】

　　巴菲特选股有三条标准，其中最重要的标准就是一流的业务。一流的业务能够保证企业具有持久的强大竞争优势。那么，我们该怎样分析出哪家公司具有一流的业务呢？

　　第一，关注公司产品的品牌。

　　这主要看该公司的产品是否销量很好，如果这种产品大家都不想要，那就没有存在的意义了，这家企业也早晚会倒闭。另外，消费者是不是只需要该公司生产的产品。如果该公司的产品人们都喜欢，那这个公司无论大小，其产品已经是有品牌的产品了，如果扩大宣传，必然会迅速成为名牌产品。这样的企业值得投资。巴菲特投资可口可乐就是因为该产品已经成为不可替代的名牌产品了，其品牌价值非常巨大。巴菲特还投资吉列、运通银行、ABC电视台等，他投资的绝大多数企业都是名牌企业，这些企业都有自主提价权，有时候越是提价，买的人越多。比如我国的茅台，已经提价很多次，但购买它的人也越来越多，这就是品牌的魅力。而如果是普通的牌子，一提价，消费群就可能流失。所以，投资具有不可替代的品牌公司更有获利潜力。

第二，关注公司产品是否大牌。

如果该公司的产品能够在市场占较大份额，公司是行业内数一数二的龙头企业，其竞争优势不言而喻。比如，像中国移动、中国联通，都属于垄断行业，具有绝对领导优势，是电信业里的大牌。巴菲特的投资经验表明，这样的企业往往具有长久的发展力，在几十年内都能稳居行业龙头地位，它们非常值得投资，特别值得长期投资。

第三，关注公司产品是否老牌。

正所谓酒越陈越香。老牌企业已经穿越了漫长的历史岁月，可见其具有顽强的生命力。巴菲特告诉我们，最好选择百年老店，这些老店已经经历了很多风风雨雨，现在依然能够稳定发展，在未来也一定会有相当长时间的发展，不会立刻倒闭。比如，中国北京的全聚德，品牌有着悠久历史，自从2007年11月20日上市之后，以36.81元开盘，不久股价便大幅飙升，到2008年1月4日，股价一度上涨到78.56元，在短短的一个多月里，就上涨了113.32%。当然，在股市普遍不景气的时候，老店也会受到一些冲击，但其老店的品牌价值，必将让其长期稳定发展，平均股价依然会稳步上升的。

总之，公司的发展业务具有不可替代性，深深印记在人们心中，其市场反响不俗，发展一定会更好。所以，投资者要经常关注这些品牌公司，长期持有其股票，必然升值。

选择业务容易理解的企业

【巴菲特微语录】

投资者所投资的股票业务应该容易理解，否则，对你来说就潜藏着投资风险。要明白，与资本配置相比，企业的业务经营更重要，如果你完全对它不了解，那就谈不上是真正的投资。

——巴菲特投资语录

【活学活用】

巴菲特经常强调，投资一支股票之前，必须了解该公司的业务。当业务对于你来说容易理解，是在自己能力范围内能够掌控得了的，你才可以去投资。每一个投资者的经历、知识、能力不同，所以，他们对同一家上市公司的业务经营内容理解也不尽相同。但这些都不要紧，要紧的是明确自己对该公司业务是否能够掌握、判断、确定。只有你懂得这家公司在做什么，才能对该公司的持续竞争优势进行合理分析，才能判断应该在什么时候、以什么样的价格买入该股票，以及是否值得投资该股票。如果业务过于复杂，其中就可能蕴藏着投资风险。

当然，理解企业业务，并不是指明白得非常精确，我们也不可能做到很精确，但只要大概了解，就不至于投资太过盲目，可能避免一定的风险。然而在现实中，我们很多人容易自信心膨胀，认为自己对很多企业都了解。其实，我们能保证了解一个普通行业的业务流程、行业发展前景吗？比如一些为我们提供日常生活用品的保洁公司，为我们提供家电的长虹公司，以及一些自来水公司、汽车公司等，这些公司生产的产品都是我们几乎每天都要接触的，可以说再熟悉不过了，但我们绝大多数人一定不敢肯定了解该行业，该股票。所以，了解产品并不等于了解公司。作为普通股民，要想了解一个行业的股票，就应该从最熟悉的、自己最容易理解的行业着手，通过报纸、杂志或者各种网络提供的信息，通过阅读该公司的年报或者由其他渠道收集的该公司的消息，逐渐积累，就会认识到该企业的经营状况，大概分析出其是否具有投资价值了。对于那些我们不够了解的行业还是少涉足为好，因为不了解，敏感度就低，容易使我们陷入投资陷阱。

巴菲特向来不喜欢投资科技股，因为他不了解这个行业，所以涉足较少，避免因为无知造成的损失。而巴菲特的爷爷曾经在内布拉斯加拥有一家报社，并且担任过编辑；而他的奶奶则在一个家庭印刷厂负责制版；巴菲特的父亲，在内布拉斯加大学读书时就担任报社编辑，巴菲特本人也担任过一家报纸的分销管理员。所以，巴菲特对报社这个行业整个运营情况非常了解，其他投资者或许不了解这种类型的股票，而巴菲特非常熟悉报纸的操作过程。所以，1969年，巴菲特收购了奥玛哈太阳报及其一系列周报。有了这次"实习"过程，巴菲特从1973年起大规模投资华盛顿邮报公司。他之所以敢大规模进入该行业，就是因为他对这个行业的业务非常熟悉，知道投资这样的股票能赚钱。即便未来该行业发生危机，他也能及时了解，并更为准确地预测是否持有或售出。

总之，每个人的能力范围都是有限的，不可能无边无际。巴菲特的投资搭档查理·芒格曾一针见血地提出："投资是一个比赛谁对未来预测更准确的游戏。你是怎样预测的呢？保证预测正确的一个方法是把你的预测对象限制在能力范围内。如果你企图预测所有因素的未来，你的野心就太大了。"所以，投资者可以"在我们所了解的企业的名字周围画一个圈，然后，去掉那些没有内在价值、没有好的管理和没有经受住困难考验的不合格企业"。这样，我们的能力范围基本上就确定了，我们就能更好地进行投资。

不道听途说，亲自考察业务

【巴菲特微语录】

我和芒格都对世界百科全书非常感兴趣。事实上，我读他们的书已经有25年的历史了，现在我的孙子也拥有了一套。所有的老师、图书馆和读者都称赞它是最有用的百科全书，而且它比同类其他书卖得更便宜。这种物美价廉的产品，促使我们愿意按照该公司提出的价格收购，即便近几年直销业的表现并不太好。

——巴菲特致股东函（1985）

【活学活用】

巴菲特的老师格雷厄姆曾经讲过这样一个有趣的故事：有一位老石油开发商去世后，在天堂门口遇到了上帝，上帝走到他面前，告诉他有一个好消息和一个坏消息，问他听哪个。他说两个都听。于是，上帝先告诉了他那个好消息，内容是，他有资格进入天堂；之后，上帝又告诉他一个坏消息，内容是，天堂里已经没有位置容纳他这位石油富豪了，所以，他只能去地狱。

石油开发商想了想，就说既然这样，那么，请允许我在下地狱之前能和住在天堂的老朋友们打个招呼。上帝想，天堂的门是锁着的，他也进不去，答应他也无妨。

这个石油开发商来到天堂门口，对里面大喊："地狱里发现石油啦！"话音刚落，原来住在天堂里的那些石油开发商们都争先恐后地向地狱跑去，天堂一下子出现了很多空位。上帝称赞他："你真厉害，现在你可以住进去了。"可是，石油开发商犹豫了一下说："不，我跟他们一起去地狱比较好，既然他们都相信地狱里有石油，说不定是真的呢？"

其实，地狱里没有石油，因为这些石油开发商相信耳朵听到的事情，纷纷离开天堂到地狱，等他们到了地狱，天堂可能已经没有他们的位置了。同样的道理，投资者如果道听途说，往往使自己的投资陷入危险之中。

一家生产味精的上市公司董事长宴请亲朋好友。其间，这位董事长有意无意地透露了一些公司的经营业绩，把自己的公司吹捧了一番，并神秘地说，这些消息传出后，他的公司股票价格肯定上涨。那些被请的宾客大喜过望，认为这是难得的第一手内幕消息，是天赐的赚钱良机。于是，他们纷纷要求董事长转让给他们一些股票。在客人的再三请求之下，董事长勉强答应第二天按当天收盘价转给他们每人几万股，并再三叮嘱他们要保密，不可将消息外传。第二天，欣喜若狂的宾客们每人从董事长手中买走几万股，并在股市中收购其他人持有的公司股票。但就在当天下午，该公司股票暴跌。原来，董事长明知公司经营不好股价会下跌，于是制造虚假信息，借机出手股票，而吃亏上当的正是那些听信董事长假信息的普通投资者。

这样的陷阱在股市中遍地都是，但自己损失了，又能让谁赔偿呢？钱是在自己手中的，造成的损失只能自己承担。因此，听到的消息只能作为自己判断的参考，千万不要误以为它是真的，而做出错误的投资，最后，后悔也已经太晚。

所以，投资股票还是要亲自考察。亲自考察其产品，对其业务经营和产品服务进行深入了解，这样才会心中有数，投资才会踏实。

投资前一定要考察，是巴菲特一贯的做法。巴菲特在投资比亚迪的时候，一天就走访了比亚迪的四个基地，重点研究其新能源领域，经过这样细致的考察，他才决定对其投资。

考察的方式有很多，比如实地考察、通过各种信息资料的收集进行研究。总之，考察的目的是真正了解该企业的运营情况，做到心中有数。这一环节至关重要，千万不能心存侥幸落下考察这一环，否则，不但不能获利，还可能让自己损失惨重。

考察业务要精益求精

【巴菲特微语录】

当我们涉足一个自己不熟悉的行业时，我喜欢询问新加入的合作伙伴："你们这个行业中还有没有像你们一样优秀的企业？"1983年我们收购内布拉斯加家具中心时，我就问这个问题。我的合作伙伴B夫人告诉我，在美国其他地方，还有3家优秀的家具零售商，但很可惜，它们现在没有出售意向。

——巴菲特致股东函（1997）

【活学活用】

巴菲特认为，投资者想要购买某家公司股票，之前要考察该公司的经营状况，全面了解该公司，一定要抱着精益求精的态度，了解得越清楚越好，这样我们能更准确地把握该公司的实际经营状况，投资决策才能趋于明智。

巴菲特在谈到收购星辰家具公司时，他很激动，因为这次收购，让他受益匪浅。巴菲特有一个习惯，就是在收购完自己不太熟悉的行业公司后，都会询问一下收购的公司领导，该行业是否还有和该公司一样的优秀企业。那次，在收购完内布拉斯加家具中心后，巴菲特同样习惯性地问了这个问题，他得到的答案是有，还有三个这样优秀的企业。后来，他就研究那三家公司的情况，很欣赏其中一家威利家具公司的经理的管理能力，等到很多年之后，这家公司有意向出售时，巴菲特毫不犹豫地第一时间购买了该公司。

在购买后，他又问了经理人同样的问题，家具行业内是否还有同样优秀的企业，该公司经理人给了他三个公司的名字，其中有一家叫星辰家具公司，曾经内布拉斯加家具中心管理层也极力推荐过。

又过了一年多，当这家公司有意向出售时，巴菲特亲自去该公司考察，并详细分析了该公司的财务报表，该公司和他想象的一样优秀，于是，他又一次毫不犹豫地购买了该公司。

就这样，巴菲特通过简单的询问，便找到了更好的企业，通过进一步考察，轻而易举地获得了一个好公司。再问一句，这是巴菲特精益求精态度的体现。当我们收购完一家认为比较满意的企业时，是否曾想到过问一下，还有没有更好的企业？如果回答是否定的，那么，我们就应该学习巴菲特，进一步研究，进一步考察，找到更好的投资对象。

不仅在寻找投资对象时要有这种精益求精，不断挖掘的精神，在具体考察企业的过程中，也应该抱着这种态度，不放过任何细节，不忽略任何一个细小的疑虑，只有这样，把企业的所有问题都考察清楚，我们才能更有投资把握。

总之，这种不断追求完美，精益求精的态度，能让我们不满足于现状，引领我们寻找更优秀的企业，也让我们不断收获更多的惊喜。

重视独具特色的业务

【巴菲特微语录】

如果一个企业处在供大于求的行业，并且该产品的形态、外观以及售后服务等一系列的内容与竞争同行没有太大差别，那么，该企业就处于利润的边缘区；如果产品的价格或成本因为政府干预、厂商非法勾结或者垄断等原因被控制在一定范围内，那么，就可以免除自由市场的竞争。否则，因为产品无差异化，顾客就会根据价格来选择商家产品。这样，同行间竞争，就成了价格之争，产品成本和价格之间的差额会越来越少，利润会越来越低，企业便陷入困境。正基于此，所有的企业都在努力强调自己产品或服务的独特性。

——巴菲特致股东函（1982）

【活学活用】

公司的产品能够和其他同行者的产品具有差异化，那么，该公司就容易在市场上获得一部分消费群，不容易倒闭；否则，和其他同行的产品没有差异，那就只能在价格上产生差别吸引顾客，而这样势必降低利润。随着竞争的日益激烈，所获得的利润会越来越低，最后甚至可能出现亏损，倒闭。所以，想要长久生存，就要把自己的产品做出特色来，要想更稳健投资，也可以寻找那些生产与众不同的特色业务的企业，这样的企业更具竞争力。

2000年时，中国饮料行业巨头垄断格局已经基本确定，国际巨头两乐、台资的康统、本土的娃哈哈，除了两乐本身就是巨头，康统和娃哈哈也已经发展了十余年，在全国范围内的网络已经建成，各自优势的领域均已确立。因此，2000年中小企业基本没有了占据饮料行业的优势品类，似乎完全失去了在全国跑马圈地、开疆扩土的机会。

康之味发展之初，和全国其他大多数中小企业没有什么两样，实力弱小，产品也是以跟风大企业大品类为主。到2005年，当知名策划人马祖海走进康之味食品工业有限公司时，康之味相对简单的厂房正在生产红茶、绿茶、果粒橙……产品多达十几种，鱼龙混杂，市场销售也仅限于漳州地区的各乡镇，根本别提什么品牌建设。康之味那时正在高通胀、低利润、低销量、同质化竞争的痛苦中垂死挣扎着。

在大品类上，中小企业已经没有什么机会，康之味的出路在哪里？

经过市场调研，马祖海发现，既然康之味的竞争对手是两乐、康统、娃哈哈，那么康之味一定要避开这些巨头，寻找其他领域。但遗憾的是，这些巨头除了它们各自强势的领域：两乐的碳酸、康统的茶饮及水、娃哈哈的乳饮料，还利用渠道资源上的优势，已经全面进入了各饮料大品类的竞争，水、碳酸饮料、茶饮料、果汁饮料、乳饮料等大品类，对中小企业来说可选择的突破口少之又少。但是，马祖海的团队经过苦苦思索终于想到了一个办法：将其他巨头所强势的领域定位为"甜饮料"，把整个饮料行业划分为"甜饮料"和"盐饮料"，而康之味生产"盐饮料"，这样，含盐饮料就出现了。

战略方向确定下来后，剩下的就是一步一步踏踏实实地走下去。2006年康之味盐典开始运作，在运作初期，康之味步履维艰，品牌影响力小，盐典作为新产品并不为消费者所认可和熟知，同时，企业管理也存在很多短板，但康之味领导层对战略方向的坚持和毅力终于使康之味在付出不懈的努力后迎来了拐点。

2008年，康之味盐典开始在福建区域畅销，至今在福建区域康之味盐典单品销量已达2亿/年，部分地区盐典销量超过可乐，成为消费者的首选。盐典彻底改变并树立了康之味运动饮料的品牌形象。同时，在盐典的带动下，康之味旗下其他子品牌销量也呈现出旺销倍增的态势，康之味成为福建区域的强势品牌。

2011年，在福建区域站稳脚跟后，武汉康之味、山东康之味、四川康之味相继建成投产，正式拉开了康之味进军全国的序幕。这一切不过才短短5年时间，并且是在各巨头的分割垄断格局下完成的，这对中小饮料企业而言，足可称之为奇迹！

这就是开创性地开展特色业务的杰作，像这样能够不断推出自己特色产品，找到市场空白点，将产品做得非常出色的企业，才有更长远的发展前景。

巴菲特在1982年致股东信中告诉投资者："要注意那些具有差异化产品的上市公司。"

不过，因为政府的政策保护或者法律的干预，有些企业虽然自身产品和其他产品没有太大差异，但因为有政府的保护或垄断，也能生存得很好，比如保险业、银行业。特别是在中国，银行和保险都是由国家控制的，虽然也有竞争，但其业务差别不大。它们的收费都是由国家统一规定的，具有垄断性。它们不会那么容易倒闭，一旦出现亏损，国家就会出面想办法补助，让它们扭亏为盈。另外，相关的法律法规又禁止了新的竞争者进入。所以，这样的企业虽然差异化不大，但也可以投资，因为它们非常稳定和保险。

具有与众不同的业务，就意味着该企业具有较为稳定的市场、稳定的利润和稳定的未来发展前景，投资这样的企业，更让人放心。所以，正如巴菲特说的那样，投资者一定要尽量避免买卖经营业务完全相同、缺乏竞争优势的企业股票，应特别关注业务与众不同的股票。

第11章 公司管理层优秀的标准

通过回购股票观察管理层

【巴菲特微语录】

我们常常会特别热烈欢迎一种留存收益运用方式，那就是所投资的公司用其进行回购股份。理由很简单：若一家优秀公司的股票价格远低于其内在价值，那么还有什么更妥当、更有利的资本配置方式，会比以低廉的价格回购股份更能显著提升股东利益的呢？

——巴菲特致股东函（1980）

【活学活用】

管理层的管理水平到底怎样，并非一时半刻就能看得出来，所以，想要衡量一个企业的管理层是否优秀比较困难。但是，巴菲特建议我们可以通过公司回购股票这一行为来衡量其是否具有优秀的管理才能。

最了解公司的莫过于公司的管理层。如果企业管理层认为目前股票价格已经低于其内在价值的时候，就可能采取回购方式提升股票价格，这是非常正常的事情。

1984年，伯克希尔公司的三大投资公司通用食品、政府雇员保险和华盛顿邮报都曾大量回购股票。在回购过程中，伯克希尔公司看上去会通过出售一定份额的股票获得很多现金。然而实际上，伯克希尔公司所持有的股份比例和原来是一样的。比如，伯克希尔公司出售35万股给政府雇员保险公司，从中获得2 100万美元。但是，因为政府雇员保险公司回购股票后，在外流通的股票就减少了，所以，伯克希尔公司在政府雇员保险公司的持股比例没有变化。

那么，这样做到底能够给公司带来哪些好处呢？事实上，这表明管理层把自己融入了这个企业，能够站在股东的利益角度考虑问题，而非盲目地扩大公司架构。管理层这种回购行为所体现的立场，会让原有的股东和一些有兴趣投资该公司的人增加对公司前景的信心，拉动股价上涨，使股价接近其内在价值。另外，公司回购股票的行为，也会暗示投资者，该公司目前的价格还低于其内在价值，这对于想继续投资该股票的投资者来说，的确是个利好消息，会继续购买该股票。

所以，巴菲特认为，如果一家公司拥有良好的经营业绩，具有持续的竞争优势，但其股票价格远远低于其内在价值时，公司为了保护股东利益，进行股票回购是很好的方法。

1984年，巴菲特致股东信中这样写道："当公司以低于合理价值的价格回购股份时，常常可以用1美元的价格买到2美元的价值。我们投资仓位最大的几家公司，其股票价格与价值存在很大差异时，都进行了规模相当大的股票回购。作为股东，我们认为这种股票回购值得鼓励而且回报丰厚。"

当然了，有些公司的回购行为，是为了一己私利。比如，某个公司的大股东私下里以过高的价格回购公司股票，这样，被回购股票的股东可以从中获利，而企业管理层也将暗中获得一部分好处，但对于一些不知情的股东，其权益则受到了巨大损失。

由此可见，通过回购股票，我们能看出该公司的管理层是否负责，道德素质是否足够优秀，这样，我们就可以通过管理者看出企业未来发展的大概趋势。管理层缺乏责任心，不能考虑股东利益，必定会给企业造成一定的损失。而那些的确是站在股东利益角度回购公司股票的行为，我们可以据此购买该公司的股票，这种行为已经告诉我们，其股票价格低于股票价值，未来有一定的升值空间，我们一定不要错过这样的好机会。

优秀董事会能够控制风险

【巴菲特微语录】

伯克希尔公司的董事会可以称为一个典范。每位董事至少把400万美元以上的身家押在伯克希尔公司。而且，董事会里没有任何股份是靠认股权或赠与取得的，董事们领取的酬劳相较于自身的年所得都非常有限。

——巴菲特致股东函（2004）

【活学活用】

我们都知道，上市公司是由股东、董事会、经理人组成一个领导层。其中，股东推选出董事会成员，董事会成员再雇请职业经理人经营公司。公司董事和经理人的责任和义务都是为股东的利益着想，实现股东利益的最大化。

而在这里，董事会的作用就是对上向股东负责，对下监督经理人。即便公司选择的经理人非常诚实和公正，他还会在一定程度上受董事们的牵制，而经理人甚至要处处把董事会放在首位。不过，一旦董事们对经理人关注得多于股东，那就容易出问题。

因为上市公司的所有权往往参差不齐，想要找到一个能够恰当监督董事会的股东不容易。比如，你在某家公司只投资几千美元，是个非常小的股东，那么，你没必要花费大量的时间、精力和金钱去监督经理人是否在为你和其他所有人谋福利。而这些工作恰恰是董事会应该承担的，你和其他股东必须依赖董事会做你们的监督人。

由此可见，董事会介于职业经理人和股东之间，是一个重要的角色，董事会的一举一动都会影响整个公司发展。一个优秀的董事会能够以股东利益为重，监督职业经理人行为，有效地控制企业经营风险，实现股东权益最大化。

巴菲特认为，一个优秀的董事会应具备以下特点。

第一，董事会的规模适中。

一个公司的董事会不能过大，否则难以控制，不利于决策的迅速作出。当然，董事会成员人数也不能太少，否则无法获得比较全面的意见观点。所以，一般情况下，董事会成员人数在5～15人之间为好。为了表决方便，董事会成员通常定为奇数。但也有是偶数的，比如，本田公司的董事会成员为12人，微软董事成员为10人。

第二，保持董事会的独立性。

具有较好独立性的董事会，职权分明，较少受各种因素的影响，这样的董事会，独立性更强，能够更好地执行责任和义务，更好地为股东服务。如果该公司的董事会成员有很多是和该公司有商业关系，比如法律费用或者咨询合同等，那么，表明这个董事会并非真正独立，董事会的决策就可能有所偏颇。

所以，投资者应该仔细读一读股东委托书，看看董事会外部成员和内部成员的分配比例，明确有多少董事是独立的，如果大部分董事和公司没有任何关系，这样的董事会才更具独立性，更值得我们去投资。

第三，董事会参与程度高低。

董事会参与程度的高低往往能够看出董事会是否对该公司足够重视，如果董事会议召开得比较少，那么，表明董事会对公司负责程度较低。通常情况下，一年内至少应该召开4次董事会议，如果低于这个次数，则表明董事会的监督作用较弱，或形同虚设，那么，该公司的管理可能也就是一片松散，企业未来值得怀疑。一般大型企业平均每年要召开8次左右的董事会议，而各种委员会召开会议的次数应该更多，董事会成员参加会议的次数应该达到90%以上。这样的高参与程度，才能保证企业运行正常，保证企业决策的顺利实施，也有效地控制了企业的风险。

所以，我们投资者应该了解公司董事会的召开次数，如果董事会会议次数较少，董事会成员参与会议的程度不高，那么，还是慎重考虑投资为妙。

第四，董事会的年度选举次数。

通常，董事会要有一定程度的更新，总是原来的几个董事会成员，不利于推动公司发展，为了给董事会注入新的思想和氛围，应该定期进行选举。一般情况下，一年进行一次董事选举比较合适。但是，目前有很多公司董事会成员任期都是3年，每年大约改选1/3的董事。虽然这样的更换频率能够保证公司在突发恶意收购时，有效防止收购公司突然替换所有董事会成员，但这也在一定程度上导致股东对代表其权益的董事缺乏有效的控制。而每年都进行董事会选举的公司，股东更能有效地控制企业的整体发展，避免陷入危机。所以，投资者可以考虑每年都进行选举董事的公司。

第五，关注董事会的薪酬。

董事会成员的薪酬制度，很大程度上会影响董事的行为。如果因为一个小小的项目成功，就大力奖励董事会，那么，容易诱使董事会做出更多草率的决定，以赢得更多项目成功所获得的奖励。大多数公司所谓的"绩效目标"是由董事会的专门委员会制定的，这个委员会在经理人利益可能受损时会重新修改规定。比如，可口可乐公司董事会曾把CEO道格拉斯·达特5年内每年15%的赢利增长目标降到了11%。虽然目标改变了，但潜在的报酬没有任何变动，这就表明，当业绩下滑时，董事会不愿意通过减少CEO的奖金数目来作为惩罚。

所以，我们投资者在选择目标企业时，应该关注一下董事会成员薪酬是否真的和企业的业绩挂钩，只有真正和企业业绩挂钩的董事会，才能更有效地执行职责，有利于企业的发展，控制企业风险。

总之，投资者在寻找投资公司时，如果发现公司董事会在这几方面都做得很好，那就值得一投。

领导层对股东绝对负责

【巴菲特微语录】

我们的大部分股份都被那些希望至死仍然持有的投资者持有，这样的股东显然不会只追求眼前短期的利益，必然要求公司的管理者针对最大的长期价值，而不是下一季度的赢利去管理。

——巴菲特致股东函（1982）

【活学活用】

我们都想找到一家有很大发展空间的企业，以便获得丰厚的回报。而想要找到这样的具有持久竞争优势的企业，就要先找到具有优秀管理层的企业。通常，选对了人，也就选对了企业。只有那些高度对股东负责的企业，拥有把企业当做自己唯一财产的管理层，才会慎重作出决策，更大程度地保证股东利益的最大化。

巴菲特本人就是一个负责的经理人。虽然，他是伯克希尔公司的大股东，但伯克希尔公司并非只有巴菲特一个股东，还有很多大大小小的合伙人。巴菲特作为很多股东的代表，承载着各个股东对自己的一份信任，巴菲特没有让这些股东失望，他历经几十年的投资，让股东们都收益颇丰。但做一个负责的股东并非易事。

股票市场风云变幻，投资者难免会有判断错误的时候，虽然巴菲特也有判断失误的时候，但他从不推卸责任，总是坦诚地承认自己犯的错误，并表示尽力挽回。他的每一次投资都不是任意挥霍，都经过了认真慎重的考虑。正是这种认真负责的态度，使其获得了更多的成功。巴菲特说，他管理伯克希尔公司的长远目标，就是要让公司每股内在价值的增长率达到最高，为股东们谋取最高的回报。股东的每一分钱都是很重要的，每投资一分钱，就必须赚回一定的利润，利润至少不能低于企业的平均增长率，这样才能对得起公司所有的股东。

同样，巴菲特在收购某家公司时，也会把管理层对公司是否负责作为重要考虑因素。他认为，只有那些拥有对公司很负责的管理层，这个公司才有更大的发展空间，才值得购买。

所以，他每次准备收购某家公司时，会先询问该公司的领导者是否愿意继续留下来工作，如果答案是肯定的，那么，巴菲特倾向于收购这家公司，如果答案是否定的，那么巴菲特十有八九会放弃收购。

著名管理学家柯林斯在为撰写两本企业管理书籍进行采访和研究后，惊奇地发现，通常企业所有者面临的最大问题不是企业的战略问题，而是企业的管理层问题。企业管理层的能力和品质，很大程度上决定着该企业的未来发展趋势。一旦企业拥有一批优秀的管理者，那么，企业的发展就像这些优秀的管理者一样出众，前途不可低估。

由此可见，我们在投资某家公司时，要看看这家企业的管理层是否具有高度负责的优秀品质，是否能够把公司当成自己的公司那样认真管理，这些都预示着企业未来的发展状况。

谁能带领公司渡过难关

【巴菲特微语录】

1962年，我们控股的登普斯特农用机具制造公司的经营出现了很多问题。就像现在一样，当我解决不了的时候，我就会去找芒格，芒格给我推荐了一位他在加州的朋友哈利。一星期后，哈利来到内布拉斯加州接手登普斯特公司，很快，该公司的很多问题立刻得到了解决。

——巴菲特致股东函（1987）

【活学活用】

在企业平稳发展的时候，管理层不是很优秀，也没有什么大碍。但是，如果企业发生危机，这时候就需要有优秀的领导来带领企业渡过难关。企业的危急关头正是考察企业是否具有优秀管理者的时刻。

2000年，星巴克创始人霍华德·舒尔茨从首席执行官的位置上退了下来，担任董事会主席，此后不再涉足公司的日常经营管理，并把企业目标定位在了全球性战略扩张上。

之后几年里，星巴克不断扩建门店，当然，销售利润额在每个季度都有所增长。但是，到了2007年，星巴克突然走下坡路了。因为过分追求增长，星巴克忽略了公司运营，也不再看重公司的核心价值。并且更不利的是，金融危机爆发了。星巴克该怎么办？

就在这危急时刻，舒尔茨毅然重新担当起首席执行官的重任，扭转星巴克的惨淡局面。他亲自去和门店经理、区域经理、地区经理以及咖啡师交谈。

在交流中，舒尔茨发现星巴克正偏离它的核心业务。星巴克原本只是供应咖啡的，后来又推出早餐三明治，这些食品的味道把纯正浓郁的咖啡香搅混了，咖啡失去了它本身的魅力，整个星巴克越来越像个大众消费小店，而不是为高雅人群提供休闲的场所。舒尔茨立即作出大胆决策，停止销售与主业无关的所有花哨产品，关闭疯狂扩张时期盲目增加的店铺。

2008年2月某个星期二的下午，星巴克在美国的店铺统一停业。停业的7 100家门店贴着相同的告示："我们致力于使我们的意式浓缩咖啡臻于完美。而这一切源于熟练，这也是我们全情投入雕琢技艺的原因。"

接着，舒尔茨又培训店员，创新饮品，对领导班子进行调整。这些措施都曾遭到领导层各界人士的质疑和反对，但舒尔茨力排众议，勇敢地承担起重振星巴克的责任。最后，他成功了。

2009年财务年度第三季度的业绩出乎所有人的意料，实现了自2008年第一季度以来的首次赢利增长。

2010年9月，星巴克创造了历史上赢利最高的财务季度，收益增长达到了创纪录的107亿美元，营业毛利增长了13.3%，创下了历史的最高点。

拥有如此优秀领导者的企业，我们能不对其充满信心吗？每一个企业都有可能在某个时候陷入困境，很多时候只有优秀的管理者才能让企业死里逃生，渡过难关。

巴菲特谈到的哈里也是一个优秀的经理人。哈里不仅在1962年帮助巴菲特将陷入危机中的登普斯特公司走出困境迈上正轨。他还在1986年，帮助伯克希尔旗下的K&W公司解决了经营困难，1987年，K&W的赢利水平创下了新高，净利润比1986年增长了3倍，而产品库存和应收账款也少了20%，公司不仅摆脱困境，还在发展上更上一层楼。

拥有像哈里这样能够随时拯救危机的领导人，我们还用担心企业一蹶不振吗？所以，我们在投资的时候，应该关注那些曾经陷入危机，后来扭转危机的企业，了解一下该公司的经理人是否具有足够出众的能力。拥有优秀经理人的公司，更值得我们信赖。

能够坚持专业化经营

【巴菲特微语录】

在进行控股收购和买入股票时，我们想要购买的目标公司，不仅要业务优秀，而且还要有非凡的才能、受人敬爱的管理者。

——巴菲特投资语录

【活学活用】

巴菲特强调，一个优秀的经理人要使公司长期保持专业化经营。他的经验表明，专业化经营的公司赢利能力更高。所以，巴菲特在选择公司管理层时，除了考察人品外，还非常看重他的专业能力。

巴菲特说："经营赢利能力很强的企业，通常是那些现在的经营方式还和其5年前甚至10年前几乎完全相同的企业。在一块总是动荡不安的经济土地上，不太可能建造一座坚不可摧的城堡。"当然，经营方式不变并不等于企业一成不变，不进步。企业总是在不断地完善自己的产品、服务、技术，这些机会一定要好好把握，但是，如果企业经常发生变化，就可能因此遭受重大的失误。

虽然现在有些企业采用多元化经营方式，有的企业坚持专业化经营方式，但是，对于绝大多数企业而言，专业化发展之路更为适合，世界上很多具有持续竞争优势的企业都是高度专业化的企业。

比如可口可乐公司，公司只生产可口可乐饮品，以及在其细分市场中的相关饮品，并没有进入食品、电器等其他行业。同样，还有我们熟知的苹果公司、通用电气等，他们走的都是专业化道路，而不是像宝洁那样的多元化方式。这些世界知名企业的领导者也都是专业能力很强的人。同样，我国招商银行董事长马蔚华、蒙牛乳业集团董事长兼总裁牛根生等明星企业家，都具有很强的专业背景，打造出了国内一流的企业。

汤姆·墨菲是巴菲特非常欣赏的管理者。汤姆·墨菲毕业于哈佛大学，起初在哈德逊峡谷广播公司任职，让奥尔班尼市一个濒临破产的电视台起死回生，汤姆·墨菲和丹·伯克共同将这个公司发展成了一个集广播、有线电视和出版为一体的传媒帝国。后来，该公司更名为大都会。巴菲特买入大都会股票，在买入后，虽然一度出现股价下降的情况，但巴菲特相信汤姆·墨菲的管理能力，结果，汤姆·墨菲凭借自己在该领域发展的经验和理性，逐渐扭转了公司的境况，巴菲特也从中获得了丰厚的回报。

具有这样专业背景的公司，是一个简单的公司，有一条简单的经营战略，一条简单的产品或服务价值链，一个简单的组织结构。这种简单的专业化公司正是巴菲特最喜爱的公司类型。同样，巴菲特也倾向于寻找专业化管理的领导者。

对于管理层的专业化，巴菲特还提出一个担忧，他担心管理层进行偏离主业的专业化。巴菲特说："如果一家伟大公司的管理层偏离主业，忽视了非凡出众的基业所在，忙于收购其他平平常常或者更加糟糕的公司。那么，公司的经营就会出现一个非常严重的问题。当出现这种问题时，投资者常常会遭受无休止的磨难。这正是多年以前可口可乐和吉列都曾出现过的问题。（你会相信几十年前可口可乐养虾，吉列做石油勘探吗？)当查理和我思量投资于总体看来相当优秀的公司时，偏离主业是最让我们担忧的事情。"

所以，我们投资者在考察企业管理层的时候，一定要看企业管理者是否具有专业化经营的意识和能力。同时，还要看该公司的管理是否偏离了其主营业务。如果管理层具有专业化管理能力并且在企业占有优势的主营业务上进一步细分，不断扩大市场份额，那么，我们应该相信这个领导者很有才能。反之，我们就要慎重考虑了。

高瞻远瞩，富有远见

【巴菲特微语录】

他们忘记了美国冰球明星韦恩·格雷茨基的忠告："我总是滑向冰球运动的方向，而不是等冰球滑走后再追。"

——巴菲特投资语录

【活学活用】

没有长远眼光的团队领导不是一个好领导，做不了大事。因为个人的局限性限制了团队的发展，他将很难成为团队的核心。万科总裁王石的个人目标是要让万科发展成为受人尊重的企业。周正毅的目标是提升企业的赢利能力。结果王石的万科成为中国排名第一的房地产企业，而周正毅最后进入了监狱。之所以结果区别这样大，是因为王石更高瞻远瞩，目光放得更远，而周正毅只盯在金钱上，缺乏远见。

巴菲特本人就是一个高瞻远瞩的管理者，他能够为自己的分公司找到优秀的管理者，然后集中精力做自己喜欢的投资，对股东绝对负责地进行投资工作。他把一天中的大部分时间用来思考和阅读。他每天接听的电话屈指可数，平时只和少数几家伯克希尔·哈撒维旗下子公司的负责人保持联系，很少召开会议。他在谈到自己日常工作时都会表示没有多少事可做。

其实伯克希尔旗下的子公司有很多，它们都能运转正常，并且给总公司带去丰厚的收益，由此可见巴菲特卓越的管理能力。

巴菲特非常重视管理者，伯克希尔公司每年都会在自己的年报上刊登一个公司收购广告。简短的收购标准中，其中有一条就是公司要具备优秀的管理层。伯克希尔公司还郑重声明，自己没有提供管理层，如果该公司具有优秀的管理层，伯克希尔公司将会为这些优秀的公司和经理人提供非常理想的归属。伯克希尔公司会给予这些经理人广阔的施展舞台，不会干涉他们的经营，只会在他们需要协助时给予他们一定的支持。

正是巴菲特给了公司经理人如此宽松、优厚的发展条件，使旗下拥有各行业杰出的管理者帮助他一起打理伯克希尔帝国，才让这个帝国发展得越来越强大。

同时，巴菲特把精力集中在自己擅长的投资领域，用富有远见的眼光投资股市，对股东负责，引领伯克希尔公司稳步向前。

所以，作为一个领导者，要考虑非常周密，并且有长远的远光。这就像是下棋，高手能看到的棋步往往很远，总能提前做好准备，下起来得心应手。

因此，我们在投资股市考察领导者时，也应该看公司的远景发展规划，并看其实施情况，看其内部结构，细心观察，就能发现企业的管理者是否拥有大胸怀，是否富有远见。

第12章　调查公司的现金流和净资产收益

现金流越充足，发展越好

【巴菲特微语录】

　　我们伯克希尔公司从不碰运气，所以，我们一直保持大约200亿美元的现金在手。因为你永远不能清楚将来会发生什么事情。

——巴菲特投资语录

【活学活用】

　　巴菲特认为，一个企业是否值得投资，首先要考虑的是该企业是否具有足够充沛并且源源不断的自由现金流。可以说，拥有多少自由现金流是衡量一家企业是否值得投资的唯一标准。

　　巴菲特觉得，上市公司好比"树林"，而自由现金流就像"树林中的小鸟"，投资者的目标就是用最少的成本捉到林中尽可能多的小鸟。实现这个目标的前提是，我们要了解树林中共有多少只小鸟，这样才能知道该股票具有多大的投资价值。然后还要了解树林里的小鸟有几只会出现，什么时候会出现，这样我们才知道自己到底能获得多大的回报。最后，我们还要考虑捕鸟成本，如果成本过高，也没有必要"捕鸟"了。

但是，现在股票市场上，有很多投机的人只关心股价的涨跌，从来不考虑企业现金流的问题。巴菲特认为，这样做并不明智。这就相当于到林子里捕鸟，但却无鸟可捕。并且对会有多少鸟出现、什么时候出现、捕鸟的成本是多少没有一个精确的把握，那么，我们还怎么捕鸟呢？一个能够产生自由现金流的企业，才能让投资者真正拥有财富。如果企业根本无法产生自由现金流，那么获利的只可能是那些利用市场泡沫的泡沫公司而已。投资者只能惨败而归。

一直以来，巴菲特对保险业都保持着浓厚的兴趣，那是因为他知道保险公司可以产生充沛的自由现金流。

另外，巴菲特罕见的一次高科技股投资——TCA电信，也是看中其有充沛的自由现金流。虽然在1999年，TCA电信的股票价格已经很高了，但其每年1亿美元以上的自由现金流，深深地吸引住了巴菲特。巴菲特独具慧眼，他的确从中获益。2005，COX电信斥巨资收购了TCA电信，巴菲特大赚一笔后成功退出。

巴菲特之所以这样看重自由现金流，是因为自由现金流意味着该公司具有足够的财务实力，而强大的财务实力能让该公司实现一些其他公司无法实现的业务。良好的经营业绩，必然让企业拥有更多的现金流，这样良性循环，企业肯定会有大发展。

2003年百事可乐公司举行了一次中奖活动，活动的每位参加者都有机会获得10亿美元的大奖。而10亿美元可不是一个小数目，百事可乐公司决定找一家保险公司来分担这种风险，他们最先想到了伯克希尔公司，伯克希尔公司答应独立承担这次中奖活动的所有风险。能够承担得起这样多资金的公司，恐怕很少。但因为伯克希尔公司拥有足够的现金流，所以它敢接手，当然也会从中获得更为丰厚的回报。

那些真正值得投资的好企业，自身一定能产生充沛的自由现金流。它不用靠投资者后续投入，也不会让企业负债经营，依靠自己产生的自由现金流就能稳定发展，甚至经营业绩更上一层楼。选择投资这样的企业，我们才能更有信心获得回报。

当然，反过来，这也启发我们投资者，自己手中也应该有一定的自由现金流以备不时之需，让我们的生活不至于受到影响。

要保证现金流持续充沛

【巴菲特微语录】

1985年，我们买下斯科特·费策，这次交易，使我们不仅拥有了一家公司，还连带拥有了一位优秀的经理人拉尔夫·舒伊。当时拉尔夫·舒伊已经61岁了，过不了几年就该退休了。但是，他之后又在斯科特·费策公司待了15年，直到2000年年底才正式退休。

在他领导期间，相较于当初2.3亿美元的买进成本，该公司前前后后总共贡献了10.3亿美元盈余给伯克希尔，而我们又利用这些资金再买进其他企业，算下来，拉尔夫·舒伊为伯克希尔贡献的价值可能已超过10亿美元。

——巴菲特致股东函（2000）

【活学活用】

巴菲特认为，投资者要购买公司的股票，公司所持有的自由现金流一定要持续充沛，这是考察该公司是否值得投资的一个重要方面。

就拿1985年伯克希尔公司收购斯科特·费策公司来说，当时巴菲特买入该公司时不仅买到了一个公司，还买到了一位优秀的管理者拉尔夫·舒伊。拉尔夫·舒伊为该公司服务了15年，使该公司为伯克希尔持续提供了共计10.3亿美元的利润。当初，伯克希尔公司的投入成本只有2.3亿美元。

这些数字不仅是一个小小的数据，它还代表着真实掌握的真金白银的数量。为什么说自由现金流是真金白银呢？巴菲特说，因为它不用投资者后续投入，也不用它做下一个投资，获得更高的利润，这就形成了滚雪球的效应，财富越滚越多。

所以，能够提供持续现金流的企业，才是巴菲特认为适合投资的好企业。这样的企业才能不用举债经营，实现业绩和现金流的增长。而公司除了当初付出的收购费外，之后就等着持续收钱，结合之后回收的利润，当初的成本可以说是九牛一毛。

　　获得持续现金流有赖于明星经理人，因为即便收购时有足够的现金流，但如果管理不善，企业也可能从此垮台，所以，经理人的能力起到很关键的作用。也正因为如此，巴菲特才特别感谢拉尔夫·舒伊和其他优秀经理人。对此，他还曾在1990年致股东信中说，伯克希尔公司投资的企业之所以能够拥有这么多额外的价值，完全要归功于经营它们的优秀经理人。他和查理·芒格对这支经理人队伍非常满意。

　　巴菲特在1989年的致股东信中特别提到的水牛城日报，也是给伯克希尔创造持续丰沛现金流的公司。

　　该公司在1989年成为家庭渗透率最高的报纸，另外，其新闻内容要比其他同类型的报纸要丰富许多。最后，在同业获利频频下滑之际，水牛城的获利连续第七年业绩增长。

　　为此，巴菲特在信中特别赞扬了斯坦·利普希。他称其管理能力至少让报纸的营业利益增加五个百分点以上，这真是令人赞叹的表现，这只能是完全熟悉企业大大小小事物的优秀经理人才有办法做到的成绩。斯坦的知识和才能也延伸到编辑出版之上，在他个人生涯早期，主要从事新闻采访，并在1972年为奥马哈太阳报赢得新闻界的最高荣誉——普立策奖。斯坦与巴菲特共事长达20多年，一起经历各种风雨，患难与共，实在很难再找到像斯坦这么好的伙伴。

　　可见，投资者在准备投资某公司时，不仅要看该公司是否有足够充沛的现金流，还应该看其管理者是否在以后能够推动企业发展，让企业获得持续的现金流，这一点非常重要，因为我们投资的是未来。

盈余资金到哪里去了

【巴菲特微语录】

　　很多人可能无法真正了解伯克希尔旗下的公司表现得到底多么出色。从表面看，水牛城日报公司或是斯科特·费策公司的表现和其他同行的获利都差不多。但是，有一点需要我们注意，伯克希尔旗下的大部分子公司会把其所有盈余上交总公司，而其他大部分上市公司则会保留三分之二的盈余给自己。

——巴菲特致股东函（1997）

【活学活用】

作为子公司，在获得一定盈余的时候，如果把大部分盈余留做企业自身发展，对于子公司自身来说能起到累积的作用。但是，如果子公司的所有利润都上交给总公司，那么，总公司就会拥有更多的自由现金流，能够做出更大的决策，获得更大的收益，这样对于子公司也是一个好处。

伯克希尔公司之所以有如此强劲的发展态势，其中很大一部分的功劳要归功于其旗下的子公司。拿水牛城日报、喜斯糖果、斯科特·费策这三家公司来说，它们在1997年以前的几年中就上交给总公司高达18亿美元的利润。正是这些资金，保证伯克希尔公司随时有足够的现金流，能够在适当时机投资其他一些优秀企业，得到了很高的投资回报。怪不得巴菲特常说，伯克希尔公司非常感谢下属子公司的经理人。这些经理人创造的实际成就要远远高于在账面上所能看到的业绩。

另外，伯克希尔旗下的保险公司上交的浮存金，也为伯克希尔公司创造了较高的收益。虽然浮存金不属于公司的赢利，但也可以随时归伯克希尔做投资使用。现在，伯克希尔旗下有一半都是保险公司，为伯克希尔提供的浮存金不可小视。在1967年，伯克希尔的保险浮存金还只有2 000万美元，到了2005年底，其浮存金已经达到了490亿美元，数目庞大的资金，足够伯克希尔公司大力投资之用了。

所以，如果我们发现投资对象是某家总公司的子公司，不妨注意收集一些这方面的信息，看该公司的盈余是否都上交给了总公司，如果在上交盈余的情况下，该公司账面上还有和同行业公司相同的业绩表现，那么，这样的公司一定是有实力的，不妨多考虑。

当然，如果我们投资的是一家总公司，那么，我们就要看看它把盈余资金分配到哪里去了，资金的流向是否合理。

通常公司在发展初期和快速发展期，没有多少资金盈余，但到了发展成熟期，就要考虑盈余资金流向的问题了。有些管理层常常愿意把这些盈余资金投资到内部，以便获得高于一般水平的证券回报，但是如果再投资的投资报酬率低于一般水平，这时候进行再投资就不划算了。用不了多久，公司的现金就会变成无用的资源，股价就会下跌。也就是说，这样的投资越多，效益反而会变得越差。

还有些管理层把盈余资金用来收购其他公司，然而这时候，并不一定有适合收购的企业，如果一意孤行进行收购，价格往往会很高，并且在公司整合过程中，还可能发生很多意外，所以，这样做也比较麻烦。第三种策略，就是把公司的盈余资金返还给股东。可以通过提高股息，多分红；也可以通过回购股票的方式，这样都可以增加股东的利益。巴菲特非常推崇返还股东的方式，这样既让自己的股东增加信心，保证企业的平稳发展，也避免盈余资金的浪费。

但是，不同的领导层有不同的想法，他们在不同的时候，使用不同的方法，保证股东利益的最大化。所以，我们在购买股票时，要注意观察企业的盈余资金流向，看其分配盈余资金是否合理。

保险公司有足够的现金流

【巴菲特微语录】

然而，在另外一方面，由于资金成本极低，也使得我们受惠不少，这点就比较鲜为人知。

——巴菲特某次演讲

【活学活用】

巴菲特向来重视现金流，而保险公司能为他提供足够的现金流，多年以来，伯克利尔在资产报酬率一项表现得非常让人满意，甚至令人羡慕。之所以公司能够取得如此丰厚的报酬率，很重要的原因是巴菲特把资金成本压得很低，这主要是因为公司可以用很有利的条件取得"保险浮存金"。

所谓的浮存金，就是保险公司在真正支付损失理赔之前，先向保户收取的保费。保户交纳的保费并不属于保险公司的资产，因为当保户出险时，要拿这部分资金去付给保户进行理赔。当然，因为保险都是先付保费，滞后理赔，所以，保险公司可以留存一定比例的资金后，将其余的资金用来做投资，而投资所得收益就归保险公司所有。

巴菲特就是利用这部分资金进行投资，获得更高的收益。从1967年伯克希尔进军保险业以来，公司的浮存金每年都以超过20%的复合成长率增加。到2001年底，浮存金是355亿美金，2002年年底已增至412亿美元。更令人吃惊的是，这些浮存金大部分时候的成本为零，甚至是负的，也就是说，仅持有这些资金就能让巴菲特赚钱了。到2002年，伯克希尔的浮存金成本也只有极低的1%。

巴菲特之所以能够取得如此高的成就，与他准确寻找到好的保险公司是分不开的。

当年，还在读研究生的巴菲特在图书馆看书时偶然看到了GEICO保险公司。后来，他与该公司首席执行官戴维森成了好友，在20世纪70年代中期，GEICO股票大跌，伯克希尔购买了GEICO约三分之一的股份，后来，因为GEICO的回购措施，让股票在以后的几年中以每年50%的涨幅逐年增长，伯克希尔因此而赚得盆满钵满。

1996年初，伯克希尔准备收购GEICO剩余50%的股份，如今的GEICO已经成为美国的第三大汽车保险公司，占据着8.8%的市场份额，同样给巴菲特带去了足够可支配的现金。当然，保险业也有风险，特别是遇到大的灾难性事件，保险公司必须拿出大量资金进行理赔，而如果此时公司在投资方面没有什么收获甚至出现亏损，那么，公司就会陷入危机。

所以，巴菲特在选择保险公司的时候，很重视该公司的经理人，看其是否有能力保证有比较多的浮存金，同时，能够有效地避免损失。

在卓越经理人的领导下，配合巴菲特杰出的投资眼光，让伯克希尔的保险公司常常是有惊无险，总是不断创造着收益。

另外，保险公司是不会轻易破产的，在其危难时，国家也会伸出援手。所以，我们普通投资者，也可以找到拥有足够现金流，发展较好的保险公司。

投资净资产收益率高的企业

【巴菲特微语录】

除非遇到特殊情况，否则，我们觉得衡量管理层是否出色的最重要指标就是"股东权益报酬率"。1977年，我们的股东权益报酬率大概为19%，这与去年相比，要稍微好一些，但这远远高于当年美国企业的平均水平。

——巴菲特致股东函（1977）

【活学活用】

巴菲特认为，衡量一个企业的赢利水平，很重要的一个指标就是净资产收益率。投资者与其单纯地看每股收益变化还不如看企业的净资产收益率，这个指标有时更能真实反映企业的实际赢利能力。

净资产收益率又称股东权益收益率，是净利润与平均股东权益的百分比。净利润指的是利润总额中已经扣除缴纳的所得税那部分后剩下的利润。这份利润，是企业经营的最终成果。净利润越多，就意味着企业经营效益越好；净利润越少，企业的经营效益就越差。而净利润的多少由两个因素决定：第一是利润总额，第二是所得税率。企业的所得税率都是法定的，所得税率越高，净利润就越少。目前，我国对一般企业的收税标准是，收取利润总额中的33%；另一种是，一些三资企业和部分高科技企业可以享受政策优惠，上交所得税率为15%。

股东权益又称净资产，是公司总资产中扣除负债所余下的部分。计算公式是股东权益=资产总额−负债总额。股东权益共分为股本、资本公积、盈余公积、法定公益金、未分配利润五个部分。股东权益也是一个反映公司资本多少的重要指标。当公司总资产小于负债，就意味着公司高度依赖借来的债务资本。高负债只需要相当少的股东权益资本就可以取得同样的赢利，这样，分子不变，分母变小了，净资产收益率自然更高。但是，这样的高收益却存在着极大的风险，如果公司业绩突然下滑，银行逼债，公司就可能陷入破产境地，那么，公司就资不抵债，陷入困境，股东权益也就损失殆尽。如果宣布破产，最后股东一无所得。巴菲特希望公司在低负债甚至无负债情况下取得较高的净资产收益率，当然，如果公司资产高于负债，这时，股东权益金额越大，表明公司的实力越雄厚。巴菲特最喜欢投资那种财务风险小而收益率高的企业。

净资产收益率反映了管理层利用股东投入资本的经营效率，净资产收益率越高，公司股东的权益增长越快，那么，公司的内在价值就会稳步增长。

所以，投资者也应该尽可能地选择那些净资产收益率高的企业，投资这样的企业，才有可能获得丰厚的回报。

当然，关注净资产收益率应该看其长期发展情况，而不是某年的变化。企业自身发展是动态变化的，即便长期看来稳步发展，但可能其中某一年的净资产收益率很低，如果看到该年净资产收益率低就放弃购买，可能错过了一个投资的好机会。

会计准则是影响净资产收益率的重要因素。巴菲特曾经在1982年的致股东信中提到，伯克希尔公司获得的部分盈余根据会计原则不能反映在会计报表中。因为美国的会计原则规定，只有控股权达到20%以上，总公司才能把子公司中的利润反映在总公司会计报表上；在20%以下的，总公司只能将得到的盈余当做现金股利，不把未分配利润计算在内。但实际上，即便控股权达到了20%以上，总公司的会计报表也无法反映子公司的利润。比如，伯克希尔公司拥有35%的政府雇员保险公司股票，但因为巴菲特把投票权委托给了别人，根据相应的会计原则，伯克希尔公司只能把从政府雇员保险公司分到的350万美元红利列入股利收入，而属于伯克希尔公司未分配的2 300万美元的利润无法反映到会计报表上，这就大大降低了伯克希尔公司账面上的净资产收益率。

另外，还有一些因素会影响净利润。这些不确定因素告诉我们，在观察企业时不能凭企业某一年的净资产收益率就轻易判定企业的整体经营能力。应该看其长期走势，最好是五年左右的走势。如果某企业5年的平均收益水平高于美国企业平均赢利水平，那么该企业是值得信赖的；反之，就要谨慎考虑。

总之，净资产收益率指标是衡量公司赢利能力的一个重要标准。投资者想获得丰厚的投资回报，最好关注一些年平均净资产收益率比较高的企业，然后长期持有其股票。

影响净资产收益率的三大因素

【巴菲特微语录】

伯克希尔公司在衡量子公司的长期经营业绩时，如果子公司没有进行股息分配，那么，我们就要根据它们所持有的股票市面价值，扣除如果进行股息分配而必须缴纳的所得税。因为有些企业，伯克希尔公司并不具备控股权，根据会计准则，它们的未分配利润不能反映在伯克希尔公司的报表中，但我相信，这些利润总有一天会通过某种形式反映在伯克希尔公司的报表中的。

——巴菲特致股东函（1981）

【活学活用】

净资产收益率是衡量一个公司经营能力的重要标准，但是如果在投资时，只看净资产收益率，也无法正确地把握企业的真正赢利水平，还要综合考虑股息分配、税收和通货膨胀等因素。

第一，股息分配。

就像巴菲特在1981年致股东信中所提到的那样，尽管根据会计原则，尚未分配的利润不需要扣税，但是，如果想要计算出公司实际的净资产收益率，就应该把按照股息分配缴纳的所得税扣除掉，这样才能够更接近真实的净资产收益率。

第二，税收。

税收对净资产收益率的影响非常大，打个比方，如果一个公司的税前收入是500万美元，但交完税后只剩下400万美元。同样，如果你购买了某家公司总价值1 000元的股票，今年该公司的股东权益回报率为10%，你可以获得该公司分配的股息100元，但如果你还需要缴纳等级为40%的个人所得税，那么，你就要在100元中扣除40元，最后的实际收益只有60元。

第三，通货膨胀。

通货膨胀会导致净资产收益率降低。比如，某个投资者以5 000美元购买了某公司的债券，当时的5 000美元可以买一辆崭新的汽车。但10年后，该公司把5 000美元还给投资者的时候，这5 000美元可能只够买新汽车的一个轮胎。所以，如果某公司10年前能够拿5 000万的净资产赚得500万的利润，那么10年后，发生通货膨胀，其以5 000万的净资产依然赚得500万的利润，虽然两个净资产收益率的数据相同，但其前后的赢利水平绝对不一样。

由此可见，净资产收益率与股息分配、税收、通货膨胀等因素有着密切关系。任何一个因素的变化都会影响净资产收益率。所以，我们在分析企业的净资产收益率时，应该全方面地考虑这些因素，更为详细地算出自己最后真正的获利，也就是真正拿到手中的钱是多少。

第13章 从资产负债表和损益表中找信息

好公司不需要借钱

【巴菲特微语录】

在波仙珠宝加入伯克希尔的第一年，它的营业额大幅增长，这要比它4年前刚搬到现址的时候要好上1倍。事实上，在搬来这里的6年前，它的业绩也已经增长了1倍。波仙珠宝的管理者，艾克·福莱德曼是个天才，他始终追求一个速度，那就是全速前进！如果你还没有到过波仙珠宝店，那你一定没有看到各式各样、不同价位的种类。当然，它的营业费用开销只相当于同类型珠宝店的1/3。

——巴菲特致股东函（1987）

【活学活用】

在巴菲特看来，一个能够持续稳定发展的优秀企业，一定是一个持低负债率甚至没有负债的企业，这样的企业拥有充足的现金流，很少出现资金链断掉的可能，也就更有能力承受突如其来的风险了。

实现没有负债，表明该企业有很强的管理能力。伯克希尔公司旗下的子公司每年都能给总公司创造极佳的业绩，即便该公司从事的是非常普通的业务。巴菲特把其归功于子公司优秀的管理层，是那些优秀的管理者让普通的业务不再普通。他们总是想方设法保护住企业本身的价值，然后通过一系列措施巩固原有优势，努力控制不必要的成本，在原有产品基础上不断推陈出新，迎合更多顾客，创造更多效益。正是他们充分利用现有产业的地位或者致力于在某个品牌上不断努力，创造出高额利润，才产生了源源不断的自由现金流，且具有极低的负债率。

波仙珠宝公司就是巴菲特理想的没有负债的好公司。1870年，刘易斯·波仙创办了波仙珠宝公司。1947年，刘易斯·福莱德曼夫妇买下了这家公司，刘易斯·福莱德曼的妻子是内布拉斯加家具店罗丝·布拉姆金夫人的妹妹。在企业的经营管理上，她也遵循着"不要高价讲实话"的商业原则，注重节约成本，提升销售量。结果，商店营业收入在周日平均达到了每日2 500美元，销售旺季可以达到3 000美元。同时，公司在邮寄购物方面，也建立了自己完善的系统，大大节约了公司的销售成本。这样，波仙珠宝公司的成本占18%，而其他珠宝公司的销售成本要占40%。赢利空间非常大，自然用不着借债经营了。

1988年12月，巴菲特在为圣诞节做准备的时候，偶然来到该商店购买一枚戒指，恰好波仙珠宝公司后来的首席执行官唐纳德·耶尔看到了他。唐纳德大声说道："不要卖给他那枚戒指，把这家商店卖给他"。几个月后，巴菲特问他们是否真的有意卖这家店，经过两次非常简短的会晤，双方以6 000多万美元的价格达成交易。后来，巴菲特谈到波仙珠宝公司提出的最能吸引他的条件就是该公司没有负债。

当然，没有负债或低负债并不能成为我们判断企业是否值得投资的唯一标准，但如果一家公司能够在极低的负债率下拥有比较好的经营业绩，那么，它在管理或者业务方面，一定有其独特的优势。

我们应该记住巴菲特的话："好公司是不需要借钱的。"尽量选择那些负债率较低的企业，这样投资的风险才会更小。

负债比率和风险成正比

【巴菲特微语录】

有些人认为多加的债务会给公司经理人带去压力，促使其更专注于经营，这就好比一位司机正在驾驶一辆轮胎上插着刀子的车，我们都相信他一定会小心翼翼地开车。但是，有一点我们不能忽略，那就是这样的车子本身危险性就很大，即便驾驶员开得很好，车子一旦遇到坑洼的地方也会酿成车祸。而在商业这条大道上，到处都是坑洼，想要驾驶着这样危险的车顺利前行，确实是一件困难的事情。

——巴菲特致股东函（1990）

【活学活用】

现在有很多人都信奉负债经营理论。他们认为，通过负债经营，能够大大降低企业的加权平均资金成本，这样一来，还可以通过财务杠杆，让企业获得更高的权益资本收益率。虽然这种想法很乐观，但巴菲特认为，股市变化很快，企业发展也是在不断变化中的，负债经营并非最为稳妥的经营方式，一旦企业经营状况出现问题，就将两面受敌，面对偿还巨额债务的危险。所以，好公司或是好的投资决策，应该是即便不靠财务杠杆，依靠自己本公司的努力也能获得让人满意的结果，如果为了一点额外的报酬，而冒着企业可能陷入困境的危险是很不明智的。

1997年，日本八佰伴国际集团宣告破产，其创始人和田一夫，让八佰伴从一个乡村菜馆一步步发展成为了日本零售业的巨头。在其发展全盛期，拥有员工近3万人，在16个国家和地区拥有450家超市和百货店，年销售额达5 000多亿日元。随着金融风暴的来袭，八佰伴经营出现状况，此时，其扩张速度过快，负债过高。香港八佰伴的年报资料显示，在1988年八佰伴应付贸易欠账只有300多万港元，还不到营业额的1%。但到了1997年，其拖欠的应付贸易账已经增至近5.5亿港元，相当于营业额的13.5%，总负债更高达10.24亿港元。最终，正是低营业额高负债率，让八佰伴不堪重负，走向破产之路。

以益生菌酸奶饮品而闻名的太子奶集团，曾是我国最大的发酵型乳酸菌奶饮料科、工、贸集团。太子奶集团主导产品"日出"牌太子奶，被列为中国食品饮料行业唯一"国家火炬计划"高科技产品、中国食品科学技术学会连续十年推荐产品。

2006年，太子奶为实现上市目标，先后引入英联、高盛、摩根士丹利三大投行战略投资7 300万美元，之后花旗集团、新加坡星展银行等6家国际银行，为太子奶提供了5亿元人民币的无抵押、无担保、低息3年期信用贷款。

随着上市工作的进一步推动，太子奶开始了无序的大幅扩张，逐渐在湖南株洲、北京密云、江苏昆山、湖北黄冈、四川成都等地兴建了五大乳酸菌饮料基地，并全部投产，同时，许昌、西安、哈尔滨也建设了三大合作基地，准备投产。这些基地的建设，就耗费了太子奶33亿元。但是，因为产品营销、创新能力没有提升，该行业竞争日益激烈，太子奶并没有因为规模扩大而带来高额的利润回报，经营业绩不佳。到了2008年上半年，由于高速扩张导致资金链断裂。2009年1月，湖南株洲政府注资1亿元，由新成立的高科奶业托管太子奶，并从三大投行手中"要回"李途纯所持的61.6%股权，交回李途纯，抵押给高科奶业代为行权。到2009年年末，高科奶业托管太子奶1年时间，销售额还不到6亿元，由于债务缠身，销售不畅，反而导致了高科奶业亏损近3亿元。2010年，太子奶因为债台高筑，最终宣告破产。

太子奶集团虽然拥有雄心勃勃的市场战略，但是没有踏踏实实的市场耕耘，最终不得不吞下崩盘的苦果。

可见，赢利并不是那么容易，企业随时都应该有危机意识，对市场应该如履薄冰。企业发展要给自己留有余地，去做企业能够承担的事情，不要冒着破产的危险，去追求利益，这样的风险太大。所以，我们投资者也应该意识到，购买股票时，要留意该公司的负债率，如果负债过高，投资风险就太大。为了保险起见，还是慎重为好，以免赔了夫人又折兵。

银根紧缩时投资最好

【巴菲特微语录】

与很多公司不同，伯克希尔公司并不会因为短期的资金需求而去融资，我们借钱是因为我们觉得在一定期间内将有很多好的投资机会出现，而往往最佳的投资机会，多数出现在市场银根最紧的时候，那时候，你一定希望拥有足够充沛的资金。

——巴菲特致股东函（1980）

【活学活用】

巴菲特一直强调没有负债，那么他的伯克希尔公司的确没有负债吗？答案是有，但巴菲特认为，同样是负债，企业借钱的目的是不同的。绝大多数公司借钱是因为短期的资金紧张，而伯克希尔公司向外借钱是为了不久的良好投资机会准备充足的资金。特别是在市场银根最紧的时候，非常需要借钱，不应错失投资的良机。这个时候，负债经营能够保证未来的收益，因为市场银根收紧，意味着钱更值钱了。投资者应明智地提前把钱筹集好，你会因为有足够资金抓住机会再赚一笔，既能够保证还得起欠款，同时又利用别人的钱为自己生钱，保障了自身的现金流。

我国目前正处在银根紧缩时期，在这个特殊时期，上海寅福创业投资合伙人陈爱国对投资抱有信心，他认为，银根收紧对不少企业的经营会产生负面影响，导致企业的业绩滑坡，这样，投资者就会在是否投资的问题上变得迟疑不定。大家都知道，社会资金供应紧张时，拥有更多的现金非常重要，所以对于投资可能会更为慎重，那么，投资行业发展会变慢。

虽然在短期内，市场资金波动对于投资机构而言是一种考验，但市场供求关系的转变往往容易催生机会。

在这种环境下，那些想快进快出的投资机构会不敢下手，而对于那些比较成熟的投资者来说，这正是个投资机会。金融危机下，企业的估值往往不高，逐利性低，更容易找到那些价格低于价值的好的投资对象。

通过巴菲特和陈爱国的分析，我们应该明白银根紧缩时各方面的态度。这个时候，很多投机性的投资者不敢进入，其他一些投资商为了保证足够现金，也不会轻易购买股票，而企业因为整个经济环境的影响，估值较低，这时，股市上的泡沫才是最小的，是投资者寻找最佳投资对象的最好时机。所以，巴菲特这时候借钱投资很是聪明。

巴菲特特别喜欢投资那些能够产生现金流而不是消耗现金流的企业。一方面，这样的企业能够保证巴菲特掌握大量的现金，以便在像银根紧缩这样的大好时机时，投资其他方面，获取更大的业绩回报；另一方面，拥有足够的现金，企业才能顺利发展，也才能勇敢抓住投资机会，这时资金使用率最高，否则，缺乏资金，再好的机会也错过了。

因此，作为普通投资者，我们应该向巴菲特学习，保守经营我们的投资事业，只有遇到特别好的，像银根紧缩这样的投资时机，再去投资。但不管遇到多么吸引人的投资机会，要注意不要把自己的全部资本用来投资，毕竟股市的风险时刻存在。

毛利率高表明长期赢利

【巴菲特微语录】

根据去年的财务报表，全国最大的家具零售商声称自己的产品价格要比当地所有传统家具店的家具便宜很多，该公司的毛利率高达44.4%，这就是说，消费者用100美元购买的商品，公司的成本只要55.6美元，而内布拉斯加家具店的毛利润仅有前者的一半。

——财富杂志对巴菲特的访问（1999）

【活学活用】

毛利润是总收入减去产品所消耗的原材料成本和制造产品所耗费的劳动力

成本所得，不包括销售和管理费用、折旧费用、企业运营的利息成本。毛利率是毛利润除以总收入的商。这两个数据能够在一定程度上反映该公司的赢利水平。

只有能够保持持续性竞争优势的公司才能在长期运营中一直保持赢利，而这样的公司才能创造较高的毛利润；如果缺乏持续竞争优势，那么，该公司只能通过降低产品及服务价格来保证竞争力，其毛利润自然不会很高。

通常情况下，毛利率在40%及以上的公司，都具有较强的竞争力；低于40%的公司，则要么处在竞争过度的行业，要么缺乏竞争力。

世界上的国际性大公司都能保证较高的毛利率，比如，可口可乐公司一直保持60%甚至更高的毛利率，穆迪债券评级公司的毛利率是73%，微软一直保持着79%的高毛利率，箭牌公司的毛利率为51%，伯灵顿北方圣太菲铁路运输公司的毛利率为61%。而那些经营状况不是太好的企业，其毛利率都比较低。比如，陷入困境的通用，毛利率为21%；快要破产的美国航空公司，毛利率仅为14%；美国钢铁公司毛利率为17%。

由此可见，通过对毛利率的观察，我们可以透过现象看本质，大概能了解该公司处在哪种经营状态，是良好还是较差。

但是有时候，毛利率也会误导投资者。一些毛利率较高的公司也有可能会误入困境，丧失长期竞争优势。比如，它为了能够创造这样高的毛利润，需要承担较高的研究费用或者过高的销售和管理费用，还可能有过高的债务利息支出费用。这些营业费用中的任何一项过高，都会削弱企业的竞争优势，阻碍其持续稳定发展。

另外，从企业短期的毛利润或毛利率看企业的发展，有很多不准确性，因为它并不能代表未来企业是否能够保持同样的优势，企业能否保持持续的竞争力，容易受到企业管理者、企业业务、企业销售等各个方面的影响。所以，判断其未来发展的稳定性，我们需要查找企业在过去5年或者10年的经营状况，看是否为稳定发展，具有持续竞争优势。

总之，我们在考虑毛利润或毛利率时，要综合参考其他因素，逐步揭开企业发展的面纱，看到企业发展真正面貌，作出较为准确的投资决策。

少些利息支出才好

【巴菲特微语录】

去年，我用大篇幅来讨论美国航空的问题，虽然这家公司今年的表现有所好转，但其依然面临着很多问题。幸运的是，签订的特别股投资协议对我们很有利。所以，尽管1994年以来，本来应该支付我们的特别股股息已经跳票，但是它欠我们的股息还是以每年5%的基放利率加计利息。

——巴菲特致股东函（1995）

【活学活用】

利息支出是公司为以银行贷款为主的有息负债在当季或年度所支付的利息。它反映了公司在该季度或该年度为债务所支付的利息。公司银行贷款等有息负债越多，需支付的利息相应就越多。

而那些具有持续性竞争优势的公司一般很少支付利息，或者从来没有支出任何利息。比如箭牌公司，其利息支出只占营业利润的7%；宝洁公司利息支出只占营业利润的8%；而那些失去了竞争力，或者濒临破产的企业，其利息支出通常都高达50%以上，美国航空公司还曾经到达过92%。

当然，不同的行业，其利息支出占营业利润的比重有所差异。比如，富国银行需要支付利息占其营业利润的30%左右，看似可口可乐公司支付的利息比例要比它更低，但在银行这个行业里，富国银行算是支付比率最低的了。正因为如此，它也是最吸引人的银行，它还是唯一一家被标准普尔公司评为AAA级别的银行。

利息支出和营业利润的比率能在一定程度上较真实地反映一家公司的经济状况。拿投资银行业来说，该行业的公司平均要花费70%的营业利润来支付利息。2006年，贝尔斯登银行资产负债表上利息支出占营业利润的70%，到了2007年最后一个季度，其利息支出占营业利润的比例上升到230%。这一变化，非常明显地告诉我们一个信息，那就是该银行不得不动用公司所有者的权益去弥补这个差额了，这无疑意味着灾难的来临。的确，到了2008年3月，贝尔斯登银行已经疲惫不堪了，最后，它被摩根公司以每股10美元的价格收购，而在一年前其股价还高达170美元每股。

所以，我们在准备做投资时，一定要寻找在其行业内，利息支出比率最低的企业。巴菲特向来喜欢投资那些具有持续竞争优势的公司，其利息支出均小于营业利润的15％。只有利息支出低的企业才更有实力，不至于出现财务危机。我们在研究某企业时，可以注意观察其利息支出比率的变化，发现企业发展情况，及时察觉企业危机。

权衡公司营业费、管理费

【巴菲特微语录】

我们现在面临另一个难题，那就是实际销售量一直停滞不前。其实，这是这个行业普遍会遇到的困难，只是我们过去的表现明显胜于同行，而现在和它们一样凄惨。在过去的4年内，我们的分店数量在增加，平均每家分店卖出的糖果数量却没有太大的变化，结果，我们的销售费增加了。

——巴菲特致股东函（1983）

【活学活用】

一个拥有持续竞争优势的伟大企业，其营业费用和管理费用都会控制在合理的水平，保持较少的付出，这样才能减轻企业负担，将更多的资金用到创造更多利润的地方去，保持在激烈市场竞争中的绝对优势。

企业的营业费用主要指企业在销售商品过程中发生的费用，包括包装费、保险费、运输费、装卸费、展览费和广告费，还有为销售本企业商品而专设的销售机构的费用，比如销售网点、售后服务网点等机构的职工工资和福利费、类似工资性质的费用、业务费等。另外，商品流通企业在购买商品过程中所发生的进货费用，也属于营业费用。

企业管理费用主要是指企业为组织和管理生产经营所发生的管理费用，主要包括企业的董事会和行政管理部门在经营管理过程中发生的，或者应当由企业统一负担的公司经费。比如，行政管理部门的职工工资、办公费、差旅费、修理费、物料消耗等费用，工会经费、待业保险费、劳动保险费、聘请中介机构费、董事会费、诉讼费、咨询费、业务招待费、房产税、车船使用税、土地使用税、印花税、技术转让费、矿产资源补偿费、无形资产摊销、职工教育经费、研究与开发费、排污费、存货盘亏、计提的坏账准备和存货跌价准备等费用。

营业费和管理费用比较琐碎，通常每笔的开支不大，但这些项目加起来，也是不小的数字。所以，这些小的开支千万不能忽略。如果一个企业对于营业费或管理费的开支没有明确的细则，管理比较马虎，那么，即便企业再努力发展，创造再多的利润，最终企业还是无力发展壮大。不积跬步无以至千里，不积小流无以成江海。越是不经意的费用越需要精打细算。

美国福特公司曾经每年的管理费用和其他营业费用要占当年毛利润的89%左右，这是多么惊人的数字！虽然当时福特公司的利润下滑，毛利润变少，但在销售额变少的情况下，还保持如此高的费用支出，足可见公司管理机构和销售方式的不合理。如果公司能够在这方面减少开支，将会为企业节约很多资金。否则，这部分资金会毫无意外地拖垮福特公司。

巴菲特在寻找投资公司时，通常会挑选那些营业费用和管理费用都比较低的公司。巴菲特认为，营业费用和管理费用保持在总收入的30%以下为好。这些费用也不能太低，如果支出过低，则表明企业管理上太过小气，不利于留住优秀人才，也不利于企业的长期发展。通常具有竞争力的企业，其营业费用和管理费用控制在30% ~ 80%之间。

对于那些营业费用和管理费用都比较高的企业，我们最好慎重考虑，因为这样的企业开支太大，内部利润率低，没有足够的现金流，一旦遇到突发事件，缺乏转危为安的灵活性和实力，很容易陷入困境。如果整个行业的营业费用和管理费用都高于80%，那么，投资这个行业存在很大的风险，最好选择放弃。

研究和开发费用太高也不行

【巴菲特微语录】

那些需要花费巨额研发费用的公司在竞争力上存在缺陷，这将会让长期经营前景陷入危险之中，并不太保险。

——巴菲特投资语录

【活学活用】

巴菲特向来对投资高科技企业比较谨慎，因为这方面的企业依赖技术更新速度，获得短暂的技术领先优势。但随着其他企业研究出新的技术，该企业的短暂优势就消失了，需要继续投入人力物力研发新产品，所以，这类企业需要较高的研发费用，企业获得的净利润较低。一旦长期研发不出新产品，企业就会陷入发展缓慢甚至停滞以及开支巨大的资金短缺的困境中。

比如著名的微软公司，每小时投资100万美元用于新产品研发，其中既包括失败的Zune和Kin，也包括取得成功的Xbox360和新款Kinnect系统，即每分钟要向其实验室和软件开发人员支出1.6万美元。

还有英特尔公司，以半导体芯片技术独霸处理器芯片市场，尽管其市场占有份额如此巨大，但其利润水平也仅徘徊在平均线上，从没有过太高的利润。之所以利润较低，就是因为其大部分利润用来支付庞大的研发费用开支，大约要把30%的毛利润用于技术的研发。所以，尽管其未来稳定发展数十年，但其利润收入依然不会太高。要想未来保持霸主地位，它必须不停地研发新产品，使技术始终处在领先水平，否则，一旦停止开发，就失去了竞争优势，这个科技界巨人便会轰然倒下。

不仅仅是高科技企业，还有一些生物工程企业，比如，制药等需要专利权保护的企业，也需要耗费大量的人力、物力和财力，研发费用高。通常开发一种新药平均需要2.5亿美元，有的则高达10亿美元。尤其是跨国医药企业，其研究和开发投入通常占其年销售额的15%左右，有的大型制药企业年研发投入高达几十亿美元。2006年，辉瑞和强生两大制药公司的研发投入就达到162.4亿美元。

还比如美国一家国际型制药企业默克公司。其每年花在研发新药上的费用大约为毛利润的29%。因为需要不断研发新产品，就需要不断重新设计和升级其产品销售计划，这样，默克公司每年都要花费毛利润的49%用于支出销售费用和一般管理费用，这三项开支加起来就占毛利润的78%了。后来，默克公司逐渐放弃了研发新药物，结果，产品的专利权过期后，其竞争优势也就消失殆尽。

正是这两个行业的特殊性，导致其在研发费用上花费大量的资金，却又不得不进行研发。它们好像在悬崖边行走，随时有掉入悬崖的危险。

所以，巴菲特不太喜欢投资这类行业，他更喜欢那些没有研发费用，或者研发费用很低，并且管理和营业费用也不太高的企业，这样的企业才有足够的资金实力应对商场中的不测，才能抓住发展的机会。我们投资者也应该慎重考虑研发支出太大的企业，为自己的投资上个保险。

排除非经常性项目

【巴菲特微语录】

2004年，依据持股比例，伯克希尔公司可以获得的盈余高达12.2亿美元，这个数字很合理，尽管吉列和富国银行因为选择权成本隐含不计而被高估，但可口可乐也提列了一笔非经常性的损失。

——巴菲特致股东函（2007）

【活学活用】

企业发展中，有持续性的收益和损失，也有偶然的收益或损失，想要判断该公司的赢利能力，我们首先就要分清楚，它的哪些损益是经常产生的，而哪些损益是偶然产生的。

那么，什么是经常性损益，什么又是非经常性损益呢？其鉴别的一个重要标准是，看该项损益的性质、金额或发生频率是否会影响到投资者对公司正常赢利能力的判断。比如，公司销售商品属于经营活动，但如果销售商品时价格有失公平，那么，超过公允价格的部分就属于非经常性损益；还比如，公司长期债券投资属于非经营活动，但长期债券投资所获得的利息收入属于经常性损益。

我们在研究公司的经营业绩时，需要剔除非经常性损益，这样才能真正了解该公司的持续赢利水平。否则，如果公司发生非经常性收益，加入了公司利润表中，那么，当期的净利润必然会高于经常性活动产生的净利润，这样计算出来的净资产收益率和每股收益等赢利指标都会比实际指标偏高；而如果公司发生非经常性损失，如果把其加入公司利润表中，那么，当期的净利润就会低于经常性活动产生的净利润，最后计算出来的净资产收益率和每股收益等赢利指标就会比实际情况偏低。

比如，某家公司2010年的净利润是100万美元，净资产是1 000万美元，那么，这家公司2010年的实际净资产收益率为10%。如果该公司2010年有非经常性项目收入20万美元，那么，该收入加入总利润中，净利润就成了120万美元，最后，我们计算出来的净资产收益率是12%；如果该公司2010年非经常性项目损失是20万美元，那么，账面上的总利润为80万美元，我们计算出来的净资产收益率为8%。

可见，由于加入非经常性损益，我们的最终净资产收益率就发生了改变，有失真实。所以，我们投资者在考察企业的经营状况时，一定要排除非经常性项目这些偶然性事件产生的收益或损失。我们要看的是该企业的长期持续赢利能力，而这些偶然因素产生的损失或收益，并不是每年都发生的，带有很多不确定性。只有去除了这些偶然性的损益，得出的结果才能表明真实的企业持续赢利能力，才能更好地帮助我们进行投资决策。

折旧费是不能忽视的成本

【巴菲特微语录】

1996年，当我们收购飞行安全公司时，该公司的税前营业利润为1.11亿美元，固定资产净投资额为5.7亿美元。自从我们收购这家公司以来，该公司的折旧费用高达9.23亿美元，主要用于让模拟器跟上机型的不断发展。

——巴菲特致股东函（2007）

【活学活用】

企业的设备或者房屋等因为损耗而报废，在损益表上就反映为折旧费。任何企业都避免不了这项费用的开支，它无形中增加了企业的成本。任何一台机器都有报废的那天，所以不要忽略折旧费，它也是企业运营中的一项真实存在的成本。特别是依赖大型机器进行生产的机械类企业，更是要重视折旧费用。

比如，一台机器在买入时，反映在资产负债表上的是流出现金50万美元和增加50万美元的工厂和设备。在未来10年中，每年必须提5万美元的折旧费，并在损益表中作为当年的开支反映出来。公司每年都将从工厂和设备资产账户中减去5万美元，另外，在累计折旧账户中增加5万美元到累计折旧账户。虽然我们无法看到折旧费用在现实中的流出，但随着机器的老化，50万美元的资金在逐渐流出。

总之，折旧费用真实存在着，不可忽视。

巴菲特发现，那些具有持续性竞争力的公司总是比那些成绩平平或陷入困境的公司的折旧费用低。比如，可口可乐公司的折旧费用一直保持在毛利润的6%左右，而箭牌公司的折旧费也大约在毛利润的7%左右，宝洁公司的折旧费也只有毛利润的8%。我国的茅台公司，其折旧费用远远低于可口可乐、箭牌、宝洁这些世界超一流公司。伴随着2001年到2008年43%的净利润增长率，茅台在固定资产折旧成本的支出只有2%。而向美国通用这样经营不太理想的企业，其折旧费用占到毛利润总额的22%~57%。

可见，折旧费用占毛利润的高低能够让我们大概了解该公司的经营状况，折旧费用越低，公司的成本就越低，实力就越强，投资这样的企业就比较保险。

有些自作聪明的人，常常喜欢把折旧费用计入利润总额中，并制定了一个新的利润指标，即息税折旧摊销前利润。这样，企业可用现金就增多了，能偿还更多的债务，可以为杠杆式收购提供融资。其实，这是一种自欺欺人的做法，因为设备早晚会报废，我们早晚还要掏出钱来购买设备。

　　所以，我们应该像巴菲特那样，把折旧费精确地算进企业开支中，如果背道而驰，我们就会自欺欺人地认为，公司在短期内的利润要比实际利润好得多，而其实减去折旧费，其利润很低。

集中投资篇　把鸡蛋放在同一个篮子里

　　很多投资大师都在忠告股民别把鸡蛋放在同一个篮子里，这样就可以大大降低投资的风险。然而，巴菲特却提出"把鸡蛋放在同一个篮子里"的观点，难道这样做能够避免损失吗？

　　看似让人很怀疑的理论，却实实在在地帮助巴菲特实现了一个又一个的财富奇迹，那么，这个观点为什么这么管用？

第14章 集中优势兵力投资优秀股

最优化的投资政策就是集中投资

【巴菲特微语录】

　　投资组合集中化的措施能够有效地降低风险，如果这种措施既提高了——像它应该做到的那样——投资者考虑公司的强度，那么也就提高了投资者在购买该公司股票前对公司经济特点的满意度。

——巴菲特投资语录

【活学活用】

　　集中投资是巴菲特又一个重要的投资理念。他绝不做没有把握的事情。他追求的是稳中取胜。他坚持集中投资的原则，主张不要将资金分散在多种股票上。巴菲特认为市场上流传的分散投资或多元化投资是人们为了掩盖自己的愚蠢所采取的行为。这一点，巴菲特的导师格雷厄姆与此正相反，他要求投资组合必须有上百种股票，这样做的目的是为了防止某些企业或股票不获利的可能性发生。巴菲特曾经一度采纳了格雷厄姆的观点，但他后来发现，这种投资方式常常令人左支右绌，难以照顾周全，于是，他转向了费雪和门格的理论。

费雪认为，投资者为了防范风险，避免将鸡蛋放在一个篮子里，而将鸡蛋分散在许多篮子里，结果是许多篮子里装的全是破鸡蛋。因为精力有限，照顾不周，导致鸡蛋打破。所以，多元化的投资理论并不适用。巴菲特还深受英国经济学家凯恩斯的影响。凯恩斯在投资领域有许多杰出的见解，他曾经说过，他的大部分资产都集中投在他可以算出投资价值的企业证券上。这给巴菲特以深刻的影响。

在巴菲特看来，最为优化的投资政策就是集中投资，他用他几十年的投资经验充分证明了这一点。集中投资拥有无可比拟的优势。

首先，集中投资，减少持股，降低风险。巴菲特认为，风险和投资者的投资时间有很大关系。预测股价在短时期内攀升或下跌的概率就好比预测抛出硬币是正面还是反面的概率一样，你将会损失一半的机会。如果我们今天买入股票，想要明天就卖出去，那么，很可能明天大跌，后天大涨，而明天卖出，我们就损失了。如果把自己的投资时间延长到之后的几年，那么，交易的风险就明显降低了。比如，我们今天购买可口可乐股票，明天就卖出，交易风险就很大。如果我们现在购买可口可乐股票，照它现在的发展势头，未来几年后卖出，我们的股票一定是大涨的，风险就大大降低了。当然，集中投资前，购买的一定要是优秀股。

其次，持股越少，获利更多。虽然为了规避投资风险，很多人把资金分散在不同的股票上。然而，这样做表明投资者没有完全理解风险的本质，他们不相信赚钱的同时避开风险是有可能的。尽管分散化能够将风险降低到最小化，但它也导致了利润最小化。巴菲特曾经说过："我们宁愿波浪起伏的15%的回报率，也不要四平八稳的12%的回报率。"

巴菲特之所以能够在投资领域保持持续的获利能力，其中最大的原因就是他集中把资金投注在了获胜概率最大的股票上，所以能够40多年来持续获得丰厚回报。

再次，集中投资也降低了交易成本，因为投资越分散，交易费用越高，那么，赢得丰厚回报的概率就越小了。相反，投资越集中，交易成本越小，赢得丰厚回报的概率也就越大。

巴菲特的"把所有鸡蛋放在同一个篮子里，然后小心看好它"的投资策略，使他能在数十年间始终保持着成功的投资纪录，获得了最多最安全的股市收益。这个投资理念对我们每一个投资者都有着重要的指导作用。我们也应该按照巴菲特的投资理念，在实践中坚持集中投资，获得更多回报。

集中投资前，精心选择好股票

【巴菲特微语录】

我们的投资仅集中在几家优秀的公司身上，我们是集中投资者。

——巴菲特投资语录

【活学活用】

巴菲特崇尚集中投资理论。这就意味着他只持有少数几种股票，而这少数几种股票所属的企业他都有一定的了解，而且他持有这些股票的时间都很长，这样他就可以认真地考虑是否需要进行某种投资，从而大大降低了投资风险，提高了投资效率。这个策略使得他仅仅投资于一些他非常了解的和价格合适的优秀企业，从而减少了遭受损失的危险。

巴菲特的投资以价值为导向，只注重股票的内在价值，对于股市短期内的涨跌变化不甚关注，他的大部分精力和资本用在寻找并投资好的企业上。巴菲特认为，一个好的企业一方面要有长期发展的基础和潜力，另一方面，好的企业必须有为股东的长期利益着想的管理层。这个管理层需要由负责任的人员组成，并在企业里占有一定的股份。巴菲特从不追逐市场对某个企业的估价，不因为一个企业的股票在短期内大涨就去跟进。相反，他会竭力回避被市场高估价值的企业。一旦投资于一家中意的企业，他会长期持有其股票。这家企业的长期成长会给他的投资带来良好的回报。

在股市上，如果效仿巴菲特，不再理会短期内股市的涨跌变化，首先就得像巴菲特那样买入值得长期持有的优质股票，如果买入了一支前途渺茫的劣质股票，是无法叫人高枕无忧的。那么，首先应该解决的问题就是买什么样的股票。总的原则是这样的，只有拥有持久竞争优势的公司才能够以垄断者的地位来获利。其竞争优势越持久，获利能力就越强大，正是这一点使巴菲特确知这样的公司会渡过任何难关，并使沉沦的股价向上提升。持久性竞争优势能确保那些企业为股东带来长期的财富。一般来说，企业的持久竞争优势可以表现为两个重要方面：一是低成本的持久性；二是品牌优势的持久性。

必须注意的一点是，优质公司的股票其价格常常没有大变动，投资者不能只注意到它是优质公司就不顾一切地买进。买入价格常常决定报酬率的高低，所以，要获得高出平常的报酬率，就得用较低的价格买进优质公司的股票。不然，高进高出，等于白费力气。所以，买入时机是投资制胜的关键。在股市上，股票价格是动态的，处于不断变化之中，质地优良的公司股票尽管很难有超乎寻常的低价位，但当意外发生时也会有令人惊喜的低价位。如果买入价格合适，就会有可观的收益和报酬率。

总之，想要集中投资，最重要的是把资金用在好的企业上，然后酌情买入，长期持有，稳中求胜。

评估投资成功的风险和概率

【巴菲特微语录】

我把确定性看得很重要，只要找到确定性，那些关于风险的所有考虑因素对我来说都无关紧要。你之所以会冒着巨大的风险，是因为你没有考虑好确定性。

——巴菲特投资语录

【活学活用】

巴菲特依靠集中投资策略，成功积累了大量财富。他经常向广大股民传授自己关于集中投资的思想，其中一点就是提倡在投资前评估好成功的风险和概率。

巴菲特认为确定投资的风险有多大，并不是看股票价格的波动，而要看该公司的价值变化，真正的风险是来自公司价值的损失而不是价格上的波动。巴菲特善于寻找市场上被低估价值的公司，这样就大大降低了风险，这要比分散投资风险更低。

1988年12月，万科开始向社会发行股票，股民张先生基于对管理层的信任，认为其发展前景良好，于是投资了400万元购买了其360万股，成为了当时最大的个人股东。其股票在1992年，增持到370.76万股，以后，又通过送股、配股以及二级市场的增持，1993年拥有503.29万股，1995年股数为767万股，2004年为3 767.94万股，2006年为5827.63万股。张先生长期持有该股票，18年后，他共用了400万元集中持有了万科的5 827.63万股非流通股，这些股票的回报率达到了176倍，在2007年3月份回报率更是高达300倍左右。

由此可见，能够提前预测到企业的发展进行投资，虽然在短时间内难以获得更多收益，但从长期看来，其带来的回报要远远超过市场平均水平。当然，如果张先生没有事先考察公司经营，审慎了解管理者水平，就不会降低投资风险。

张先生在评估风险的时候，虽然经过细致考察，但其中也存在风险，这里存在一个成功概率问题，即对未来长期的持续竞争优势进行预测的准确概率。

估计成功的概率与我们数学上的概率有所不同，认购股票的概率是对未来的预测，企业在未来面临的环境和竞争对手都是有变化的，甚至我们投资的企业本身也是在不断变动中的，一切都是不确定的，一切也都是不可重复的。所以，我们根本没有办法用数学公式计算企业竞争成功的频率分布，也根本无法估计成功的概率。

但是，为了确保我们投资获利，我们不得不对未来进行评估。我们可以借鉴一下股神巴菲特的成功经验，他是利用打桥牌的方法来预测投资成功概率的。

巴菲特很痴迷桥牌，他曾经笑道："如果一个监狱的房间里有3个会打桥牌的人，我不介意永远坐牢。"他每周都要打上至少12个小时的桥牌。他的老牌友霍兰曾经评价巴菲特的牌技说："如果巴菲特有足够的时间打桥牌的话，他将会成为全美国最优秀的桥牌选手之一。"巴菲特不单单是在打桥牌，在打桥牌的过程中，他还悟出了关于股票投资的一些方法和心得，真是游戏和赚钱两不误。巴菲特曾经说："打桥牌是锻炼大脑的最好方法。因为每隔10分钟，你就得重新审视一下局势……在股票市场上决策不是建立在市场的局势上的，而是建立在你认为理性的事情上……桥牌就好像是在权衡赢得或损失的概率。你每时每刻都在做着这种计算。"

巴菲特认为打桥牌和投资股票有很多相似的地方。不管是打桥牌还是投资股票，都要尽可能多地收集信息，并随着事态的发展，在原有信息的基础上不断增加新的信息。不管什么事情，只要根据当时所有的信息判断，认为自己有获得成功的机会，就去努力地做。但是，当获得新的信息后，我们又该随时调整自己的行为方式或做事方法。由此可见，不管是伟大的桥牌选手还是伟大的证券投资师，都要具备非常敏锐的直觉和判断力，他们都在不断地计算着胜算的概率，他们都是基于一些无形的、难以捉摸的因素而作出决策。

当然，并不是每个人都会打桥牌，也并不是每个打桥牌的人都能因此而准确判断股市上投资的成功概率，但是，我们可以去学习巴菲特的这种思维方式，判断投资成功概率，对待事情理性分析，然后做出输或赢概率的权衡。

集中投资看的是长期收益

【巴菲特微语录】

投资者最忌讳的是游击战术，打一枪换一个地方的投资者，只能算是投机者，事实上，没有看见几个投机者能不败下阵来。

——巴菲特投资语录

【活学活用】

在股市上，常常有人采取集中投资战略，却抱怨连天，因为他们发现，这样做也没有给自己带来丰厚的回报，特别是短期内还有可能给自己带来损失。

之所以他们认为集中投资方法有缺憾，是因为他们没有真正理解集中投资的真谛，集中投资看重的是长期收益，而不是短期效益。采取集中投资方式也会不时地在某些年度里遭受重大的损失，所以，想在一两年时间内通过集中投资获得丰厚回报是不大可能的。短期的股市波动非常大，具有很多的不确定性，这样把大笔钱投入不确定性中，自然承担的风险较大，遭受损失的机会很多。但是，集中投资能够保证长期投资的回报率远远超过市场平均水平。

既然集中投资既能降低风险又能提高回报，那么，短期的业绩波动大些又能怎样呢？许多投资大师出众的投资业绩以及大量事实证明，集中投资并长期持有，可以持续战胜市场。

比如，查理·芒格在经营其合伙公司时，把投资主要集中在少数几支证券上，其投资的波动率非常大，在1962~1975年的14年间，年平均回报率以标准差计算的波动率为33%，相当于同期道琼斯工业平均指数波动率的2倍。但其14年中，年平均回报率为24.3%，相当于道琼斯工业平均指数年平均回报率的4倍。

凯恩斯利用集中投资策略，其所持有的切斯特基金在1928~1945年的18年间，年平均投资回报率以标准差计算的波动率为29.2%，相当于英国股市波动率12.4%的2.8倍，但其18年中年平均回报率为13.2%，相当于英国股市年平均回报率0.5%的26倍还多。

而比尔·罗纳的红杉基金也是利用集中投资、长期持有的方法，同样获得了丰厚的回报。他在1972~1997年的26年间，年平均投资回报率以标准差计算的波动率为20.6%，高于同期标准普尔500指数波动率16.4%约4个百分点。但其14年的年平均回报率为19.6%，超过标准普尔500指数年平均回报率14.5%约20%。

巴菲特本人在管理伯克希尔公司的40多年来，采用集中投资策略，每股净值从原来的19美元增长到现在的50 498美元。"第二次世界大战"后，美国主要股票的年均收益率达到了10%左右，而伯克希尔公司却高达22.2%。

所以，放长线钓大鱼，集中投资不注重短期回报，看的是长期收益。坚持集中投资，长期持有，会大大降低短期投资所带来的风险。投资者要静下心来，找一支好股票，耐心去守护。做到这点，你才能钓到财富大鱼。

投资组合最佳的投资数量

【巴菲特微语录】

我不会同时投资50或70种企业，那是"诺亚方舟"的传统投资法。我喜欢以适当的资金集中投资于少数优秀的企业。

——巴菲特投资语录

【活学活用】

巴菲特一直进行集中投资策略，集中投资策略是巴菲特取得巨大成功的主要原因之一。"选择少数几种可以在长期产生高于平均效益的股票，把你的大部分资本集中投资在这些股票上，不管股市短期跌升，坚持持股，稳中求胜"，这句话表达了巴菲特的集中投资思想。

为了实现集中投资的成功，投资者必须选择有限的股票。所以，巴菲特选择股票时，精益求精，总是在千挑万选的几支股票上投下资金。

巴菲特在1977~2004年长达27年的时间里，投资3年以上的股票只有22只，总计花去61亿美元，但是，它投资的回报却达到了318亿美元，平均投资回报率高达5.2倍以上。

《福布斯》专栏作者马克·赫尔伯特通过数据分析表示：如果从巴菲特所有投资中剔除最好的15项股票投资，那么，他的长期表现将平庸无奇。分析表明，巴菲特对自己集中投资的股票数目限制在10只，事实上他集中投资的股票数目平均只有8.4只左右，占投资组合的比重平均为91.54%。80%的投资利润来自于20%的股票，这正吻合了他一贯倡导的80：20原则。

他的股票主要集中在美国运通、可口可乐、吉列等，他也曾买入中石油的股票23亿多股，据有关资料显示，他已经抛售了相当一部分。

巴菲特建议投资者持股最多不能超过15种。特别是对于那些资金少于100万的投资者，更不要搞分散投资。比如，一个投资者把几万块钱，分别分散地购买了20只股票，那么，每只股票就只能买几百股，结果，因为投资太过分散，收益被明显消耗。

　　另外，这么多股票，作为一个普通的投资者根本无暇照顾周全。如果投资者购入太多股票，其中必有一些股票会亏损。亏损带来的损失，往往要经过成倍次数的收益才能挽回，正因为如此，往往亏损大于收益。所以，一般的投资者购买3～4只股票就完全可以了。在投资时，如果通过对公司的分析，确实认为这只股票在一定的时期具有投资价值并能够带来较大的投资收益，那么，就应该集中投资几家企业。

　　不必贪多，我们投资的目的是获得更多的收益，如果经过慎重选择，找到了几家值得投资的企业，就不必贪求数量，否则无暇顾及，给自己造成更大的损失。当然，任何一种投资都是存在风险的，但是，集中投资几家，长期守护，随时改变策略，定能更好地回避风险，获得赢利。

第15章　聚焦市场，让市场为我所用

看似愚蠢的市场是人的贪婪导致的

【巴菲特微语录】

人们的大脑里充满了贪婪、恐惧或者愚蠢的念头，这点是可以预测的，但是，这些念头导致的结果却是无法预测的。

——巴菲特致股东函（1998）

【活学活用】

人们总是抱怨市场变化莫测，感觉市场太愚蠢，自己的投资都被葬送其中。其实，不是市场太愚蠢，而是我们很多投资者太过贪婪。认识到这一点的投资者，能够更好地调整心态，保持一颗平常心，理性、正确地判断市场。

巴菲特也曾经因为一时的不冷静而导致投资错误，其中，打击最深的一次是投资美国航空公司。1989年，伯克希尔又购买了美国航空公司的股票，其实，巴菲特向来很少投资这样资本密集和劳力密集的航空工业。但这次，他认为美国航空公司的管理很值得信任，很可能未来航空公司的前景比较美好，优势明显。然而，自从投资之后，美国航空公司在动荡不安的航空领域急剧萎缩，内部问题不断暴露出来，因此，伯克希尔到了1994年，也大约亏损了30亿美元。

巴菲特对这次愚蠢的行动多次检讨。他在哥伦比亚大学商学院演讲的时候，甚至劝说学生们不要投资航空业。他称航空业是成本过高而生产过剩的最糟糕的投资对象。

市场是由人来操纵的，市场的波动，反映了人群的思维，所以，不要指责市场愚蠢，市场变幻莫测，这都是人的思维导致了市场上发生不可预测的波动。所以，面对市场应该理性操作，避免进入误区。

上海股市从1992年5月的1 429点跌至同年11月的386点，跌幅高达73%。许多人手中的股票市值大幅缩水，中国股市对中国股民的第一次考验似乎过于残酷。许多人都坚持不下去了，在黎明前的400点左右绝望离场。据说当时上海有一位股民，颈上挂着一块小黑板，上面写着："长期投资——电真空，2 500元——450元"。股民们的绝望可见一斑。但是如果能忍耐下来，上证综指在第二年3月又攀升至1 558点，电真空经过拆细也重上2 000元之上。从1993年3月上证综指自1 558点持续跌至1994年7月的325点，历时1年零4个月，跌幅更是超过了79.1%，不少人又忍痛出局，结果上演了一个个人从大户变散户、由老板成小贩的惨景。但是如果经受了这一考验，1997年5月上证综指又重返1 500点。1994年末、1995年初，上海股市曾出现"新上海概念股"的热点，一批批上海的上市公司一上市就被炒得火热。但接下来这些曾一度被炒得沸沸扬扬的股票，后又变成了所谓的"死亡板块"。以上菱电器为例，1994年9月最高价为21元，之后，至1997年7月在长达3年的时间里，股价始终在7～10元之间徘徊。随着资产重组热的开始，该股从1997年7月的7元持续攀升至1998年9月的17.5元，仅1年零2个月，升幅就高达150%。

由此可见，股票市场总是有牛市和熊市，高低起伏不定，投资者应该定下心来，将自己的情绪和投资分割开来，不要带着情绪去投资，而应该带着理性的大脑和足够充分的分析证明来投资，这样才有把握成功，才不至于被内心的贪婪毁掉。

市场先生遵循价值规律

【巴菲特微语录】

市场中的价值规律：短期经常无效而长期趋于有效。

——巴菲特投资语录

【活学活用】

"市场先生"这一名词是巴菲特的老师格雷厄姆提出来的。他认为，股票价格受股票市场因素的影响很大。这种市场通常变幻莫测，人力是无法控制的，它就像是一位博大精深、神秘兮兮的"先生"。

然而，这位"市场先生"脾气不是很好，感情特别脆弱。每当他心情好的时候，他看到的都是对企业发展有利的因素，这时，它报出的交易价会非常高；有时候，他心情极差，情绪低落，看到的都是企业甚至整个社会的悲观一面，因此，报出的交易价格也非常低。

不过，他也是个讨人喜欢的厚脸皮，他向来不介意没人答理他。如果他今天报出的价格没有人答理，他就在第二天提出一个新的报价来。巴菲特认为，正确看待股价波动的心态，对于能否取得投资成功具有特别重要的意义。

当然，这位市场先生也有他的缺点，他可以报他的价格，但是，最后他是否能够买卖还是要靠投资者自己来决定。当他报出的价格过高或过低，感到狂躁或烦闷时，投资者恰可以乱中取胜，这对于投资者来说是很有利的。

由此可见，影响股票价格的，不仅有价值，还有人们的投机行为。但是，不管其报价多么的高或低，它都遵循价值规律：价格会围绕价值上下波动。

其实，在格雷厄姆看来，没有人能够精心设计股票的交易价格，但是，它是不同投资者不同心态反映的总体效应。从长远来看，股票的价格终归会对上市公司价值做出真实的反应，但这个过程到底需要多长时间，就无法确定了。但就他个人经验而言，如果一支股票的价值被严重低估，那么，股价大约需要半年甚至两年半的时间才能恢复到正常状态。总之，价格是围绕价值波动的。

我们可以利用股票价格的波动来赢利。比如，当股票价格大幅下跌，甚至低于其价值本身，这时，正好是我们买入的好时机。反之，如果股票的价格过高，甚至高出股票价值很多，我们就可以卖出股票。

当然，有时候，我们总是受到他人的影响或者受到股市上价格上涨的诱惑，而没有计划性地一时冲动购买了没有潜力的产品。比如追高买入，随跌卖出。

总之，要记住市场先生是遵循市场价值规律的，价格围绕价值上下波动，所以，不要过于冲动，应该看其长期的发展，要看其股票价值是否真的有上升空间，是否看好其企业的发展前景。

市场经常是无效的

【巴菲特微语录】

市场效率理论不管已经误导了多少学生，它还是继续被各大企业管理名校中列为投资课程的重要教材之一。

当然，那些已经被骗的投资专家在接受市场无效率理论后，对于我们以及其他格雷厄姆的追随者来说，实在具有很大的帮助。不管在哪项竞赛中，无论是投资、心智还是在体能方面，要是遇到对手我们都会告知他们思考和尝试都是徒劳，对于我们来说，占尽了优势。

——巴菲特致股东函（1988）

【活学活用】

有效市场理论已经是证券从业人员的必学内容。该理论认为："股价是智慧的化身，在任何时候都准确无误地反映了基本面的过去、现在和未来的变化。市场能够具有这样的智慧，它可以精确认识到存在于基本面中的任何变化和过程。也就是说市场永远正确反映基本面。市场永远不会错，因而，股价就是基本面的一面镜子，真实、及时、准确反映基本面。"这一理论排除了价格与价值产生不一致的任何可能，价格和企业的内在价值永远是完全一致的。简单地说："有效市场理论认为市场和价格永远不会错，市场和价格永远正确反映基本面"。

但是，巴菲特曾说："如果市场总是有效的，那么，我只有在大街上手拎着马口铁罐到处流浪了。"的确，像巴菲特、彼得·林奇、格雷厄姆等投资大师，他们以长时期的骄人业绩证明了超出市场业绩是可能的。有效市场理论受到了极大挑战。大量实证证明，股票市场并非如有效市场声称的那样，总能够形成均衡预期收益，其实，市场经常存在无效和错误的情况。

巴菲特认为，有些人会利用市场的错误获利。一旦市场有效理论被广泛宣传，有可能对投资人产生误导，所以，巴菲特坚决捍卫这个大是大非的原则问题。在巴菲特眼里，有效市场理论是荒谬的错误，市场无效和错误才是能够产生超额投资收益和成功投资的根本关键。没有市场无效和错误就没有他的成功。

的确，有效市场理论存在着巨大的缺陷。首先，投资者不可能一直保持理智。但按照有效市场理论的说法，投资者使用所有可得信息，然后在市场上定出理智的价位。大量行为心理学研究表明，投资者并不拥有理智期望值。其次，投资者对信息的分析不准确。他们常常依赖捷径来决定股价，而不是依赖分析公司内在价值的方法。再次，业绩衡量杠杆总是在强调短期回报，这使得人们很难从长远角度考虑击败市场。

巴菲特知道市场并非总是有效的，甚至有时候是无效的，所以，他经常说："我的成功是在别人恐惧时贪婪，别人贪婪时恐惧。"其实，这种投资理念正是利用市场无效来取得成功。当投资者们陷入一种慌乱、恐惧状态时，市场就进入了错误的两端。当多数人贪婪时，市场就容易陷入极端高估的错误状态，而当多数人恐惧时，市场就进入极端低估的错误状态。利用这个市场失效的空当，投资者可以低买高卖，获得丰厚回报。

总之，市场不是永远都是对的，有时候也会存在非理性和失效，我们要走出有效市场理论的误区，正确认识市场的无效性，回归价值投资策略。只有这样，才能规避市场风险，长期战胜市场，获得丰厚回报。

历史记录不能代表未来

【巴菲特微语录】

如果你给我一把枪，枪里面有1 000个甚至100万个空位，但是你告诉我枪里面只有一发子弹，然后，你问我给多少钱才能让我拉动扳机。我的回答是，我根本不会那么做。你可以下赌注，即便我赢了，那些钱对于我来说也没有任何意义；如果我输了，那结果还是很显然的。我对这样的游戏没有一点兴趣。

——巴菲特在佛罗里达大学商学院的演讲（1998）

【活学活用】

有很多投资者存在这样的误区，他们认为历史总是会不断重复，所以在投资时，分析历史统计规律对未来投资进行预测是很有帮助的。其实不然，历史不重复的时候有很多，即便重复了，我们又怎能知道它什么时候开始，重复频率是多少？所以，迷信于历史记录，对自己的投资没有什么帮助。

日本的日立会社，以前股价是300日元，后来经由野村证券在美国代销后，每股涨到了900日元，虽然又因经济不景气而跌回600多日元，但其后又涨回了900日元。在K线图上，谁都无法总结出它可能升值这么多，可见，历史统计记录只能作为参考，重要的是，一切取决于今后的变化。

上帝把人的眼睛造在脸前而不设计在脑后，就是要人类向前看，而不是回顾过去。所以，再陶醉在过去规律的美梦中，是很危险的事。

截至目前，并没有什么准确历史规律，能够合理地决定股价发展趋势，所以，到底什么价位才算合理，到底什么时候股票要上涨，什么时候股票要大跌，都难以定夺，不过这可以通过一些蛛丝马迹找到依据。

比如，可以将投资对象与其同行的业绩相比，根据其自身历史业绩比较，粗略概算公司的净值，它在未来可能为公司带来多少利益，获利率与银行利率比较等，这些因素都可作为权衡未来股票发展的依据。

股市变幻莫测，想通过K线组合等表面趋势总结规律，判断未来发展，都是纸上谈兵，根本没有什么用处。

金融市场上的"肥尾理论"是再明确不过的事，曾经认为概率小到一亿年也不会发生一次的系统性国际金融崩溃在最近的30年内竟然发生了两次，其中的一次就是俄罗斯政府破产，它直接拉响了长期资本管理公司的末日丧钟；另外一次就是"次贷危机"。这样看来，投资者不能依靠历史数据而对股市的未来做出预测，这是极为不可靠的。

所以，一定要遵循价值规律，通过判断企业内在价值和价格之间的关系，来判断未来发展状况，千万不要只盯着K线图，纠结于其中规律，这一条路是很不可行的。

人都想发财，想要发财，就应该讲科学讲方法，巴菲特从来不盲目把自己的钱投资在没有把握的股票上，他会仔细研究企业价值，全面了解企业，做出最终的决定。他从来不看K线图，办公室甚至连台电脑都没有。所以，投资者一定不要执迷于历史统计数据，只能是白白浪费时间。

想要战胜市场，先战胜自己

【巴菲特微语录】

思考在我决定采取什么行动时扮演着重要的角色，行动也在不断地为我的思考方面作出巨大贡献。思考和行动，在我的哲学、金融投资、生活方面都打下了深深的烙印。

——巴菲特投资语录

【活学活用】

你对历史会重演保持过怀疑的态度吗？你相信将来是过去的翻版吗？股市的历史的确是会重演的，美国华尔街的两次股灾就证明了这个问题。

美国华尔街两次股灾惊人的相似。1929年10月29日，美国股市大崩盘；

1987年10月19日，美国股市又一次暴跌。这两次暴跌，在发生的季节、时间间隔和价格形态上都有着惊人的相似性。

股市历史经常会以改头换面的方式重演，因此许多股民不能正确地予以识别，一次又一次地与股市良机失之交臂，或一次又一次地被股市戏弄而套牢。

股市是按照人性的弱点来设计的，人性弱点是很难改变的，所以股市历史会重演。人们只要善于学习调研，努力克服战胜自身的弱点，就很有希望在股市中脱颖而出。

作为华尔街的股神，巴菲特并非每次投资都是那么的坚决果断，他偶尔也会有迟疑的时候。那是在1969年，当时阿姆斯特朗把星条旗插上了月球，整个美国社会情绪极佳，经济增长率出奇的高，股市极其繁荣。巴菲特合伙公司1968年获得了成立以来的最佳业绩：效益比前一年上升了59%，而同期道琼斯指数只上升了9%。在一些大公司的推动下，市场出现了一波又一波的兼并浪潮。一些大公司四处扩张，而另一些公司则处心积虑，利用兼并一些低市盈率的公司来制造每股赢利大幅增长的假象。投资大众被这些假象所蒙蔽，不断推高股价。虽然巴菲特声明不会预测市场的走势，但是，他在自己办公室的墙上贴满了有关1929年危机的剪报，以时时提醒自己。他预感到，危机早晚要到来。巴菲特告诫自己：股市狂升时要避而远之。平生只服从自己直觉的巴菲特决定清理基金，分配给股东，搞得股东们目瞪口呆。他本人当时已有2 500万美元，但一个子儿不动，静观股市回落，以便抓住商机。

到1970年年初，美国股市开始大幅振荡。接着，华尔街的著名股票一个接一个地猛跌。此时，巴菲特那种天生的猎人本能再次复苏，他投资生涯中更加耀眼的第二幕开始了。他建立起一种新的基金，取名为"伯克希尔"，这是新英格兰一家老纺织公司的名字。当时，老公司早已荡然无存，没有一座工厂，没有一个工人，只留下一块招牌。后来，这家小企业在巴菲特手中成了最负盛名的控股公司，30多年间股价奇迹般地上升了几千倍。

20世纪70年代初，美国股市一片萧条。巴菲特盯上了报刊业，因为他发现拥有一家名牌报刊，就好似拥有了一座收费桥梁，任何过客都必须留下买路钱。他从1973年开始悄悄买进《华盛顿邮报》的股票，这使该报总裁凯瑟琳·格雷厄姆坐卧不安，她搞不清这位神秘人物的真实意图。第二年，凯瑟琳终于见到了这个名为巴菲特的陌生人，她请巴菲特手下留情，不要再买《华盛顿邮报》的股票。巴菲特答应了，但作为交换条件，他从《华盛顿邮报》董事会那里得到一个位子，并和凯瑟琳成了好搭档。他的介入使《华盛顿邮报》利润大增，每年平均增长30%。10年后，巴菲特投入的1 000万美元升值为2亿美元。而今，伯克希尔公司是美国好几家大型跨国公司的主要股东——可口可乐的8%，吉列的8.5%，美国运通的11%，迪斯尼的3%，韦尔斯·法戈的8%，《华盛顿邮报》的17%……到2 000年年底，这些股份的总价值为372亿美元。

巴菲特虽然号称为"股神"，但他是一个凡人，也有着人性的弱点。他的与众不同之处在于，他能很好地克服人类诸如贪婪、恐惧等弱点，他一方面以稳健投资为原则，另一方面决不放过每一次机会，就像一个老练的猎手一样，看准机会主动出击，决不手软，他的投资作风真的让人叹为观止。

不要试图掌握整个市场运行

【巴菲特微语录】

我们既不要试图预测未来可能发生的大事，也不要试图从中获利。只要我们找到和我们过去购买的公司相似的企业，外部的意外事件将对我们的长期结果产生极小的影响。

——巴菲特在伯克希尔年报的论述（2001）

【活学活用】

凯恩斯曾说过："不要试图把握整个市场的运行，应该努力找出你理解的公司，然后仅关注这些公司。"股票市场太大，你想把整个股市都弄得明明白白，把影响股市的各种因素都清理出来，掌握其中的规律，是不可能的事情。股市充满变数，任何企业的获利或不利的消息都可能改变股市，任何一个主力的进出，都会让一只股票上涨或下跌，突然出台的政策也会在股市中出现反应，经济危机下更会波及股市的发展，还有人的难以捉摸的心态，也在无形中操控着股市的起落。这些因素都是变化不定的，所以，不要企图去全部弄清这个市场。另外，也没有必要把整个市场运行都理顺，任何人都不可能懂得所有行业，也不可能投资所有的股票。所以，只要在自己能力范围内，找到自己熟悉的行业，挑选几支较有发展潜力的股票就可以了。

我们有很多投资者，看到股市上有那么多的上市公司，眼花了，心乱了，举棋不定，不知道自己该投资哪只股票才能赚钱，于是，先花大把的时间了解股票市场的运行，关注各种影响股票上涨或下跌的因素，据此估摸未来可能发生的事情，思考投资哪些股票比较好，这样才放心地投资自己认为安全的股票。然而，市场是变化的，是无情的，是不可预测的。结果会因为预测失败而惨遭损失。

其实，投资股市要抓住关键，不要抓得太多。巴菲特曾指出，当我们发现一家自己比较喜欢，也值得投资的公司时，我们只是通过公司和公司之间的比较来作出决策，并不考虑宏观经济因素。也就是说社会上的失业率、利率和经济运行的未来两年是否良好，我们并不关注，我们在买入时，只关注该公司的价格是否合适，其管理层是否值得信赖，巴菲特从不关注国会任何信息，因为这些信息对投资决策没有任何裨益。

的确，巴菲特没有预测过越南战争的爆发，没有预测物价和工资的调控，没有预测两大石油危机，但这些，并没有阻止巴菲特投资业绩的大幅上涨。

他说："任何重磅炸弹似的事件，都没有在本·格雷厄姆的投资原则中留下任何痕迹，它们对我们低价买入良好公司没有任何不利影响。如果我们被这些不可知的恐惧绊住手脚，甚至改变资金使用方向，那么，我们可能付出更大的代价。"

巴菲特在实践操作中也体现了这一点。比如，在美国运通受骗危机发生以后，他坚信自己对运通公司投资价值的判断，坚定执行选择性反向投资策略，漂亮地大肆介入运通，不仅帮助运通渡过难关，更让自己在运通股票上大赚特赚。

也许一些外在的因素会短时间影响到股票价格，但好的公司具有顽强的生命力，它会摆脱各方面的压力不断成长，只要我们找到了值得信赖的公司，只要这家公司不断升值，那么，我们就不必考虑太多市场的不可预测的变化。所以，投资者要相信意外事件并不能改变公司本身的价值，公司一切都没有变，变化的仅仅是短期价格。随着时间的推移、事件的过去，原本的价格——反映公司真实价值的——一定会恢复。当然，这种做法更适合于长期投资者。

如果你是短期投资者，可能受股市影响更大，就要关注这些宏观经济政策，意外事件等，但这些事情又往往出乎我们意料，甚至无法预测，这从另一个方面说明了短期投资存在巨大风险。

第16章 紧随时代发展，学习投资新方法

中小型企业也可以投资

【巴菲特微语录】

我们不在乎企业的规模是大型、中型、小型还是微型。企业规模有多大无关紧要，真正重要的因素是，我们对企业、对生意了解多少，我们是否看好该企业的管理者，产品的卖价是否具有竞争力。

——巴菲特在佛罗里达大学商学院的演讲（1998）

【活学活用】

我们都有这样一个印象，越是规模大的企业，发展潜力一定会大，一定会发展得更为长久，因为它们有实力。同样，对于一些投资大户，他们在选择投资对象时，也面临这样一个投资对象规模的问题。比如，像巴菲特这种拥有几十亿甚至上百亿现金的投资者，他们在进行投资时，常常会遇到这样一个思维困境，好像因为他们拥有大量的现金，应该专注投资大型公司，没有必要对中小型公司浪费时间。为什么会这样呢？打个比方，如果你拥有100亿美元，想用

其中5%的资金购买市值有10亿美元的小公司，然后，再用5%的资金买入一家市值为5美元的公司。他们需要花费同样的时间，几周，甚至几年。所以，他们更愿意投资大型公司。

虽然在实际过程中，巴菲特不轻易购买中小型公司股票，他认为在小公司没法购买足够数量的股票，使股票收益充分显露在伯克希尔的收益表中。但是，这并不代表他完全不在乎中小型企业。

如果他发现小公司非常优秀时，会立刻出手购买。比如，1971年的某一天，他的妻子买回"莱格斯"牌紧身衣，他就发现了一桩大有赚头的买卖。在他的组织下，公司立刻购买了生产该紧身衣的汉斯公司股票，不久，股票价格竟升到原来价格的6倍。

由此可见，巴菲特在选择公司时，不考虑其规模是否足够大。他选择一个企业，更重要的是看它是否具有发展潜力，其产品是否具有竞争力，以及其管理层怎样，关注保障企业正常发展的实质性问题。巴菲特认为，值得投资的企业有共同的几个特点：工作范围在自己熟悉的能力圈内、竞争力良好、管理层诚实而能干。除此之外，企业是否具有足够规模，不用过多考虑。

在巴菲特的投资生涯中，有很多成功收购中小型公司的例子。比如，他曾经收购了只有20万平方英尺的家具商店。1937年，罗斯·布兰肯女士投资500美元创办了这家家具店，因为管理完善，且坚持"价格便宜、实话实说"的经营策略，生意越做越红火，年销售额达到了1亿美元。1983年，巴菲特购买了该家具店80%的股票，其余20%留给布兰肯家族。

另外，还有最著名的对喜斯糖果店的收购。喜斯糖果店出售用自家配方制作的巧克力。1972年巴菲特用2 500万美元收购了这家店，从1972年到1999年，这家小小的糖果店已经为巴菲特赢得了8.57亿美元的税前利润。到1999年，喜斯的税前利润达到了7 300万美元，创下了极高的纪录。

由此可见，规模大不一定实力强。中国也有很多著名的以少胜多的战役。企业即便规模大，如果内部管理不善，发展不和谐，也无法有乐观的胜利把握。想要购买企业股票，要综合考虑企业的管理、产品等各个方面，看它到底有没有投资价值。我们可以多关注中小企业，发现那些有良好前景的公司，提前下手，购入股票，长期持有，很可能某一天就获得丰厚回报。

放眼关注国际性公司

【巴菲特微语录】

对于美国以外的任何国家的公司，采取大型并购活动的可能性相对较小，我很可能在中国或印度这些国家并购一些小公司，但不排除并购大型公司的可能。

——巴菲特致股东函（2008）

【活学活用】

全球化经济大发展的局面，让巴菲特开始关注世界，他发现值得投资的美国公司已经很少，而美国未来的经济情况和贸易政策，很可能拖垮美元。巴菲特不再安于投资美国本土内的公司了，他开始走出国门，去寻找更多更好的适合投资的公司。

早在1990年，巴菲特就开始着手投资外国公司。他以3亿美元的价格购入了尼斯PLC公司的3 100万股票。2002年和2003年，巴菲特以4.88亿美元购入中石油1.3%的股份，当时，中石油的市值大约为370亿美元，后来，中石油市值猛涨到2 750亿美元，此时，巴菲特全部售出手中股票，大赚了一笔，还躲避了即将到来的经济危机。

2006年，巴菲特用40亿美元收购以色列伊斯卡尔金属制品公司80%的股权，这是巴菲特海外投资计划的第一步，伊斯卡尔也成为巴菲特首家海外营运的公司。

2008年，巴菲特在中国做了又一件轰动的事情，他以每股8港元的价格购买了2.25亿股比亚迪股份，默默无闻的比亚迪，一夜之间家喻户晓，它的股票也大幅上涨。

2010年，巴菲特以13亿瑞郎购买瑞士再保险旗下的美国人寿再保险部分业务。当年，巴菲特旗下伯克希尔·哈撒韦公司斥资1 100万美元在印度建立一家全资子公司，并将获得来自印度保险业监管机构的经营许可，进军印度的汽车保险业。

巴菲特近些年的一系列活动，让我们看到了他走出去投资世界企业的思想。巴菲特的谨慎态度依然如故，在外投资数目还不是很多，金额也不是很大。对外投资毕竟还是面临一些困难的。

首先，各个国家会计标准不同；其次，各个国家货币之间的汇率也不确定；再次，距离远，投资者和企业管理者交流不便；最后，各国的政治、社会和经济背景不同，难以估算公司的预期收益。

虽然投资国际公司面临着文化、制度、标准等方面的障碍，但巴菲特还是在逐渐迈向国际市场，着力避免美元贬值造成的损失。

巴菲特的国际投资之行也启发我们，未来世界各国的经济发展联系将会越来越紧密，所以，投资者不妨多了解一下国际行情、国际规则，以及各个国家的社会环境、会计准则等。在此基础上，长期观察各个国家大型公司，为投资国际公司做准备。

寻找具有特许经营权的企业

【巴菲特微语录】

因为特定的产品或服务，一家企业可以成为特许企业，从而赚取更高的资本回报率。另外，更为重要的是，特许经营权企业通常能够容忍管理上的不当、经理人的无能，虽然，这些可能降低获利能力，但是总不会造成致命伤害。

——巴菲特致股东函（1991）

【活学活用】

巴菲特认为，每当股市暴跌时，投资者更容易发现过去曾经错失的投资良机。每当这时，股民应该特别去优先考虑投资那些具有特许经营权的企业股票。通常，具有特许经营权的企业和行业具有以下特点：第一，确实有行业成长或需求；第二，找不到其他类似的替代品；第三，不受价格上的管制。

这样的企业到底有哪些投资优势呢？这样的企业能够主动为产品或服务制

定价格，即便提高产品或服务价格，也不会担心市场份额减少。另外，这样的企业有固定的消费群，不用担心市场，所以，能够更容易地赚取更高的资本报酬率。如果这样的公司管理层能力不够，经营业绩下降，也不至于造成对企业的致命伤害。比如，媒体行业中各个地方的报纸、各个区域的报纸都有不可替代性，具有特许经营权。

还比如，美国可口可乐公司，该公司在保罗·奥斯丁的领导下，进行了一系列不合理的投资和管理行为，结果产生了一大堆麻烦。尽管当时公司的资本收益率还能保持在20%以上，但股票市值的年平均增长率却大大低于标准普尔指数的平均增长速度。如果换作其他没有特许经营权的企业，可口可乐公司早就倒闭了，正是因为它拥有特许经营权，同类企业无法和它竞争，才让它躲过这场灾难。可见，投资这样的企业风险小，还能获得较好的收益。

那么，怎么判断哪些股票是具有特许经营权的呢？其实，巴菲特也说，有很多企业都是介于具备特许经营权和不具备特许经营权两者之间。既有一点儿，又不全是。巴菲特曾经说过："对一家企业的特许经营权的真正检验方法是，如果你给我10亿美元，再配备全美国最出色的50位企业经理，我绝对可以建立一家杰出的企业。但是，如果你是让我去击败华盛顿邮报，我会把10亿美元还给你。然而，如果你让我用相同的金额去削弱奥马哈银行的赢利或市场份额，我想我可以做到。也许我不能完全让你满意，但我肯定会给他们带来很多麻烦。在以上这些情况下，检验这些企业的竞争实力的方法，就是让企业的竞争对手使用各种手段，甚至不惜以牺牲自身赢利为代价去攻击企业，看看能给企业带来多大的打击，是否能够把企业打倒。"

巴菲特向来比较喜欢投资媒体行业，原因是这些行业具有上述特许经营权企业的三大特征，并且能够自己制定高价，还能容忍宽松的管理。当然，随着媒体行业的大发展，这些优势在逐渐弱化。

总之，对于那些少数具有特许经营权的企业，其产品具有不可替代的优势，同时，政府方面还没有价格管制。这样的企业更容易获利，赚钱更可靠，所以，值得投资者去考虑。

依据财务准则评估企业价值

【巴菲特微语录】

我们不赞成对每股盈余过多关注，虽然1979年我们可用的资金又增加了很多，但运营的业绩却反倒不如上一年。所以，我们判断一家公司是否经营得好，主要根据股东的权益回报率，而不是每股盈余是否成长。

——巴菲特致股东函（1979）

【活学活用】

巴菲特之所以能够长期在股市上取得成功，很关键的因素就是他没有把自己看成是一个投资者，而把自己当做目标投资对象的经营者。在研究某家企业的时候，他不看重企业每年的经营业绩，更重视该企业在之后五六年的平均经营业绩。他认为企业每年的经营情况都是有波动的，只有看其平均发展情况，才更加客观和准确。

为此，巴菲特一直遵循以下几个财务准则来评估企业价值。

第一，重视现金流不如重视股东收益。

每个投资者都应该明白，会计上的每股盈余只是评估企业经济价值的最初阶段。巴菲特认为，并不是企业的每股盈余都代表相同的意义。比如，那些必须依赖高资产才能获利的企业，在面临通货膨胀时，它的一大部分盈余都会瞬间消失。所以，会计盈余只有分析师估计现金流量的时候才会用到。

现金流量也不是评估企业价值的最佳工具。因为其应用还带有一定的局限性。比如一些需要不断支出大量资金的制造业，现金流量比较少，如果单单凭借现金流量来评估就不太合适。现金流量只适合于那些最初需要投入大量资金，随后只有小幅支出的企业。

其实，对巴菲特来讲，股东盈余没有非常精确的计算方法，它只是一个概数，是企业的净得加上折旧、耗损、分期偿还的费用，再减去资本支出以及其他额外支出的一个粗略数字。但虽然不会太精确，但巴菲特也强调要做得足够细致，越趋于准确，判断得越准确。

第二，不必重视每股收益，应该重视股东权益回报率。

有很多股票分析师喜欢通过分析每股盈余来评估企业每年的业绩，判断其经营状况，研究企业价值。他们一看到今年的每股收益比去年增长了一点，就肯定企业一定获得了丰厚的回报。但巴菲特不这么认为，他认为每股收益并不是衡量企业经营的标准，因为每股盈余很可能会被会计操纵而变得不实。所以，我们应该更多地关注股东收益回报率。通常成熟的企业都有机会把大部分的盈余以高回报率再投资。这样虽然本年度每股收益减少了，但是真正的回报率反而上升了。比如，企业股东的权益回报率达到20%，那么，可以提供高于一般股票或债券一倍的收益，也可以通过再投资，让我们有机会获得源源不断的20%的回报。所以，着眼股东权益回报率才是公司经营业绩最根本的衡量标准。

第三，保留盈余转化情况。

巴菲特认为，保留盈余就像股价一样，虽然在短期内会有波动，甚至看上去远远背离企业的价值波动，但从长期来看，其整体的波动情况还是和企业的价值发展情况基本吻合的。因此，巴菲特说："我们首先要做的工作，就是挑选那些具有能够把每一美元的保留盈余都能转化为至少一美元市值的具有发展潜力的公司。"可见，看保留盈余的转化情况非常重要，如果一个企业不能把保留盈余有效运用起来，那么，长期积累的结果就是企业最终无法在股市中获得满意的成绩。反之，如果企业能将保留盈余创造更高水平的回报，那么，企业在股市中的情况就会非常乐观。

第四，重视运营成本。

巴菲特非常关注企业的运营成本，他向来很反感那些不断浪费成本的经营者。巴菲特认为一个优秀的企业管理者是在随时随地地削减开支，即便企业很困难，管理者有这样的习惯，也不至于立刻致命。

富国银行处于混乱时期，卡尔·理查德临危受命，他从来不怀疑富国银行的实力。他认为想要富国银行重新崛起，不在于有多少时髦的战略，最为紧要的是应该清除100多年来管理不严、成本过高的痼疾。听到理查德的这番话，巴菲特迅速行动起来，增持了富国银行的股票，后来，果然在经过理查德一系列的节约成本措施后，富国银行逐渐恢复了活力。

巴菲特对于那些大声宣布要削减开支的企业不屑一顾，他认为企业管理者应该每天都在做着节约成本的事情，而不是靠某一段时间的行动临时削减开支。这说明节约成本还没有深入管理者的脑袋。所以，他会慎重考虑这些企业。

总之，投资者在从事投资活动时，应该牢牢遵循上边的原则，收集尽可能多的信息，进行细致的甄选、研究，找到真正的潜力股。

慎重选投高科技股票

【巴菲特微语录】

虽然，我承认高科技产品和服务改变了整个社会，但问题是——就算我们想破头，也没有办法分辨出在这么多的高科技公司中，有哪个企业能够拥有长期的竞争优势。

——巴菲特致股东函（1999）

【活学活用】

巴菲特曾多次公开承认他对分析高科技股票并不在行，很少购买高科技股票。巴菲特对于电脑科技公司所抱持的态度，是和外太空航行一样的："我们很尊敬、支持和感谢这些伟大的人物，但我们却不想亲自去尝试。"

在1998年的股票市场上，人们都在热议高科技股，特别是网络公司的股票更是高潮迭起。但是，伯克希尔公司的股东大会上，当有人讨论到是否考虑购买科技股时，巴菲特是这样回答的："这也许很不幸，但我的答案的确是'不'。我本人虽然很崇拜安迪·格鲁夫和比尔·盖茨，但我不愿意冒险购买英特尔和微软的股票。因为，我无法知道，这两家公司10年后会是什么样子。我不想玩这种别人拥有优势的游戏。我可以多思考下一年的科技发展情况，但不会成为分析这类企业的专家。即便很多人都会分析科技公司，但我不行。"

并且，在会上他还曾直接说："如果你花钱买入这些网络公司的股票，你并不是在投资，而是投机。"

早在2001年，巴菲特就曾预言技术网络泡沫将会破裂。果然，从2002年第二季度开始，美国纳斯达克指数就持续下跌，从原来的5 000点一直跌破2 000点，原来市值100多美元的股票跌到不到1美元甚至被摘牌，许多华尔街的投资商身价一落千丈。而巴菲特公司却没有因此受损，公司走了一个完美的U形，又回到了两年前的水平。

因此，巴菲特的投资理论又重新被人们所关注。在2003年致股东函中，巴菲特对网络股又做了这样的总结："不管这个领域意味着多么光明远大的前景，只要现在或几年内它没有创造价值，那么，它的价值就在收缩，而非价值再创造。所以，从现在看来，泡沫的成因在于人们过度在意首次公开上市，却忽略了上市后企业的业绩。"

的确，高科技股票并非像零售业或旅馆业那样，能够让股民看到它慢慢进入市场，在竞争中稳步上升的路径。对于科技行业的公司而言，只要哪天研发出了其他公司没有的高科技产品，那么，即便再名不见经传的企业可能也会瞬间成为伟大的企业。同样，如果大型科技公司缺乏足够的创新力，特别是没有持续的创新力，它很可能被后来居上者赶出市场。所以，这类企业的不可预测性非常大。巴菲特曾调侃说："谁都无法担保，会不会哪天早上醒来，世界上又出现一个盖茨式的人物，在自家的地下室玩电脑玩出了名堂，一夜之间把你击败。"的确，这个行业的竞争规则具有很强的不确定性，所以，投资这样的公司，存在很大风险。

巴菲特几十年的投资经验告诉我们，对于自己无法把握的高科技股票最好远离，因为我们首要的目的是投资赚钱，对于有太多风险的企业，我们就应该理性地放弃。

寻找重大利好信息

　　寻找到了好股票还只是成功投资的第一步，如果没有掌握好买卖时机，也会错过赚钱的大好机会。所以，巴菲特一再强调，要以合理的价格买入。有些股票虽然很好，但它的价值已经被极大地高估了，股票价格远远高于其自身价值，此时购买，你就很难赚钱，甚至一直亏损被套。即便企业发展得好，你也要等到几年后甚至十几年才能获得微薄收益，大大降低了资金的使用率。

　　另外，卖出过早或过晚都会多少给投资带去损失，怎样恰到好处地让自己的股票卖个好价钱，这是一门学问，基本原则是一定要保住本金。

第17章　适时买入股票很重要

根据市场波动顺势购买

【巴菲特微语录】

市场是非理性的，我就利用市场的非理性，寻找那些价值被低估的股票，等到价值相对被高估时再卖出，然后耐心等待和寻找下一支被低估价值的股票。

——巴菲特投资语录

【活学活用】

对于绝大多数小额股票投资者而言，操纵股市基本谈不上，要想在变幻莫测的股市战场上获得收益，只能跟随股价走势，采用顺势投资法。当整个股市大势向上时，以做多头或买进股票持有为宜；而股市不灵或股价趋势向下时，则以卖出手中持股而拥有现金以待时机较佳。这种跟着大势走的投资方法，似乎已成为小额投资者公认的"法则"。顺势投资，不仅可以达到事半功倍的效果，而且获利的几率也比较高；反之，如果逆势操作，即使财力极其庞大，也可能会得不偿失。

当然，这并不意味着跟风，投资股票成功的关键在于不被市场的短期波动所迷惑，心中清楚整个经济大势的走向。投资要确保两个前提：一是涨跌趋势必须明确；二是必须能够及早确认趋势。

如果政府设定的经济预警指数已经向下反转，同时通货膨胀和利率同时攀升，那么，投资者就应该得到一个清晰的指向，那就是经济萧条正在来临。这对股票市场来说不是一个利好消息，这时是投资者卖出股票的最好时机。在经济萧条的末期，投资者可以把卖股票赚来的钱重新以较低的价格买回来。如果投资者到退休还有10年或更长的时间，或许愿意投资那些规模相对较小，但从长远来看有高成长潜力的公司。投资这种类型公司能否成功，取决于投资者是否有足够的时间和耐性等待它们为自己创造丰厚利润。如果投资者做股票投资时持更加保守和谨慎的态度，那么，购买那些更加安全的"蓝筹股"吧。如果上市公司已经存续多年，那么当投资者退休时，它仍然生机盎然、活灵活现地存在于市场，这时，投资者无论是冒险还是保守，对该股票的买卖策略都应不变。

巴菲特认为，在股票市场大赚其钱的投资者，往往是那些比别人先行一步愿意花时间对潜在公司进行深入了解的人。当别人纷纷抛售时，他们却坚定信心买进股票。如果有必要的话，他们甚至准备好在2~3年甚至更长时间内持有股票，直到投资者蜂拥而入将该股票价格拉上来为止。对于那些成长型公司来说，不管经济形势发生了什么变化，它们都必须年复一年、季复一季地将其收益率稳定保持在15%或更高的水平上，以满足投资分析家的期望，并随之提高其股票的价格。

那么在股市中，到底有哪些蛛丝马迹能够帮助我们投资者进行科学准确的判断呢？就多头市场而言，其征兆主要有：

（1）不利消息（甚至亏损之类的消息）出现时，股价下跌。当有坏消息传来时，由于人的本性，通常股价下跌得比消息本身还糟糕，这正是买进的良好时机。

（2）有利消息见报时，股价大涨。

（3）除息除权股，很快做填息反映。

（4）行情上升，成交量趋于活跃。股市下跌一段时间后，长期处于低潮阶段，但已无太大下跌之势。此时成交量突然增加，是逢低买进的最好时段。

（5）各种股票轮流跳动，形成向上比价的情形。

（6）投资者开始重视纯益、股利，开始计算本益比、本利比等。

（7）股市处于盘整阶段。不少股票均有明显的高档压力点及低档支撑点可寻求，在股价不能突破支撑线时购进，在压力线价位卖出，可赚短线之利。

（8）企业投入大量资金用于扩大规模。这样企业利润下降，同时项目建设中不可避免地会有问题发生，从而导致很多投资者对该股票兴趣减弱，股价下跌，这也是购进这一股票的良好时机。

（9）资本密集型企业。这类企业采用了先进生产技术，生产率大大提高，从而利润大大提高，这时，是买入该上市股票的有效时机。

当然，顺势投资法也并不能确保投资者时时都能赚钱。比如股价走势被确认为涨势，但已到回头边缘，此时若买进，极可能抢到高位，接到最后一棒，股价立即产生反转，使投资者蒙受损失。又如，股价走势被断定属于落势时，也可能是回升的边缘，若在这个时候卖出，很可能卖到最低价，懊悔莫及。所以，投资者在投资前，还需要给自己留条退路，不要把所有的资金全投入到股市中，以免损失过大，影响正常生活。

投资暂时陷入危机的企业

【巴菲特微语录】

巨大的投资机会来自于优秀的公司被特殊的环境困扰，这时，这些优秀公司的股票常常被错误地低估……对于我们投资者来说，这是最好的投资机会，当他们需要进行手术治疗时，我们就买入。

——巴菲特投资语录

【活学活用】

巴菲特惯用的寻找投资好机会的手法就是，在一些优秀的公司受到暂时的负面消息的影响或暂时出现危机导致股票价值被低估，从而在这个时候出手买入。这时，危机反映在股市上通常都会被放大好几倍，股价会变得非常便宜。

但买入这种股票的前提是你对企业能够渡过难关有充分的把握。正因为巴菲特对危机中的企业有深度的了解，所以在别人都惊慌失措、争先恐后地抛售股票时，巴菲特将其看做捡便宜、用更低的价格买入股票的好机会。运通公司股票就是巴菲特用此方法买入的三支著名的股票之一。

美国运通公司是一家主要经营信用卡和旅行者支票的服务公司。该公司是一家绝对符合潮流的公司，它的所有服务产品都能恰当地代表着现代生活的成就。它的全球性旅行和金融服务网络被所有经常旅行的人所熟知。到1960年，仅美国就有1 000万公众持有运通信用卡。然而，1963年初发生的"色拉油事件"给运通公司财产造成了重大损失，同时对其股价也造成了重大打击。

当时，公司在新泽西的一家仓库接收了联合精炼公司运来的一批罐装"色拉油"，仓库方给联合公司开具了收据，而后联合公司以此收据作为抵押品取得了贷款。后来联合公司宣告破产，债权人开始用抵押凭证向运通公司追索货物，结果发现油罐里装的大部分是海水而非色拉油。由于运通公司对此开具的是色拉油的收据，在联合公司破产后运通公司就成了被追索赔偿的对象。尽管运通公司在这次事件中属于被欺骗者，但最终公司为了维护公众的信任还是承担了这一责任。在这次事件中，运通公司损失了6 000万美元。消息传出后，公司股票价格很快就从每股60美元跌至每股35美元。

巴菲特分析后认为，首先，这是一次意外事件，它只会短期内对公司的财产构成一定损失，该公司的信用卡和旅行支票等核心业务仍具有"消费独占"的地位。其次，从长期来看，这不会对公司造成严重伤害，并且其股价的下跌幅度已远远超过公司在这次事件中所蒙受的损失程度。投资者若这时买入运通公司的股票，失去的只是当期的分红收益，而省下来的却是几倍于此的购买成本。对运通公司青睐已久的巴菲特当然不会放过这样的机会，他用1 400万美元购买了美国运通公司5％的股份，这一投资金额占了当时巴菲特合伙公司总资产的40％。风波过去2年之后，运通公司股价大幅回升，巴菲特卖出了持股，获得了2 000万美元的利润。

那么，我们投资者可以使用哪些技巧发现价值被低估的企业呢？

以下是检验被低估股票的9大标准，如果企业符合7个，那么，该公司的股票就是被低估了，而且处于相当的安全边际中。

（1）获利在过去的10年中有2年减少不超过5%。

（2）股价等于每股有形账面资产价值的2/3。

（3）股价等于净流动资产或净速动清算价值的2/3。

（4）总负债低于有形资产价值。

（5）总负债等于或低于净速动清算价值。

（6）现在的本益比是过去5年最高本益比的4/10。

（7）获利/股价比是一般AAA级公司债值比率的2倍。

（8）流动比率在2以上，这项可以衡量一个公司流动性或企业收入中清偿债务能力。

（9）股息值利率应该是AAA级公司债的2/3（未发放股息或没有收益的公司除外）。

当然，股市瞬息万变，这9大标准也是作为参考，不能教条化，在考虑这些因素的同时，投资者要学会变通地使用。

金融危机下买股求稳

【巴菲特微语录】

市场狂跌是以较大的安全边际买入股票的最好时机。

——巴菲特投资语录

【活学活用】

2008年爆发的金融危机，导致整个金融市场一片萧条，这种危机给整个经济体系的影响至今还没有停止，股市更是处于低迷状态。但是，巴菲特却认为，危急时刻是购买股票的最佳时机。

1973~1974年间，美国出现经济大萧条，巴菲特的伯克希尔公司在此时疯狂买入大量股票。当时的联合出版公司，以10美元每股上市，但一个月后就跌到了每股7.5美元，低于市场盈率5倍，这让准备投资买入该公司股票的人开始怀疑和犹豫了起来。而巴菲特详细调查了该公司，他了解了公司的内在价值，认为公司被严重低估。等到1973年，该公司股票内赢利率增长了40%。1974年初，巴菲特开始买入该公司股票，并且连续买进。最终，他也从中收获了丰厚的回报。巴菲特认为坏消息是一个投资者最好的朋友，因为它能使你以低价购买股市的一部分未来。

当然，虽然金融危机下可能会有更多的股票被低估，但通过巴菲特的投资组合分析，我们也应该在这样的环境中，更加注重投资的稳妥性。

从2009年第三季度开始，巴菲特减持康菲石油706万股，股份减持比例为11%。后续又连续减持三个季度，最终减持28%以上。与此同时，巴菲特买入埃克森美孚128万股，季末市值高达0.88亿美元。

另外，巴菲特在行业配置上，增持了他擅长的消费股，减持了成本较高的工业股。他认为消费股成本低，有较大的赢利空间，不至于资金链断裂。所以2008年时，巴菲特大量买入卡夫食品公司股份。从2009年的第三个季度开始，他大幅增持沃尔玛1789万股，增持比例近90%。同时，又买入雀巢食品340万股。这些重大行动，表明巴菲特致力于保持稳定性，提高抗通胀能力。

巴菲特在工业持股上，先是全部清仓了伊顿公司，因为美国经济难以短期大幅反弹，电力行业发展前景不稳定。后来，巴菲特又清仓以汽车控制系统业务为主的威伯科公司270万股。该公司在经济危机后，业绩持续下滑。

金融危机下，巴菲特在买入、增持、减持等方面没有大动作，有时候只是微调，整体上处于静观其变状态。

可见，即便遭遇金融危机，投资者也要保持清醒头脑，要抓住那些价值被低估的企业，慎重买入，不要盲目地认为金融危机下，所有的股票价格下跌了都可以买入。其实，买入价值被低估的股票才是王道。而有些股票本身就被高估了，其股价下跌，也没有低于其价值。

价格足够吸引人时买入

【巴菲特微语录】

我们在投资股票时最好的做法是，能够用合理的价格买到足够吸引人的企业，同时，这也需要温和的股票市场加以配合。对于投资者来说，如果买入股票价格过高，这必然会把该家企业，即便是最优秀的企业未来10年的发展所带来的正面效应都抵消掉。

——巴菲特致股东函（1982）

【活学活用】

巴菲特向来喜欢在别人恐惧时贪婪买入股票，因为这个时候，他常常能够发现很吸引人的股票价格。巴菲特认为，投资者的买价决定投资回报率的高低，所以，在购买股票时，一定要注重价格高低。

但是，现在有很多投资者，常常将买什么和用多少价钱买入混为一谈。比如，当他们看到不错的公司时，就盲目地买进，即便价格很高，他们也认为该公司发展这么好，一定不会亏本的。殊不知，公司发展得即便再好，如果其目前的股票价格已经远远被人们高估，价格已经高于其本身价值很多，那么，逢高买入的人，必然会遭遇逢低卖出，而自己的钱财则成了判断失误的牺牲品。所以，买入的公司好不好和买入的价格不是一回事。

企业的好坏决定了其未来是否有发展潜力，是否会有退市的危险，这是投资股票首先应该考虑到的问题，只有那些具有良好发展潜力，管理一流的公司，才能更好地向前发展。就如巴菲特成功购买了可口可乐公司的股票，而可口可乐公司历经数十年，依然以蓬勃的势头向前发展，它的股票价格也还在持续攀升。如果我们发现像可口可乐这样的好公司，就应该将其列入投资目标的候选名单中。当然，这还不够，在选择好公司之后，要研究公司目前的股票价格。股票的价格并非始终与股票价值保持一致。有时候，人们对某公司的股票过于乐观，高估了该公司的股票，就导致其价格远远高于其本身价值。也有时候，比如在金融危机中，经济低迷，股市惨淡，这时候因为人们情绪悲观，企业的股票价值也往往被低估，出现股票价格低于价值的情况。所以，投资者要在这些候选企业的名单中，逐一观察股票价格是否足够低，这个足够低的界点就是低于股票价值。这样，购买股票后，其才会有升值的空间，投资人才能从中受益。

价格越低的股票，特别是价格低于价值的股票，具有非常大的安全边际，能够抵抗住更大的金融风险。当然，如果发现这些候选公司中没有比较合适的股票，也不要急于买入，要保证自己手中有足够的资金，为未来投资做好准备。

通常情况下，在股市上涨的时候，越早买入，越容易赚钱，但上涨时，也要逐渐减持，以免股票下跌，造成损失；而股市下跌的时候，越早买入越赔钱，但如果你想长期持有，那么，在股市低迷时以较低的价格买入，股票未来升值空间会更大。

股票能对抗通货膨胀的损失

【巴菲特微语录】

股票可能是在通货膨胀时期，那些可供选择的少得可怜的投资对象中最好的选择，至少如果你能以合理的价格买入，它们会是很好的投资对象。

——巴菲特致股东函（1982）

【活学活用】

目前，我国通货膨胀的压力已经成为市场关注的焦点话题之一，在近期股指大涨大跌的震荡市中，作为投资大师的巴菲特会怎样应对呢？

巴菲特一直认为通货膨胀是影响公司赢利的最大敌人，所以，他所投资的企业都是一些抗通胀能力比较强的企业。比如一些轻资产公司，有形资产少，赢利能力强。当通胀危机来临时，这样的公司只需要增加少量的有形资产投入，就可以扩大生产规模获得更高的赢利。而那些有很多有形资产的公司，比如钢铁公司，如果也想扩大规模，就需要投入更多的有形资产，这样成本提高，赢利能力下降，反倒受损更严重。

巴菲特在这次金融危机后，趁银行业股票低迷时，增持了富国银行近30亿美元的股票，增持美国合众银行14亿美元的股票，还买入卡夫公司股票41亿美元，同时买进欧洲最大制药公司葛兰素史克股票0.76亿美元，增持法国最大药厂赛诺菲安万特公司股票14亿美元，买入铁路公司柏灵顿方圣大非公司47亿美元的股票。

巴菲特的行动给了我们启发，我们也应该关注这些行业：银行业、消费品业、医药业和交通运输行业。

首先，银行业。只要管理得好，银行抗通胀能力应该较强。特别是在中国，银行业倒闭的可能性为零。人们对银行有很大的信心，未来市场发展空间广阔。并且，银行有很强的议价能力，其基准贷款利率在目前的通胀水平中，还是有很多企业能够承受得了的。

其次，消费品业。这个行业生产的产品都是人们日常生活中必需的生活用品，随着人们生活水平的提高，消费品市场有很大的发展空间。另外，这类产品成本相对较低，抗通胀能力较强。

再次，医药行业。我国正处在老龄化阶段，医药的需求肯定会逐年增大。

最后，交通运输业。该行业成本较低，但因为国内成品油价格上涨，成本增加较多，所以，其抗通胀能力较国外相对弱一些。

总之，这四个行业的变化相对较少，行业发展比较稳定，如果能够从这些行业中找到几家品牌信誉度比较好且在该行业处在龙头地位的公司，其股票价格也相对较低，那么，我们可以考虑，逢低买入这种公司的股票，就能够保证自己的钱能再生钱，不至于贬值。

购买机会从等待中出现

【巴菲特微语录】

在发现我们喜欢的股票之前，我们会一直等待。我们有十足的把握才会行动，这就是我们的投资风格。

——巴菲特投资语录

【活学活用】

有无数投资者都是带着希望来到股票市场的，他们希望通过自己的聪明才智，实现资本增值。然而，这种主观意识越强烈，越容易忽略股票市场的动荡变化，陷入股灾之中。其实，市场才是行情变化的主角，而投资者在这里只是一个配角。作为一个配角，应该给自己留足时间和空间去观察主角的变化，然后随机应变，做出合适的举动，让自己获得更好的发展。

当股民要购买股票时，很多人都很盲目，常常是别人说哪些股票正在上涨，就盲目地买入。即便有些人选到了好股票，也因为盲目跟风，逢涨买入，结果亏损或者收益甚微。其实，我们在投资的时候应该学会等待，应该给自己的买入价格设定一个标准，只有到达这个标准时才去购买，否则就再耐心地等，等到股票有合适的价位再去买进。

在这方面，我们可以向巴菲特学习，巴菲特等待可口可乐的合适价格等了10多年；他也曾多次感叹错过了沃尔玛这个好公司，直到最近，沃尔玛的股价下跌，跌到他认可的安全边际中，他才买入。

短暂的成功投资机会需要长期的耐心等待。2000年3月到2002年10月，道琼斯指数暴跌50%，而巴菲特早在1999年就预言科技网络泡沫必然会破裂。虽然股市短短三年时间就跌了一半，按常理，这应该是我们抄底的时候了。但是，巴菲特行为非常慎重，他还在等待，他说他想买的很多股票价格还不是很便宜。

巴菲特在2002年的股东大会上淡定地说："尽管股市连续下跌3年，这让股票越来越有吸引力，但是，我们还是很难找到能够引起我们兴趣的投资目标。因为，这时先前网络泡沫留下来的后遗症，狂欢之后所带来的宿醉到现在仍然没有完全消退……我们非常喜欢投资股票，我是说如果可以以合理的价格进行的话，我在个人61年的投资生涯中有50年以上，都会有这样的机会出现。我想以后还会有更多类似的机会，只不过，除非是我们发现至少可以获得税前10%的回报率时，否则，我们宁可旁观，尽管必须忍耐短期闲置资金不到1%的税后报酬。成功的投资本身就需要等待。"

直到2003年，巴菲特才终于有所行动，大手笔买入中石油股票，最后，的确如他所愿，他在中石油中狠狠地赚了一笔。

这样长时间的等待，不是一般人能做到的。投资者们暂不追求股神那样的定力和耐心，但也应该在买入好公司的时候三思而行。稍等一下，也许会有更好的买入时机。

休息和等待也是一种策略，但执行的人很少。按照巴菲特合伙人查理·芒格的说法："行动是人的天性。"

巴菲特曾教给大家一个办法：用一张考勤卡来约束自己的交易行为。比如，把你一生拥有的投资次数限定在20次，记在一张考勤卡上，每投资一次就意味着少一次更好的投资机会。在这样的规则之下，我们就会更慎重地考虑我们的投资，把钱真正放在值得投资的项目上，这样你的表现会好很多。

如果你并非凤毛麟角的短线高手，那么，在发现市场没有行情或看不清市场方向的时候，休息和等待也是一种投资方式。就像巴菲特所说："股市就是一个再交换中心，资金从积极人士之手流向有耐心之人手中。"

第18章　伺机而动，果断卖出股票

保本投资，设立止损点

【巴菲特微语录】

　　美国投资者不要被股市狂涨冲昏了头脑，股市整体水平偏离内在价值太多。未来不久必然下跌，重新回归到价值附近。

——财富杂志对巴菲特的访问（1999）

【活学活用】

　　即便股市再好，也会有下跌的一天，在股市行情看好的时候，有经验的投资人不会盲目乐观，而是越来越感到危机，越来越慎重。巴菲特在股市不断上涨的时候，常常反其道而行，卖掉自己的股票，静静等待危机的到来。因为他知道此时不抑制住内心的贪婪，恐怕到最后连本都收不回来。

　　作为投资人千万不要有赌博的心理，要给自己留下余地。保本投资法就是一种避免血本无归的操作方法。保本投资的"本"和一般生意场上"本"的概念不一样，并不代表投资人用于购买股票的总金额，而是指不容许亏蚀净尽的数额。用于购买股票的总金额，人人各不相同，即使购买同等数量的同一种股票，不同的投资者所用的资金也大不一样。通过银行融资买进股票的投资者所使用的金额，只有一般投资者所用金额的一半（如美国联邦储备银行规定，从事卖空者在进行交易时需支付当时股票市场价格50%的保证金）；以垫款买进（当然是非法的）的投资者所用的金额，更是远低于一般投资者所用的金额。所以"本"并不是指买进股票的总金额。"不容许亏蚀净尽的数额"则是指投资者心中主观认为在最坏的情况下不愿被损失的那一部分，即所谓损失点的基本金额。

保本投资法的基本假设是：任何人的现金都是有限度的。保本的关键不在于买进而在于卖出的决策。为了作出明智的卖出决策，保本投资者必须首先定出自己心目中的"本"，即不容许亏损净尽的那一部分。

其次，必须确定获利卖出点，最后再确定停止损失点。比如若某股票投资者心目中的"本"定为投资总额的1/2，那么他的获利点即为所持股票市价总值达到最初投资额的150%时，此时该股票投资者可以卖出持股的1/3，先保其本。

然后，再定所剩下的"本"，比如改为20%，即剩下的持股再涨20%时，再予卖掉1/6，将这一部分的"本"也保了下来。以此类推，再定出剩下持有股票的本。

上述获利卖出点的确定是针对行情上涨时所采用的保本投资策略。至于行情下跌时，则要确定停止损失点。停止损失点是指当行情下跌到股票投资者心目中的"本"时，即予卖出以保住最起码的"本"的那一点，如假定某股票投资者确定的"本"是其购买股票金额的80%，那么行情下跌20%时，就是股票投资者采取"停止损失"措施的时候了，即全身而退以免蒙受过多亏损。这就是保本投资法取决于卖出决策的道理所在。

这种方法比较适用于经济景气明朗、股价走势与实质因素显著脱节，以及行情变化怪异难以估量时，操此法进行投资的人，切忌贪得无厌。

抓住最高点的卖出时机

【巴菲特微语录】

当人们对一些大环境的忧虑达到最高点的时候，事实上也就是我们做成交易的时候。恐惧是追赶潮流的大敌，也是注重基本面的财经分析者的密友。

——巴菲特投资语录

【活学活用】

人们购买股票的目的显而易见是为了赚钱，赚的钱当然是越多越好，但是，当自己买入的股票价格一路飙升时，股民的心理喜忧参半，整天担惊受怕，为什么呢？股票越涨，人们就越担心收益亏损。既担心卖出股票过早，少赚钱，又担心卖出时间太晚，造成亏损。人们都在追求估价的最高点，希望自己的股票能够买到最好的价钱。然而，越是有这样的心理，越是容易错过最佳的抛售时机，那么，什么时候是股价最高点呢？

股神巴菲特对占领股价最高点很擅长。1987年10月的一天，美国财政部长在全国电视节目中提出，如果联邦德国不降低利率以刺激经济扩展的话，美国会让美元继续下跌。这一句话掀起惊涛骇浪，到了第二天，华尔街一片压抑景象。纽约股票交易所的道琼斯指数狂跌508点，仅仅6个半小时，5 000亿美元消失，华尔街上一片阴霾。此时，巴菲特以极低的价格疯狂买进他中意的股票，不久，股票上涨，巴菲特见机抛售，最后大赚了一笔。巴菲特总是在关键时刻把握住最佳的卖出时机。

那么，他是怎么做到的呢？巴菲特认为，卖出股票最主要的依据甚至唯一的依据是，当这只股票的增值能力开始下降。也许你会大吃一惊。的确，我们很多人都认为，买卖股票的主要依据是股价涨跌，但巴菲特的确是把股票内在价值的增值能力是否下降作为卖出股票的主要依据。他在判断是否卖出股票时，看这只股票的经营业绩，而不是股票价格本身的高低。

在判断该公司赢利能力是否下降时，巴菲特通常看透明赢利，他认为如果股民能够非常关注每只股票的透明赢利，其将会从中获得很大好处。如果股票的赢利能力在短期内发生了根本性变化，那么就该毫不犹豫地卖掉。但是，赢利能力和股票价格没有必然的联系，有时候，股票下降，公司的赢利能力并没有变化。

比如，巴菲特在美国广播公司被迪士尼公司收购后，发现美国广播公司的规模严重拖累了迪士尼，迪士尼赢利能力在下降，于是，他不得不从1998年开始减持股票，到1999年他几乎卖完了全部的迪士尼股票。

而巴菲特持有的可口可乐公司股票价格也曾经一度出现下跌，但巴菲特并没有卖出股票，他认为，该公司的赢利能力还很强，它完全可以继续稳定地进行下去，将来重新给股东以丰厚回报。果然，不久可口可乐公司股票又回升了。

由此可见，所谓抛售的最高点，即便是巴菲特也没有准确地把握。他总是认为自己不一定能找到极致点，也不需要找到，只要找到次高点或次低点就好了。所以，他更愿意去留意企业的能力，这才是判断是否出售的根本标准。

当然，在短期内，如果想获利就要注意：升幅越大，其调整的幅度也就越大。当大市和个股上升到顶部时，就应该及时抛售，这样能够避免大市和个股见顶回调的风险；同时，当大市和个股调整比较充分之后再入市，投资风险也降低了。当市场冷清时，可以轻松买入好股票，当市场火暴时，果断卖出，赚钱又避免了风险。所以，适可而止，投资者抱着赚点就好的心理更重要。

卖出吸引力低的股票

【巴菲特微语录】

不管你在一笔投资中投入了多少时间、精力和金钱，如果你没有事先确定退出的策略，一切都可能化为乌有。

——巴菲特投资语录

【活学活用】

当巴菲特感觉一些股票的吸引力相对降低时，就会果断地抛售出去。因为他知道只有这样才能不断地优化投资组合，以便用最少的精力赚回最多的钱。要明确投资的目的不是买到全部的价格在增长的股票，而是要合理配置自己的精力和资源，在自己的能力范围内，使回报达到最大化。

那么，在巴菲特眼里，评判股票吸引力降低的标准是什么呢？巴菲特认为，股票是否需要卖出，可以使用"七成五"法则判断。

在一次大型聚会上，巴菲特看了看参加会议的人，估计可能有80人，于是，就对大家说，几天参加会议的人中至少有2个人是同一天生日。大家对他的这一论断表示怀疑，巴菲特又没有调查，怎么敢下这样的结论呢？巴菲特的确没有调查，其实，他也不可能去调查。他之所以这样判断，使用的是概率的知识。根据概率原理，这80人的生日分布在一年365天中，2人以上的生日是同一天的概率高达75%。这就表明，巴菲特说对的可能性是75%，而不成立的可能性只有25%。这就是巴菲特向来喜欢用的"七成五法则"，他几十年的投资生涯中，娴熟地使用这种方法，创造出了巨大的财富。

想要在投资中使用"七成五"法则，关键是要掌握两点：

第一，仔细研究我们自己在整个股票市场中所处的地位。

如果我们股票赢利能力超过75%，是在最前面的25%的人之中，那么，就能保持常胜不败。

第二，不管如何想要获得更多的财富积累，也要注意投资的风险。

凡事不要满打满算，只要能够具备75%的胜算就可以了，如果没有75%的胜算把握，那就要立刻止损。

巴菲特向来主张简单地投资，他常常说投资并非高深莫测的理论，只需要我们所做的事，不超过任何人的能力范围。额外多做工作，也不一定能得到和别人不同的结果。股市中有小资本化、大资本化、动态法、价值法、成长法、主题法、产业循环法等多种投资方法。然而，有时候任何一种方法都没有效果，反倒让自己丧失了判断能力，在犹豫不决中丧失最好的投资和抛售机会。其实，最简单的方法就是给自己限制一个止损度，就像巴菲特那样，胜算把握不能达到75%就立刻抛售出去。

特别是对于喜欢做短线的投资者来说，只要有75%的把握，就能保证稳赚不赔。比如，4次投资中，3赚1赔，那么，如果把握适当，我们还是有很大的赚钱机会，所以，没有什么可怕的，但要把握适当，之所以强调这一点，是因为有时候，我们可能前三次每次只赚了5%，而最后一次却赔了15%，这样总体来看，虽然赚了三次，但最后还是赔了。所以，要把握好尺度，以便扩大收益，减少亏损。保证前三次投资每次赚10%，最后一次亏10%，那么，10%＋10%＋10%－10%＝20%，我们还有20%的赢利。如果每次炒股时，能够保证自己有75%的把握赚到一个额度，就大胆持有；如果没有75%的把握，就抛售出去，以免损失。

可见，巴菲特的股票投资策略的确很简单。所以，我们也应该学习巴菲特，当发现对现有所持股达不到75%的把握，它已经失去原来的吸引力时，就果断抛出，寻找下一个足以让我们心动的目标。每个人都想使自己的投资利益最大化，当寻找到更有吸引力的公司时，它很可能比原来所投资的项目更加适合你。

学会适时换股

【巴菲特微语录】

在任何时候，不管是什么东西，当出现较大幅度的上涨时，人们总会被表象所迷惑，认为他们才干了两年就会赚这么多钱。

我无法预测中国股市明后年的情况，但我知道，价格越高越不能掉以轻心，更应该小心谨慎。

——巴菲特投资语录

【活学活用】

巴菲特向来喜欢坚持长期投资策略，但是，如果在这期间有更好的投资机会，他也会适时换股，调整股票组合，卖掉那些内在价值降低的企业，购买一些更具有投资价值的股票，达到利益的最优化。

1991年，巴菲特的伯克希尔公司投资近2.5亿美元购买了3 127.4万股吉尼斯公司的股票，占吉尼斯公司股份总额的1.6%。当时，吉尼斯公司是世界上最大的生产和销售名酒饮料的公司，是英国第4大出口商和第11大公司。然而，到了1994年，巴菲特全部卖掉了这支股票，因为他发现该股票已经没有赢利空间了。

2003年，巴菲特以约每股1.6港元买入中石油H股23.4亿股，这是他所购买的第一支也是唯一一支中国股票。但是到了2008年，当中石油价格持续创新高的时候，巴菲特卖掉了所有中石油的股份。他之所以卖掉该股票也同样是因为看不到其未来发展空间。他认为中石油的利润主要依赖于油价，如果石油30美元一桶，那么，投资情况很好，该公司有很大的利润空间，股票价格低于其本身的价值。而如果油价涨到了75美元，它的价值已经被高估了，其价格继续上升的空间有限，如果持有下去，虽然不会迅速下跌，但情况也不容乐观，所以，他选择了卖出股票。

与此同时，巴菲特用抛售中石油所获得的大笔现金投资更有赢利空间的企业。他早已有意投资美国几家大银行。抛售中石油股票时，美国次级抵押贷款泡沫正在逐渐消失。华尔街上的那些投资银行手中有大量次级抵押贷款债券，如果这些债券在证券市场上交易，这些投资银行最少要损失30%，而这些债券的价值应该不低于2 000亿美元。到了2007年七八月间，华尔街上的投资银行股价纷纷大跌，预期市盈率只有8～9倍。而未来这些投资银行一定会重新好起来的，美国联邦储备委员会和各国中央银行已经采取了注资、减息等一系列措施，加之美国经济指标可望走好，这场危机会慢慢消除。所以，这正是抄底买入的好时机，巴菲特购买多家投资银行股票，巧妙地调整了产品组合，实现一举多得。另外，巴菲特此举还为自己树立了一个"救市英雄"的好形象。

巴菲特抛售升值困难的中石油，把现金投入未来升值空间巨大的投资银行，这些钱在不断地升值，不断地创造更多的财富，实现了财富的可持续增长。因此，我们也应该学会随机应变，灵活处理，适时换股，把资金投入到更有赢利空间的企业中。

卖出无法收取"过桥费"公司的股票

【巴菲特微语录】

我只关注永久不变的东西，我认为网络不会改变人们嚼口香糖的方式。

——巴菲特投资语录

【活学活用】

所谓的"过桥费"，就是指当消费者们都喜欢购买某一独特品牌的商品时，经销商为了满足消费者需要，不得不始终销售该商品，为此，他们就要通过各种渠道向生产商提货。生产商就是"桥"，这时候，生产商占据主动，价格即便再高也要进货，经销商不得不付出的就是"过桥费"。能够收取"过桥费"的公司，自然都具有一定的经济实力，甚至具有垄断能力，买入这样公司的股票是比较放心的。

具体来说，能够收取"过桥费"的公司具有以下几个特征。

第一，传播媒体不仅能够说服消费者购买，还能提供重复性服务。

传播媒体公司是典型的收取"过桥费"的公司。因为它们为生产商做广告，生产商利用广告说服消费者购买产品，这种需求是连续不断的。生产商必须要通过媒体来宣传自己的产品，这样产品才能为更多的消费者所了解。这源源不断的广告费其实就是"过桥费"。

比如央视广告竞拍，常常出现天价，之所以生产商要付出这么多的钱财，就是为了宣传自己的产品，所以，这个天价广告费也不得不出。还有一些地方电视台、报纸等，都是具有垄断性的行业，商家要宣传自己的产品，没有选择，只能是那几个电视台或报纸。所以，它们就有了定价权，就能收取"过桥费"。

第二，该公司生产的产品使用率高，但不耐用，品牌广为人知。

为了满足消费者需要，经销商必须具有一定的库存量，保证产品源源不断地供给消费者。当然，如果这种产品有很多品牌，那么，经销商可以比较一下，选择更加物美价廉的企业，扩大自己的利润空间。但是，如果仅有一种品牌，那经销商就没得选择了，厂家拥有绝对的决策权，其规定什么价格，经销商都要接受。比如，可口可乐公司的产品使用率高，但不耐用，且牌子广为人知，虽然市场上有很多各种牌子的可乐，但大家还是喜欢喝可口可乐。这就让生产厂家心里有了底，自己的销售量和销售价格都能得到保证，能够从中获得较高的利润率。投资者如果投资这样公司的股票，定然是坐收渔利了。

第三，能够为一般消费者和企业提供持续需求的重复性消费服务。

服务同商品一样，有的也需要收取"过桥费"。一些信用卡服务公司、专业清洁公司、除草服务公司等，它们都是通过自己精良的服务来赢得"过桥费"的。比如美国运通卡公司，消费者在使用这种信用卡时，发卡公司要向使用信用卡的公司收取一定的刷卡费用；如果没有在规定时间内交纳刷卡费用，还要收取一定的罚金。可见，这两种都是"过桥费"的具体形式。刷卡人越多，"过桥费"就收得越多，信用卡公司也就越容易获得更高的收益。这些依靠提供服务来获得"过桥费"的企业，往往不需要投资太多，成本较低，所以其内在价值很高。

这三种类型的企业通常都具有收取"过桥费"的能力，投资这样的企业比较稳妥，能够给投资者带来一定的回报。但企业的发展是不断变化的，如果这样的公司失去了收取"过桥费"的能力，表明企业发展要走下坡路，我们就应该果断卖出其公司股票，以免亏损。

不要随便卖出好股

【巴菲特微语录】

当我们持有杰出经理人管理的优秀企业的股票时，我们最喜欢永远持有。有很多投资者在公司股票表现良好时急着卖出股票实现赢利，还牢牢抓着那些业绩让人失望的公司股票不放手，我们的做法与他们恰恰相反。

——巴菲特致股东函（1988）

【活学活用】

巴菲特经常强调，股票投资的秘诀很简单，说到底，只要在适当的时候买入好的股票，如果它们的质地没有发生根本性的变化，就一直持有下去。巴菲特坚持的原则是：好股票要终身厮守、永远持有。他说："我们喜欢购买企业。我们不喜欢出售，我们希望与企业终身相伴。"

巴菲特曾经公开表示，他现在购买的最好的股票莫过于可口可乐公司、吉列公司、华盛顿邮报等。他说，可口可乐公司的股票表现远远超过了他的预料。

巴菲特在1988年和1989年间买入可口可乐公司2 335万股，成本过亿美元。短短两年后，他在伯克希尔的年报上宣布，在购买可口可乐股票的时候，伯克希尔公司的净值大约只有34亿美元，到现在（1991年），伯克希尔公司所持有的可口可乐公司的股票市值就已经超过这个数字。到了2003年年底，伯克希尔公司所持有的可口可乐股票市值已经增长了681%，如果巴菲特当时卖掉股票，其所赢利可想而知。但他称这样的股票，他永远不舍得卖掉，一方面出于个人感情，另一个最重要的方面是，可口可乐的价值还在不断上升。他认为可口可乐公司已经成为了美国文化的象征，任何力量都无法摧毁可口可乐品牌，其所面临的风险最小。所以，这样的股票，他永远都不想卖掉。

然而现实生活中，我们很多人陷入一种误区，没有认清好股票和坏股票，只是一味地盯着股价涨跌变化，发现了自己一支股票上涨了，受不了市场的诱惑，急忙售出。而那些一直没有涨的股票，总认为有一天它会涨的，不想轻易放手。殊不知，那些急忙出售的股票中，可能就有一支非常好的股票，就像可口可乐股票那样，短短一两年时间，给你带来翻倍的收益。但是，因为没有考虑长远或者因为不了解，你轻易地错过了发财的梦想。而手中一直没有涨的股票，可能是一些很长时间都不涨，甚至随时可能退市的股票，持有这样的股票，只是占有资金，甚至还可能导致亏损。如果这些钱用来投资其他股票，早就获得翻倍收益了。

所以，我们在投资股票时，应该好好考察一下该股票的升值空间，不要盲目卖掉自己的好股票，保留烂股在手，不要被市场诱惑。

巴菲特说，长期持有的好股票，即便它们的价格高得离谱，伯克希尔公司

也不会出售。比如，伯克希尔公司直接控股的布法罗晚报公司，过去有人给出
远远高于其内在价值的估价，他们也没有答应卖出，因为巴菲特想要和其白头
偕老。这样长期持有，不仅能够让自己获益多多，而且因为复利作用还会获得
更为丰厚的回报。

伯克希尔公司拒绝市场诱惑，不会出售好股票。即便一些好股票升值空间
不大，好像已经无法继续提供更多回报，伯克希尔的价值还是会不断提升：一方
面，投资组合中的每支好股票，其内在价值还会在不断提升；另一方面，市场
适时修正股票价格，是很正常的事，应该看其长远价值变化，不被短利牵引。

第19章 抓准套利的最佳时机

提前预测套利利润

【巴菲特微语录】

在可能的范围内，我将继续投资某些交易，这种交易至少会部分地免除股市整体走势所带来的影响。

——巴菲特投资语录

【活学活用】

套利这个名词是指在买入一种期货合约的同时卖出另一种期货合约。其目的是在不同的期货交易中，利用做多、做空的价差变动获得投资回报。比如，一只股票在英国是15美元，在美国是15.6美元，那么，投资者就可以从英国购买股票，在美国卖掉，中间获得的差价就是套利所得。投资者还可以根据不同的交割月份来实现套利，或是完全不同的两种期货的跨货套利。

在巴菲特看来，在可能的套利范围内，要尽量抓住时机进行交易，以避免股市大环境给投资造成影响。最好的套利机会，一般出现在公司转手、重整、合并、抽资、对手接收的各个关口。早年，巴菲特每年都以40%的资金用于套利。

洛克伍德是一家坐落在布鲁克林的赢利能力有限的巧克力公司，在1941年，可可豆售价只有每磅5美分，这时，它已经采用后进先出的存货估值法。1954年，可可豆出现暂时短缺，其价格一路飙升到了每磅60美分。所以，洛克伍德想在价格下跌之前迅速卖出存货，期望获得丰厚收益。但是，如果只是出售可可豆，这家公司不得不交纳将近50%的税款。

1954年的会计规则让洛克伍德很高兴，该条款上规定，如果公司把存货派发给股东作为减少公司经营范围计划的一部分，那么，洛克伍德的利润可以免税。洛克伍德终止了自己的业务，开始销售可可油，并发布消息说大约有1300万磅的可可豆存货可供分配。于是，公司开价用它不再需要的可可豆回购股票，每股付80磅可可豆。

巴菲特听到这个消息后非常高兴，他连着几个星期忙着买股票，卖豆子，还经常跑到施罗德信托公司把股权证书换成仓库的提单。而洛克伍德在宣布报价前后短短的时间里，尽管经历了巨大的营业亏损，但它的股票还是从15美元涨到了100美元。巴菲特获得丰厚利润，而这样做的代价仅仅是花费几张火车票。

但是，投资存在太大的复杂性，有很多变数。投资的潜在利润是多少？格雷厄姆提出了一套公式，巴菲特认为这个套利公式很管用：

年度报酬＝$CG-L(100\%-C)/YP$

这里，G表示事件成功时可预期的收益；L指事件失败时可预期的损失；C是可预期的成功机会，单位是百分比；Y代表该期持有股票时间，单位是年；P为该证券目前的价格。这个公式能够计算出损失的可能性，并且适合任何类型的交易转移。

1982年2月，贝耶克雪茄公司宣布把雪茄的经营业务以每股将近7.78美元的价格卖给美国梅兹生产公司，并称要进行清算，把其中卖出所得分给股东。于是，巴菲特以每股5.44美元购买了贝耶克雪茄公司5.71%的问题股票。巴菲特之所以这样做，是因为他通过计算发现，这是一个很好的套利机会。巴菲特首先估算了他所预估的每股收益。这项收益只可能来自出售后分配到的股价，也就是每股7.87美元，而巴菲特以每股5.44美元的市场价格买入，那么，7.87美元—5.44美元=2.43美元，巴菲特的预期收益就是每股2.43美元。接着，将预期收益

2.43美元乘以预期的成功概率，通常情况下，巴菲特会把成功率设定为90%，这将会得到2.18美元。这样，巴菲特买后，就可以在贝耶克公司出售后分配给股东股价时获得其中的差额。

当然，巴菲特还要考虑公司这项计划取消可能要承担的损失。如果取消，那么每股的价格将可能跌回到出售前的价格，也就是每股4.50美元，巴菲特则每股亏损0.94美元，其亏损概率是100%减去成功率的90%，也就是10%，0.94美元乘以10%，巴菲特的亏损可能是0.09美元。

之后，巴菲特要算出进行转移所需要的时间，该公司必须在会计年度当中完成资本清算，否则会有增值税。所以，巴菲特可以大概估算出什么时候发生、什么时候出售，以及这项程序是否将在当年度内完成，因为巴菲特设定一年内将会出售且清算。最后该公司的年度回报为38%（即90%×2.43−0.94(100%−90%)/5.44），这个回报率是相当可观的。

评估条件，谨慎行动

【巴菲特微语录】

无法分辨榆树和橡树的人，反而能冷静地评估所有的报价。

——巴菲特投资语录

【活学活用】

虽然套利能够让我们在短期内获得巨大的收益，但其中也存在着很大的风险，应该谨慎评估套利条件，以免造成损失。

1981年，KKR公司决定以每股37美元买入阿卡他公司股票，再加上政府支付阿卡他公司总金额的2/3。当时，阿卡他主营项目有森林产业和印刷行业。此外，1978年美国政府为了扩大红木国家公园的范围，从阿卡他公司买入超过4 000公顷的红木林地。政府以分期付款的方式支付给阿卡他公司9 800万美元，并把利率为6%的单利流通成外债券给阿卡他。公司对政府低价买地的行为非常不满，即便有单利，也太低。

巴菲特分析这一事件后认为KKR筹措资金的经验很成功，如果KKR决定停止购并交易，该公司将会寻找其他的买主，阿卡他公司的董事会已经决定卖掉公司。但是，其中一个难解决的问题就是被政府强制征收的红木林的价值问题。巴菲特认为阿卡他公司从政府那里得到的赔偿可能比预想的要多。

经过考虑，巴菲特的伯克希尔公司以每股33.5美元的价格收购阿卡他公司股份40万股，占阿卡他5%的股份。1982年1月，阿卡他和KKR双方签署了正式的契约，同时，巴菲特以每股近38美元的价钱，又增购了阿卡他25.5万股。

几个星期后，交易开始进行。结果，阿卡他公司的股东会议被延迟到4月，因为KKR没有筹措到所有的资金，所以，他们提供阿卡他公司每股33.50美元的低价。阿卡他公司不出意外地拒绝了KKR的提议。过了一段时间后，阿卡他公司接受了其他公司的竞价，以每股37.50美元卖掉公司，再加上一半潜在的政府诉讼补偿。于是，伯克希尔从2 290万美元的阿卡他投资中，成功套利170万美元，相当于每年15%的回报率，这是令人相当满意的利润。

后来，阿卡他在和政府打官司的诉讼期间，法官指定了两个委员会，一个负责评估红木林的价值，一个负责决定适当的利率。1987年初，第一项宣布红木林的价值为2.757亿美元，而非900万美元；第二项宣布适当的利率应该是14%，而非6%。最后，法院判定政府应付给阿卡他公司5.19亿美元，1988年，伯克希尔公司又收到1 930万美元。

巴菲特通过其敏锐的判断力，准确地抓住了这次套利机会，那么，他是怎么评估套利条件的呢？巴菲特认为，在评估套利条件时，应该回答以下几个问题：

（1）预期事件发生的概率有多少？

（2）你的现金可允许被套牢的时间有多长？

（3）出现更好事情的可能性有多大——比如一个更有竞争力的并购报价。

（4）如果因为反托拉斯诉讼、财务上的差错等，当预期事件没有发生时该怎样处理？

套利虽好，更需谨慎，特别是市场比较混乱的时候，应该及早抽身。

总之，投资者在套利前一定要慎重考虑清楚，稳扎稳打，这样才能更大程度地降低套利风险。

封闭式基金套利模式

【巴菲特微语录】

随着时间的流逝，几乎所有封闭式基金都会进行折价交易。起初，这些封闭式基金卖出得到的佣金是6%，最初的投资者只得到了所投入一元中的94分。如果我能够在X的价位买开放式基金或以1.2X的价位买封闭式基金，那你不得不让我相信它的管理者很特别，偶尔我会看到一些封闭式基金很长时间以溢价在交易，但最终它们会回到折价交易。

——巴菲特致股东函（2006）

【活学活用】

封闭式基金本质上是一系列股票、债券和现金的组合，它的价格应相当于其组合的价值，也就是净值。但因为封闭式基金的二级市场价格相对于其净值长期存在着一定的折价率，那么，按照套利理论，当一种产品存在两种不同价格时，就有套利机会。比如，我们买入封闭式基金持有到期按其净值变现，或封转开后赎回基金份额，那么，我们就赚取了其中的折扣。

巴菲特对封闭式基金套利也颇有兴趣。20世纪70年代，巴菲特和芒格开始买进"Fundof Letters"公司股份。该公司在1967年赚到了177％的利润，在1968年则赚了44％的利润，与此同时，S&P500指数分别上升了25％和11％，并在1968年成立了封闭式基金资源资本，来满足公众对这类投机的需求。其实，他们所采取的策略就是简单地保持资金从一个热点流动到另一个热点，投资总是往最吸引人的地方运动。然而，当这种投资在70年代土崩瓦解时，该基金信誉扫地，投资者四散逃走。

最后，巴菲特和芒格拥有了该基金的20％股份，芒格加入了公司的董事会。之后，在乔治·麦可利斯的领导下，资源资本成为价值投资的避风港。麦可利斯对公司估价的方法很独到，他这一方法被称做"麦可利斯比率"：

麦可利斯总收益率＝收益率+增长率

收益率＝（股东权益报酬率×派息比率）／账面价值的价格

增长率＝股东权益报酬率×再投资比率

派息比率＝每股股息／每股赢利

再投资比率＝100%－派息比率

从这些公式中，我们可以看出，这种方法强调在可能的账面价值折价下的股本回报率和稳定的增长率，而这正是格雷厄姆风格的投资和巴菲特、芒格经常使用的成长投资的有趣结合。

1975年，巴菲特和芒格的股份翻倍了，他们开始清算资产。他们清算的目的不是怀疑麦可利斯的方法，而是为了简化持有资产。他们接下来将伯克希尔公司、多样化零售公司和蓝带印花票证公司三家公司合并为伯克希尔·哈撒韦旗下的一个联合公司。

巴菲特和芒格成功实现了封闭式资金套利，他们的成功并非巧合，而是经过缜密思考的结果。我们在进行封闭式基金套利的时候，也应该学习巴菲特的慎重。任何套利行为都有风险，封闭式基金套利风险主要是其净值下跌。为了规避这一风险，我们可以卖空股指期货合约，但其能规避的只是系统性风险，对非系统性风险无能为力。

所以，我们可以通过构造封闭式基金组合和买卖股指期货进行套利，这样能更稳妥地获得收益。我们在选择封闭式基金组成基金组合，进而构造套利组合时，需要考虑以下几个问题。

1. 到期期限

为了将套利风险尽量降低，我们最好选择那些快要到期的封闭式基金，否则，到期期限过长，我们就要对股指期货合约进行展期，那么，所带来的展期成本和管理成本以及基金不确定因素都会给我们带来风险。建议选择在未来3~6个月内即将到期的封闭式基金进行套利。

2. 折价率

无论是否快要到期，我们都应该选择那些折价率高的封闭式基金。折价率越高，套利组合所获得的收益就越高，其承担的风险也越小。

3. β系数要稳定

β系数涉及基金的投资组合与指数成分股之间的关系，应尽量选择投资组合比较稳定，且投资组合所持股票以指数成分股为主的封闭式基金。

4. 基金的运作能力

通过考察基金的投资业绩、选股能力、择时能力等方面，来选择那些有较好投资业绩的、投资管理能力较强的封闭式基金，这样，可以在获取套利收益的同时还能获取更好的收益。

5. 对组合分散化贡献的考虑

在进行套利时，要考虑非系统性影响，我们可以选择对基金组合非系统性风险分散程度贡献最大的封闭式基金。

总之，我们在使用封闭式基金套利模式时，应该尽量规避风险，小心慎重，找到那些符合条件的基金实现套利。

通过并购进行套利

【巴菲特微语录】

如果每笔交易都对你有利的话，把一连串的套利交易汇集在一起，投资者就可以把收益较低的每笔交易最终变成一个获利丰厚的年收益。他们的一部分资金将被用于短期赢利，以获取某些非理性的差价，这些短期赢利机会通常包括重组、清算、涉及可转换债券及优先股的套期保值以及购并。

——巴菲特投资语录

【活学活用】

并购套利，其实就是试图获得股票的市场价格和交易的市场价格之间的差价。交易价格就是一个公司并购另一个公司时需要支付的价格。美国股票市场每天都会有很多并购消息公布，所以，巴菲特很擅长利用并购套利。

1915年，巴菲特恩师格雷厄姆以每股69美元买入古根海姆控股公司股份。古根海姆拥有凯尼科特、奇诺铜业、美国冶炼以及雷氏联合这四家铜矿公司的小部分股份，其合计的股份价值超过了每股76美元。作为一个投资者，以账面上每股69美元获得了价值76美元的资产。那么，每股69美元的股价一定会上涨，至少要涨到76美元，由此，格雷厄姆不费吹灰之力就稳稳地赚到了每股7美元的收益。

这就是并购的魅力，它不带太大风险就能够让我们获得丰厚的回报。为了能够进一步了解并购，我们再打个比方，甲公司以每股85美元的价格买入乙公司。如果乙公司每股的市价是80美元，那么，我们就可以事先买入乙公司的股票，然后等待甲公司购买乙公司时，把自己手中的股票卖给甲公司。这样我们就可以锁定每股5美元的利润，同时，如果当时乙公司的股价下跌，那么，其中潜在的收益就更高。

下边我们再考虑一下时间，如果这项交易在你购买乙公司股票后的6个月内完成。比如，交易在4个月内进行，那么，你的年收益会超过20%。

尽管并购套利很有吸引力，风险也低，但其还是存在一个风险，那就是交易不能达成。为此，巴菲特坚持不靠获得小道消息来买入这种类型的股票，他只在得到官方正式公布的消息后，才着手行动。根据巴菲特的经验，在熊市时，并购套利往往能维持住可观的收益率。并购套利的最大风险是商业风险，而非股市风险。在股市低迷的时候，参与者少，不会像牛市那样，不管什么公司公布什么并购消息，都会出现连着几天停板的现象，导致参与机会减少。

套利虽好，但也要遵循套利交易原则。

（1）投资"现价"交易，而不是"股权交易"，并且只有在消息正式公布后才交易。以现金形式进行交易具有固定的交换比率，千万不能做那些有可能使自己的最终收益低于原始报价的交易。

（2）确保达成最后的交易。很多因素可能导致交易失败，比如政府的反垄断干预、决策者们在补偿问题上发生争执、股东们否决并购计划、收购商的股票价格突然下跌等。如果交易失败，目标股票价格就会突然下降。那么，那些涉及公用设施或者外国公司的交易，需要一年以上的时间才能完成，这就会长时间套牢你的资金。

（3）明确预期收益率下限。在每次交易之前，先计算出潜在利润、亏损以及它们各自发生的概率。然后再确定出交易需要的时间、潜在的年度收益，以免出现低收益交易。

（4）选择有高护价能力的企业，进行"股权合并"交易。在交易活动宣布后，并购活动应该能够保证目标股票价格不至于下降。通常，收购方会根据自身股票价格提供一个可变动的股份数额。

（5）不要痴迷套利交易。坚持这样的原则去做并购套利，能够让我们考虑问题更全面，保证我们更好地工作和学习。当然，在中国市场现在还没有实现全流通，获得并购套利的机会比较少，一旦抓住这样的机会，那么其产生的收益率往往会高得惊人。所以，我们应该多留意并购信息，从中发现套利机会，适时赚上一笔。

巴菲特相对价值套利

【巴菲特微语录】

当我们的钱比想法多的时候，我们有时会进入套利领域。

——巴菲特投资语录

【活学活用】

作为价值投资者的巴菲特不仅偶尔会做投资交易，有时候甚至还大做投机交易。套利，就是巴菲特经常做的一种投机交易，甚至巴菲特还会乐此不疲。毕竟，市场给予的机会，不把握也对不住市场，更对不住自己。关于套利方法，相对价值套利模式是巴菲特常常使用的。

相对价值套利就是购买一种资产，到一定时候转换成其他的资产，从中获得较大的价值。巴菲特和他的前辈还曾经专门研究过相对价值套利。

1915年，巴菲特的恩师格雷厄姆在纽堡勒布公司就职，他偶然间发现一个相对价值套利的好机会。在曼哈顿闻名于艺术博物馆的古根汉家族就是靠购买和开发矿产而发家，逐渐壮大古根汉开发公司的。古根汉开发公司持有很多家矿业公司的股份。

1915年9月1日，古根汗开发公司决定把持有的其他公司的股票分发给股东，交易价格是每股68.88美元，格雷厄姆算出买一股古根汉开发公司的股票将来一定能够净套利7.35美元，于是，他在购买古根汉开发公司股票的同时，卖空了其他公司的股票，这样就锁定了利润。

20世纪20年代，杜邦公司利用在战争时期所积累的现金，购买了通用汽车公司的大部分股票。虽然在那个时期的市场上，人们对杜邦公司各种业务都不看好，但格雷厄姆却通过购买杜邦公司股票卖空通用汽车股票而获得了利差。尽管格雷厄姆还是很看重杜邦公司的股票，但他看中的只是通用汽车那部分，对杜邦公司其他方面的业务没有参与一点，因此他稳赚而没有一点损失。

由此可见，我们也可以锁定自己所购买的几支股票，如果发现有价值更大的股票，我们就可以把手头股票卖掉，投资另一个公司，从中获得差价套现。并且套利之后，如果该公司不错，就可以继续长期持有，等发现其他股票升值空间更大后，就可以再进一步去购买看好的股票，连番套利。

但是，任何套利都存在风险，相对价值套利模式也不例外，投资者在应用这种方法进行套利时，应该注意这种策略存在的两种风险。第一种风险是基本风险，这种风险常常发生在两个公司股票价值在不可能趋于一致的情况下，比如，在总公司破产之前把资产分拆中的股票价值作为抵押。另外一种风险是金融风险，即使两个公司的证券价值都趋于一致，但是，对于初期的套利行为，还是可能存在潜在的损失，所以还是慎重起见，了解清楚再去做。

固定收入套利法

【巴菲特微语录】

我们都认为衍生工具及交易是定时炸弹，对于那些涉及其中的利益方和整个经济生活都是如此。这些金融工具已经定好了在未来某个时间金钱的换手，而换手金额则取决于其他一些因素，比如利率、股价或者汇率水平等。

——伯克希尔年度报告（2002）

【活学活用】

固定收入套利不单单是一种套利方法，更是在购买和出售固定收入过程中的一系列策略，投资者通过这些策略，获得两个投资之间的收益差，来实现套利。

举个例子来说，如果某公司拥有一种收益率为7%的公司债券和一种收益率为6%，期限一样的政府票据，在不考虑有任何其他风险的情况下，该公司可以对公司债券做多，做空政府票据，从中获得1%的利差。

当然，这种套利方法也是存在风险的，特别是当利率发生变化的时候，这两种票据的收益都会存在一定的风险。如果对公司债券做多，此时利率上升，那么，公司债券的票面价值将会下降，如果对利率风险进行套期保值，通过对政府债券做空，持有公司债券，这在相对小风险的情况下还是能够得到1%的利差。

巴菲特虽然对衍生品和杠杆投资没有太大的兴趣，但他偶尔也会使用固定收入套利策略进入该领域。

1998年，巴菲特通过对冲基金投入马克·伯恩基金数亿美元。该基金侧重在固定收入策略上，但是，巴菲特不只涉足于固定收入套利这一个方面。

在美国长期资本公司遭受一场大灾难后，其基金中的固定收入套利板块受到严重损害，当时，正专心于固定收入套利的巴菲特是所罗门兄弟公司主席。他认为美国长期资本公司还有利可图，想购买该公司的资产。但最终他没有能够购买这家公司。总之，巴菲特如果发现这样的套利机会，还是会毫不犹豫地去做的。

对于这种固定收入套利，有以下一些方法建议。

（1）在现金和期货交易方面。相对于实际债券的需求来说，如果债券期货需求处在低迷期，就会存在利差，获得固定收益套利的机会。

（2）收益曲线方面。如果投资者对收益曲线的一部分做多，另一部分做空，那么就有利可图。

（3）在资产担保证券和其他种类的固定收入工具之间的价差交易，需要套期保值的风险包括信用风险、利率风险、外汇交易风险和预付风险等。

（4）政府和公司之间的票据价差交易。

（5）市政和政府之间的票据价差交易。

　　由此可见，固定收益套利所获得的收益相对较低，所以，人们通常使用杠杆交易的方法，以期获得成倍的收益，其中便存在着巨大的风险。所以，这种固定收益套利，要么收益不多，要么存在巨大风险，通常情况不太吸引人们的关注，但是，如果有这样的套利机会，风险相对比较低，那么，投资者不妨试一试。

第20章　积极解套，实现止损

掌握积极解套的技巧

【巴菲特微语录】

投资行为就好比是在划船，你划的是怎样一条船比怎么划更重要。在几年前，我曾说过，如果一个著名的管理专家遇到一个没有前景的公司，往往后者获胜。现在，我依然是这样认为的。当你划的是一艘总是漏水的破船，与其费力补洞，不如花精力找条好船。

——巴菲特致股东函（1985）

【活学活用】

"股市中没有没被套过的人"，很多人为被套牢而苦恼，不知道该怎样解套，通常他们也就是死扛着，不去管它，等股市好了再说，但对于那些炒股水平不高的股民来说，这种解套方法存在很大的不确定性。与其消极等待，不如积极应对，主动解套，实现止损。

主动解套的方法有以下几种可供参考。

第一，心理解套。

所谓心理解套，就是指当投资者被套牢后，首先不要自乱阵脚，先冷静思考一下套牢的原因，哪里出了错误，有哪些解决办法。这时候千万不要过度消极，盲目割肉，要抱着套牢不一定是灾难的心理。任何一个投资者都有被套牢的时候，应该将其看成是正常的事情，客观冷静对待。并且相信套牢后还有解套方法，不必过度担心。冷静思考，为下一步正确判断做好思想准备。

第二，准确判断后市向下走势，看向下差价。

当股票被套后，等其上涨到一定高度，就先卖出，等到其下跌一段后再买回。通过这样不断地高卖低买来降低股票的成本，最后，到了总资金补回了亏损，完成解套，并有赢利时，再全部卖出。

第三，判断后市的线上走势，看向上差价。

股票被套后，先在低点买入股票，等其上涨到一定高度，估计见短线高点了，再卖出。通过这样反复操作，降低股票的成本，弥补损失，完成解套。

第四，如果还有现金，就降低均价。

当股票被套后，每跌一段，就加倍买入同一只股票，这样就降低了平均价格，等到股票一个个上涨，就能完成解套。

第五，单日T+0法。

凡在股票成交当天办理好股票和价款清算交割手续的交易制度，就称为T+0交易。也就是说，当天买入的股票在当天就可以卖出。T+0交易曾在我国实行过，但因为它的投机性太大，所以自1995年1月1日起，为了保证股票市场的稳定，防止过度投机，股市改为实行"T+1"交易制度，就是当日买进的股票，要到下一个交易日才能卖出。同时，对资金仍然实行"T+0"，即当日回笼的资金马上可以使用。

这个策略使用方法是这样的，如果投资者的股票被套后，某天该股严重超跌或低开，那么，投资者可以趁机买入同等数量的同一股票，等到其涨到一定高度后，再把原来被套的同一品种股票全部卖出，这样在同一个交易日内实现了低买高卖，赢得差价利润。

同样，当投资者手中被套牢的股票在某天出现上升趋势时，可以趁机买入同等数量同一股票，等到其涨到一定高度之后，把原来被套的同一品种的股票全部卖出，获得差价利润。

使用这种方法时，一定要出手快，不能贪，因为这属于短期投机行为，机会稍纵即逝，稍微一犹豫，可能又会亏损。

第六，做空法。

做空的操作方法主要是，先把套牢股卖出，等到该股出现更低位置后再买回，以便达到有效降低成本的目的，为解套打下基础。但这种方法只适用于整个股市低迷，大盘呈现出明显的下跌趋势时，如果大盘处在横向整理阶段或牛市行情阶段，不能采用这种方法。

第七，半仓滚动操作法。

这个方法和向下差价法、向上差价法、单日T+0法相同。但不是全仓进出，而是半仓进出，这样可以防止我们判断出错，进退灵活方便。

第八，斩仓。

当发现自己的买入是一个很严重的错误，特别是买在前期暴涨牛股的顶峰价位时，一定要拿出壮士断腕的决心，及时斩仓割肉。只有这样才能丢车保帅，保证资金不受大的损失，要相信股市中永远有无数的机会可以再赚回来。

其实，自我解套的方法还有很多。但是，不论什么方法其运用都是有一定限制的，有其一定的适用范围，所以，投资者应该随机应变，灵活使用这些策略，尽快解套。

捂股是解套的好方法

【巴菲特微语录】

面对年仅14.8万美元的销售额，可口可乐公司总裁表示："我们从来都没有放弃过告诉全世界，可口可乐能够提升人类的健康和快乐，并且是一件最超凡的东西。"尽管，对于其是否有益于人类健康，我还需要公司进一步努力，但我很高兴100年后的可口可乐始终遵循当初的愿景，其他任何饮品无法替代，其味道深植人心。

——巴菲特致股东函（1996）

【活学活用】

人在江湖漂，哪有不挨刀，股市风云变幻，稍有疏忽，被套牢也是很正常的事情。虽然被套牢并不是一件让人高兴的事情，但是，只要股票还没有脱手，被套牢的股票就还有解套的机会，不能认定亏本。特别是对于手中那些品质较好的股票，可能因为大环境的影响，出现股价下跌。但这种现象只是短暂的，正所谓真金不怕火炼，好东西继续留着，早晚有升值的机会。所以，继续持有，静观股市变化，比匆忙脱手好得多。

巴菲特在2002年国际油价只有目前1/3的低潮时期，大量买入中石油股。但是，石油股票表现并不好，就在巴菲特买入的同一年，中石油迎来了上市后第一次大规模抛售；2002年2月和3月，英国石油和壳牌公司分别卖出所持中石油股权；2003年3月，埃克森美孚公司又悉数抛尽手中所持3.7%的中石油股份。人们对中石油股票丧失了信心，但巴菲特却岿然不动，一直坚持捂股，最后，他竟成了中石油的海外股东中持有股票最多的机构投资者。

四年后，中石油宣布发现新的大油田，随后股价一路飙升，到2007年6月6日，中石油股价高达10.54港元，而巴菲特购买时的股价是每股1.68港元。巴菲特的长期捂股终于有了收获，他从中大赚特赚。

所以股票行情不好的时候，投资者更应该保持一颗冷静的心，静静等候。有时候，我们投资者因为获得信息有限，无法对自己所持股票是否有捂股价值做出准确评判，那么，我们该怎样去选择呢？为此，下边列出八大标准，可以帮助我们做出这个决定。

（1）要认真思考自己被套牢的原因，自己在买入该股票时是抱着投机心理还是投资心理。如果自己是出于投资心理购买的，在之前已经对该公司有了一定的了解，认为其有上升空间。那么，我们就可以大胆放心地继续持有，不必太过关心暂时股价的跌涨。当然，如果我们是抱着投机心理，可以再去研究一下该公司，如果该公司有发展潜力，就继续持有，如果没有竞争优势，那么，就忍痛割肉止损，以免损失更大。

（2）思考一下自己在买入时是追涨买入，还是在股票最低时铲底买入。如果是追涨买入，那么，发现自己判断失误，就该果断止损。如果是铲底买入，那么自己还能够承受一定的风险，其未来可能继续上升，可以继续持有。

（3）分清买入时大盘指数是处于较高位置，还是处于较低位置。当买入时大盘指数较高，特别是市场中获利盘较多，股民们得意扬扬、夸夸其谈，这时要考虑止损。

（4）分清这次操作是短线操作还是中长线操作。短线追求的是短时间套利，如果因为价格问题，导致不得不继续持有变成中长期线，其实，就证明短线操作的失败。如果是个人买入股票还可以再次研究企业，看是否有继续持有的价值，否则就果断止损。

（5）认清自己的操作风格和擅长的操作技巧。如果自己属于稳健型，更擅长长期投资，有足够的看盘时间和盘中感觉，可以通过短期做空等方式降低套牢成本。

（6）看清后期手持股票是否还有很大的下跌空间。如果下跌空间大，比如，那些前期涨幅特别大的股票，通常其价值已经被高估很多，这样的要坚决止损。如果下跌空间小，比如，那些前期涨幅不大的企业，可以继续持有。

（7）观察主力动向，看其是在洗盘还是在出货。如果是主力出货，要彻底止损。但是，主力出货未必在高位，主力洗盘未必在低位。

（8）如果自己买入股票过多，这时被套就可以适当卖出一部分股票止损，这样可以规避可能的更大风险，也能让自己心态稳定下来，更好地看清股市。

总之，在被套牢后不要惊慌，要仔细考虑自己投资，细心考察股票市场，有时候，捂股比匆忙卖股好得多。

补仓解套策略

【巴菲特微语录】

通胀率和必须支付的所得税，合起来常被称为"投资人的痛苦指数"。当这个指数超过股东权益的报酬率时，这就意味着投资者的购买力下降了，我们对这种现象没有什么好办法，高通胀无法代表股东报酬率也随之提高。

——巴菲特致股东函（1979）

【活学活用】

巴菲特认识到投资者购买力下降的痛苦，如果股民被套牢，他也同样痛苦，而补仓的方法可以在一定程度上缓解股民的痛苦，帮助股民减少损失。

补仓就是投资者在持有一定数量的股票基础上，再买入同一种股票。补仓是股价下跌被套后的一种不得已而为之的被动应变策略。通过补仓的方式，能够摊平成本，等到股价稍一回升就可以解套获利，但是，如果使用不当，也会让自己投入资金越多，陷得越深，没有摊低成本，反倒造成巨大亏损。所以，补仓是一把双刃剑，只有在特定的情况下它才适用，不可乱用。

那么，该怎样使用补仓方法，实现解套且获得收益呢？

第一，不该补仓的情况。

有些时候是不该补仓的，否则就会让自己深陷泥潭不能自拔。

1. 熊市初期不补仓

这个时候应该观望一段时间，很可能一个小小的盘中震荡，就能让自己解套，况且这时候补仓，股票还要下跌很多，就会造成更大的损失。那么，什么时候可以补仓了呢？比如，股价比买入时的价格低了21%~31%，甚至有的股价被腰斩了，这个时候，就可以考虑补仓了，因为这样的情况表明其下跌的空间已经很小了。

2. 弱势股不补

有时候买入的股票，大盘上涨，它也涨不了多少，大盘下跌，它跟着跌。像这样的股票，它下跌多，上涨得少，总归是不赚钱，那么，与其补仓拯救，不如不补，直接卖掉，用这些钱再买好股票。所以，补就补强势股，冒点风险也值得。坚决不冒风险补弱势股。

3. 大盘不稳的时候不补仓

大盘跌涨不稳，那么，它可能处在下跌通道中或者中继反弹，这时候，股票还可能继续下跌，而这样，通常很少有逆市走强的股票。所以，等到股票指数位于较低的位置，或者刚刚反弹时，补仓最为安全。

4. 前期暴涨的黑马股不补仓

这样的股票在短时间暴涨，最后陷入漫漫长夜。其股价已经被严重高估，或者就是背后有不法操纵，极为不稳定。股价持续下跌，如果补仓，就会让自己越陷越深，还是不补为好。

第二，要掌握好补仓的时机。

一般来说，短线反弹时不要轻易补仓，因为它还会下跌，只有等到大盘真正见底后再去补仓才合适。如果前期已经出现一个大幅下跌，大盘不再创新低时再补仓更为稳妥。要补仓的话，应该选择在股价处于上升趋势或盘整态势时进行，这样才有一定的获利把握。没有完成拉升阶段的个股可适当补仓，上市后整体升幅有限、未完成一轮炒作的次新股补仓的安全性较高。千万不要出现连续分段补仓情况。一方面，普通投资者资金有限，无法持续不断地多次摊平。另一方面，多次补仓，越买越套的结果必将导致自己陷入无法自拔的境地。

总之，补仓是不得已而为之，并且它是有一定适用范围的，一定要慎重使用。另外，股民不要认为股票跌后必升，要确定股价的运动形式，再考虑对策，以免出现一路补仓的现象。

换股法是把双刃剑

【巴菲特微语录】

查理跟我认为这类的可转换特别股投资应该可以让我们获得比一般固定收益债券更好的投资利益，同时我们也可以在这些被投资公司扮演好具有建设性的少数关键角色。

——巴菲特致股东函（1989）

【活学活用】

如果感觉自己被套牢的股票实在没有机会收回了，那么，不妨选择一支差不多价格且有上涨空间的股票，这样，后面买入的股票上涨后所获得利润，就可以抵消亏损。

特别是当投资者手中持有的是非主流热点个股，并且经过分析，认为另一支个股有更大的上升机会，那么，就及时果断地换股。其实，这种操作就相当于把手中的股票代码更改一下，这样会大大增加投资者获利和解套的机会。

换股虽然能够在一定程度上降低成本，增加解套机会，但其操作也存在一定风险，如果换股不当，就会赔了夫人又折兵。所以，投资者在换股时应该谨慎，掌握一些换股的规律。

1. 换强不换弱

只有那些在大盘上涨时，能够跑过大盘，上涨幅度大，在大盘下跌时，能够顽强抵抗，下跌幅度小的股票，才是更容易让我们获益的强势股，对于那些大盘上涨它不涨，大盘下跌它跟着跌的弱势股票，我们最好清仓，另选让自己获益更多的强势股，保证资金利用率和利润率的提高。

2. 换小不换大

小盘股因为资产重组、成本低等原因很容易被更多的庄家看重并控盘，这样的小盘股股性灵活，走势常常强于大盘。所以，可以考虑买入小盘股，更容易解套。

3. 换新不换老

一些新股、次新股因为还没有经过扩容，容易被主力看重操盘，而且，这些新股、次新股上市时间不长，没有被股市疯炒过，还拥有大量的资金，通常都有新的利润增长点。这些都容易吸引主力炒作。

4. 换低不换高

股市上的一些低价股一般容易被市场忽视，投资价值也因此常常被低估，这些股票本来价位已经比较低，其继续下跌的空间有限，如果专买这类股票，进一步下跌空间有限，风险较低。

如果是一些从高位深跌下来的低价股，因为上档套牢可能性较小，具有一定涨升潜力。而高价股本身的价格就意味着高风险，所以，其面临着巨大的调整压力。因此，在换股时，应该换出高价股，留住低价股。

5. 换有庄股不换无庄股

对于那些有主力介入的股票，我们应该紧密关注，因为通常主力都拥有雄厚的资金，他们的介入不会让股票下跌，会不断推高股价，所以，股价出现很强的上涨走势。而对于那些没有主力介入的股票，只靠散户支撑，上涨空间不大，只能是苦撑。

6. 换底部放量股不换底部无量股

我们换股的目的就是利用另一支股票上涨赚得的利润弥补套牢股票的损失，所以，要换就换有上涨空间，并且涨得比较快的股票。底部无量的股票，其力量较弱，跟随大盘起伏的走势也就较弱。而那些有庄的股票在底部不放量，只能说明主力早已经吸了一肚子货，正考虑派发事情，其未来上升空间定然很大，所以，换股时尽量选择底部放量股。

7. 换新庄股不换老庄股

老庄股无法承受长时间的成本压制，即便它以前有很大的拉升，并且还有上升空间。老庄股通常在套牢后，首先选择怎样逃跑，所以，其上升空间和上升力度都不会太大。而新庄股的新资金刚刚介入，其爆发力常常要比老庄股强很多。

8. 换主流不换冷门

有一些冷门股，它的波动很小，只是几分钱里上下波动，没有什么成交量，这样的股票只能是占用自己的可赚资金，不如换买主流板块但涨幅不大的个股，这样的股票才容易让自己迅速解套，获得收益。

9. 换有潜在题材股不换题材明朗股

市场常常有些让人感觉朦胧的题材，这样的股票往往能够赢得投资者的关注和认同，股价会表现很好。但是，如果题材明朗，炒作的热情锐减，这类股票上涨空间就不大了，甚至一路下跌。所以，在换股时，可以选择一些有潜在朦胧题材的股票，换掉利好且兑现的个股。

另外，换股不等于卖出后要立即买入，应在走强时再行介入，以避免再次套牢。

抓住最佳解套时机

【巴菲特微语录】

如果我们有坚定的长期投资期望，那么短期的价格波动对我们来说毫无意义，除非它们能够让我们有机会以更便宜的价格增加股份。

——巴菲特投资语录

【活学活用】

巴菲特认为，投资者应该懂得耐心地等待好股票的出现，同时也应该懂得为自己的失败做出补偿，让自己选择一个较好的退出机制。因为股市运行阶段不同，适用时机不同，所以，在采用不同的解套策略时，还要注意时机的选择。

1. 换股方法在牛市初期使用

如果大盘整体都在下跌，在这种下跌趋势下换股，所换股票也在下跌，那么就导致自己亏损更大。所以，只有在股市出现上涨趋势的时候才能换股，这时候，股价上涨，所换股票才能赢利，才能弥补被套牢股票的损失。手头有几支股票的股民，应该善于调整自己的股票组合，尽量把那些股性不活跃、盘子较大、题材模糊的股票卖出，用这些钱换购更有发展活力和空间的股票，以便提高资金利用率，让自己的投资组合创造更多的收益。

2. 斩仓方法适合在熊市初期使用

为了避免股票价格进一步下跌造成更大损失，投资者应该选择在熊市初期，股票刚刚下跌时就立刻卖出股票，实现止损，规避未来可能造成的更大损失。特别是那些股票处于较高位置的，未来市场调整，其必然会有很大的下降幅度，投资者如果不果断止损，后果将会很严重。

3. 做空方法适合熊市中期使用

尽管中国还没有做空机制，但被套的个股却是例外。投资者可以在股市有明显下跌趋势的熊市中期，果断卖出被套股票，等大盘继续运行到更低位时再买入，这样就降低了成本，能够最大限度地减少套牢的损失。

4. 捂股方法适合在熊市末期使用

在熊市末期，股价跌到了最低点，继续下降的空间有限，这个时候如果盲目地选择止损、做空，会给自己带来不小的损失，此时，应该静观其变，多份耐心，静静等待股市上扬，股价上涨，尽量减少损失。

5. 摊平方法适合在底部区域使用

摊平这种方法相对来说比较被动，如果投资者把握时机不当，在大盘还要继续下跌的情况下摊平，就会让自己陷入更深的套牢陷阱中不能自拔。所以，当大盘处在底部区域时，使用摊平方法，当未来股价上涨，就能弥补被套牢的损失，显现利润增长。

总之，股市沉浮不定，我们难免被套牢，套牢并不可怕，只要我们能够摆正心态，客观分析套牢原因，主动寻找方法积极解套，抓住时机果断解套，往往不会造成损失，甚至还会因为套牢而发现更多的赢利股票。积极应对套牢，努力实践，我们就不会陷入套牢沼泽地。

第21章　抄底股市，做财富赢家

股价下跌不一定是坏消息

【巴菲特微语录】

我们欢迎市场下跌，因为它使我们能以新的、令人感到恐慌的便宜价格买到更多的股票。

——巴菲特投资语录

【活学活用】

当股市低迷、股价暴跌的时候，一般股民的反应通常是一片恐慌，自乱阵脚，盲目割肉止损的大有人在。之所以出现这样的现象，是因为有很大一部分人不明白股票价格的决定因素，把股市看成一个投机市场，认为股价会大涨大跌，根本无规律可循。如果运气差，就会损失；运气好，还可以赚些钱。

然而，股神巴菲特从没有这么认为过，他向来坚持价值投资理论，他常常敢于在别人恐慌时贪婪，就是因为他是以投资的眼光看待股市，他知道股票的价格和其价值紧密联系，即便股票价格被高估很多，呈狂飙式发展，但无论怎么变动，也是会回到价值周围的，如果股票价格下跌严重，巴菲特会非常高兴，因为他知道，股票价格越低，买入的成本越低，而低于其价值的股票，早晚会反弹的。所以，股票价格下降，股市低迷，不一定是个坏消息，在这个时候巴菲特会找到很多有投资价值的好股票，比如可口可乐、富国银行等。当全世界都笼罩在经济危机的阴影下时，一代股神、世界巨富巴菲特再次说出了他的至理名言：在别人贪婪时恐惧，在别人恐惧时贪婪。

2008年，虽然世界弥漫着金融危机的恐惧，但巴菲特抄底买入大量股票。

4月28日，美国著名食品生产商玛氏公司宣布，同意以230亿美元左右的价格，收购美国口香糖及糖果企业箭牌糖类有限公司。此桩交易的背后，巴菲特的伯克希尔公司为玛氏公司提供了44亿美元次级债务。在交易完成后，伯克希尔将出资21亿美元收购箭牌子公司的少数股权。

9月25日，伯克希尔公司以购买高盛集团永久性优先股的方式投入50亿美元，这些永久性优先股的股息率为10%。此外，伯克希尔公司还将获得优先购买50亿美元高盛普通股的认股权证，行权期为5年。

9月29日，伯克希尔公司旗下附属公司——中美能源与比亚迪股份公司签署了策略性投资及股份认购协议。

10月2日，巴菲特又宣布将收购通用电气（GE）30亿美元永久性优先股。

10月12日，美联储批准了富国银行对美联银行的收购案。而巴菲特持有富国银行2.893亿股，伯克希尔公司是富国银行的第一大股东。

11月14日，伯克希尔公司在向美国证券交易委员会提交的文件中称，截至2008年9月30日，该公司持有8396万股康菲石油股票，占康菲石油总股本的5.6%，价值61.5亿美元。根据历史记录，6月30日前，伯克希尔持有康菲石油5 969万股票。由此可以看出，在2008年第三季度，伯克希尔增持了2 427万股康菲石油。

尽管2008年国际油价大幅暴跌，导致伯克希尔公司损失了数十亿美元，公司净利润比前一年下降了62%。但是，它还是跑赢了标准普尔指数。和全球股市2008年30%～50%的跌幅相比，伯克希尔公司的股票还是比较抗跌的。在世纪性的金融海啸面前，巴菲特做得很出色。

股市低迷，股价下跌时，是买入股票最好的时机，投资大师罗杰斯也是这么认为的。1984年，外界极少关注、极少了解的奥地利股市暴跌到1961年的一半，罗杰斯亲自去往奥地利实地考察。经过缜密的调查研究后，他认定机会到来，于是大量购买了奥地利企业的股票、债券。第二年，奥地利股市起死回生，股市指数在暴涨中上升了145%，罗杰斯大有所获，因此美名远播，人称"奥地利股市之父"。

索罗斯也是擅长股市低迷时买入的高手。1972年，他发现受过高等商业教育的新一代银行家正在崛起，银行业生机焕发，于是，他写下了揭示银行业突变的分析报告，在银行股票低迷时提出了与众不同的观点。此后，银行股票上涨使索罗斯获得了50%的利润。索罗斯在实践中练就了见微知著的本领，业界流传着他的投资传奇。1972年，索罗斯得知商业部的一份私人报告指出美国的发展依赖于外国的能源资源，他便大量收购了石油钻井、石油设备和煤炭公司的股票，一年之后石油危机引发能源业股票飞涨，索罗斯借此大赚一笔。索罗斯和罗杰斯也预见了食品危机，购买了化肥、农场设施和粮食加工业的股票，获得可观的利润。

由此可见，只要看准企业或者行业的发展前景，股市大跌之时，反倒是投资前景出众的股票的大好时机，这个时候，股价往往被低估，好股票一定有好的发展空间，投资风险更小。

不要试图在股市"落地"时买入

【巴菲特微语录】

不要试图在股市"落地"的时候进行投资，真正的抄底是不可能的，应该做一些合理的规划。其实，价格是一种游戏，逢低买入的时候，不要过分考虑价格因素。

——巴菲特致股东函（2009）

【活学活用】

随着金融危机的越演越烈，绝大多数投资者陷入恐慌，纷纷逃离股市，而巴菲特则在这个时候，表现出与众不同的观念，他认为这正是寻找好股票的最佳时机，他有一套不同寻常的投资方法，逆流而进，展开了前所未有的大手笔投资，买入高盛和通用的大量股票。

的确，巴菲特曾经在股市低迷中赚到过，然而，这次他买入这两家公司的股票后，随着金融危机的不断深化，股价大幅下滑，先后跌破了巴菲特的买入价。特别是高盛的股价，在巴菲特买入后，最低收报每股88.80美元，比巴菲特115美元的买价低了22.7%，账面亏损10亿美元，可见，巴菲特并没有捞到"底"。这时候，很多人开始怀疑巴菲特的买入时机和投资策略。

对于捞底，巴菲特在2009年股东大会上大方承认他也不可能捞底。至于到底什么时候买入，他在接受记者采访时，说了一句非常精妙的话："我不会用时点的概念去衡量一个交易，我只会用价格去衡量一个交易是否合适。"

这句话再次反映了巴菲特的价值投资理论，他永远不去判断股价的短期走势，更不会根据是否见底而作出投资决策。他买入股票的主要根据，是看股票的价格和价值是否出现了折扣，折扣越大则越安全，这即是"安全边际"的原则。他在选择买入一个公司的股票时，主要衡量价格和价值的比值，而不是衡量时点的早晚。他现在买入是因为价格合适，而不是时间合适。可见，如果在牛市，某企业的股票价格下降较大，且有前景，他同样会选择购买。只不过牛市好股票价格下跌的可能性很小，只有市场低迷时，巴菲特更容易找到价格低于价值的好股票。

历史上中外无数事实都证明，寻底的风险很大，很多投资大师都死在抄底游戏中。比如，费雪在1929年股市风暴中的惨败。当时，股价一低再低，他认为是时候买些价格低廉又值得投资的股票。于是，他投入大量资金购买了一些他自认为捡到了便宜的股票，然而，股市并非他想象的那样已经到达谷底，而是继续下跌，结果可想而知，他损失惨重。

所以，不要迷信抄底，这不是衡量是否购买股票的依据。空谈买入时机，而不看价格和价值之间的关系，是把自己的血汗钱投入了不可预测的未来。在谈到什么时候是买入股票的最佳时机时，巴菲特说："如果5年或10年之后看，现在一定是一个超级的买入好时机，但这并不代表下周或下个月不是买入股票的好时机。虽然我不知道下个月或未来六个月的股票市场走势，但我肯定美国经济需要经过一段时间的恢复，会更好。那么，这个时间段购入并持有股票的投资者也将会获利颇丰。"

巴菲特并没有给我们一个明确的平衡标准，其实他也不可能知道什么时候是最佳的买入时机，任何人都很难捕捉到抄底的那一个点。抄底可能获利更大，但不是在最低点买入，也能获得不错的收益，这就需要投资者心中有一个范围，预估价格低于价值多少时自己能够接受，并且可以赚到，不要贪求太多，多也没有一个统一的标准，只要自己心里认为有所得就行。保住本金，不断投资，获得收益，日积月累就是一大笔财富，一夜暴富很不靠谱。

有些人一生都在沉迷于"猜顶和探底"的游戏，但事实证明，这是一个不可能完成的任务。没人能真正预测大市或个股的"底和顶"，这也就是为什么大部分投资者终其一生都没有跨越财富自由的门槛。所以，不要走极端，赚点就好，自己满意就好。

赚钱的前提是控制风险

【巴菲特微语录】

风险来自于你不知道你在做什么。

——巴菲特投资语录

【活学活用】

很多投资者被股市的高回报冲晕了头脑，他们就像等待被宰的羔羊一般，无辜而柔弱。面对他们完全无法想象的股市的残酷和艰难，他们充满勇气地战斗，但结果，他们就像手无寸铁的军队，被对方的大炮屠杀，毫无还击之力。

其实，我们任何一个人都应该懂得保护自己，不做无谓的牺牲，投资的时候，我们要学会控制风险，而不是一味追逐回报。股市常常把投资者分为成功者和失败者，这个市场得以生存的前提，是不断为成功者制造失败者。所以，失败者占大多数，而成功者很少。即便你在短期内，因为运气狠捞了一笔，但这不代表你下一次还会这么幸运，如果还抱着赌博的心态炒股，那么，很可能下一次你输得很惨。所以，不要把自己的钱打水漂，先控制风险，保住资本，再谈赚钱，这才是投资的合理逻辑。

为此，投资者一定要遏制住内心的贪婪，不要想着一时间赚几百万，几千万，投资翻倍地涨，这是没有任何道理的。请记住，没有人可以每年挣50%，更不要说100%了。巴菲特不能，索罗斯不能，我不能，你不能，没有任何人能。另外还要记住，高风险意味着高波动，今年赚了很多，下一年就可能全部赔回去。所以，不如每次都赚一点，日积月累获得更多。

巴菲特向来懂得稳扎稳打，不做无把握的买卖，他很重视保住资本，因此，他在投资中往往会给自己上很多保险，以保证更大概率的成功。

2008年的金融风暴中，巴菲特购买了高盛集团和通用电气公司的股票，但这两支股票大幅度下跌，巴菲特买入后，它们的股价依然下跌。但巴菲特为自己很好地控制了风险。

他购买这两支股票，都是"优先股+每年10%的股息+认股权证"三者结合的。这就为这次投资加了三道保险。第一，如果之后的5年内，这两家公司的赢利状况良好，有很好的业绩，股价高于行权价，那么，巴菲特就可以行权套利，从中获得超常收益。第二，如果之后，这两家公司出现变故，赢利不佳，那么，巴菲特还可以获得每年10%的股息分红。第三，最糟糕的情况，如果这两家公司都倒闭了，巴菲特还能够利用购买的优先股特权，获得优先于普通股东的求偿权。

由此可见，他的这次投资总不会血本无归。当然，不仅如此，他还有一个最大的安全边际控制风险。巴菲特很看重财务安全问题，这两家公司要比他曾经拒绝收购的几家公司财务状况好得多，存在很大的安全边际。

可见，投资股市是一个长线游戏，投资者首先需要做的，是生存下来。之后，才有希望成为成功者。巴菲特的投资策略，给我们很好的启示，凡事都要给自己留一条后路，千万不要下可能让自己倾家荡产的赌注，即便有九成以上的把握，也不要冒这个风险。要懂得给自己的投资上保险，做好最坏的打算，学会规避风险，不存侥幸心理。

眼光放长远，股市总会好起来

【巴菲特微语录】

从长期来看，股市终将会变好。在20世纪中期，美国遭到了两次世界大战，昂贵的军事冲突、大萧条、12次左右的衰退和金融恐慌、石油危机、流感爆发，以及不体面的总统辞职等种种不幸。但是，道琼斯指数还是从66点涨到了11497点。

——纽约时报对巴菲特的采访（2008）

【活学活用】

如今股市低迷，很多人都在恐惧中犹豫着是否还要买入股票，是否要斩仓割肉。即便已经购买股票的人，也在为未来不可预测的前景而担忧，但是，巴菲特告诉我们，从长期来看，股市会逐渐变好的。巴菲特总结了美国股市200年的发展历史，发现股价一直上涨，长期投资的回报率非常稳定和可观。所以，股民们选择了自己中意的股票，就可以长期持有，静静等待股市好转，股票价格上涨。

巴菲特曾经在1973年投资华盛顿邮报公司，但不久后，这只股票的价格就下跌了20%，亏损不小，但巴菲特看中了该股票的长期升值潜力，结果他获利颇丰。还有，1987年，巴菲特投资所罗门兄弟公司优先股，之后，该公司出现丑闻，导致股价大跌，巴菲特也遭受严重损失；1988年，巴菲特买入可口可乐公司股票，后来因为股市持续低迷，股价很快就跌了30%；2002年，巴菲特买入中石油H股后，该股票也让巴菲特的账面亏损长达3年之久。然而，这些股票的下跌都只是暂时的，它们最终都给巴菲特带去了丰厚的回报。

2008年，虽然巴菲特所持的富国银行股价已经下跌，但巴菲特却趁机增持，他之所以这样放心，就是因为对股票历史的正确把握，对该银行后续发展潜力有信心。

当然，对于短期投资者来说，遇到熊市，未来可能还要几年的调整期股市才会逐渐好转，他们的投资可能会失败，短期的变数太多，有很大的不可预测性。

拥有长远眼光，长期持有股票，通过时间的积累赢得更为丰厚回报的前提，一定是股票的价格低于其价值，股票有很大的升值空间。如果买了一支烂股票或弱势股，等着它升值，那就是等于在浪费时间和金钱。对那些在竞争中处于弱势的公司投资者应该保持警惕，但如果投资明星企业，企业实力很强，大可不必太担心，即便是股市低迷，即便自己的股票被套牢，等到股市行情好转，未来5年、10年后，损失一定能够弥补，获得更为丰厚的回报，要对自己的股票抱有信心。

巴菲特的伯克希尔公司在40年前是一家濒临破产的纺织厂，在巴菲特的精心运作下，公司净资产从1964年的2 288.7万美元，增长到2001年年底的1620亿美元；股价从每股7美元一度上涨到9美元。如果你在1956年把1万美元交给巴菲特，它今天就变成了大约2.7亿美元。这还仅是税后收入！

可见，拥有发展潜力的企业，值得我们去持有其股票，等待其度过低迷，走出困境，未来一定会更好。

分期建仓，持续获利

【巴菲特微语录】

无论股票分析师预测未来一段时期内饮料市场或刮胡刀市场怎样变化，像可口可乐、吉列这样公司股票，依然被认为是最具投资潜力的，值得永恒持有的。"永恒持有"并不是说，企业不会再创新和完善自己的产品、销售、管理等各个环节，而是说可口可乐和吉列公司的产品在市场上具有极强的竞争优势，而这种优势众所周知、显而易见。

在未来，可口可乐和吉列依然会在各自领域占据绝对领先地位，随着时间的推移，它们的优势还会逐渐增强。因为，它们在10年前，公司规模远没有现在的大，所有这些迹象表明，未来10年间，它们还会继续扩大市场占有率。

——巴菲特这样抄底股市

【活学活用】

好的公司的股票可以永恒持有，巴菲特告诉我们，像可口可乐、吉列这样在未来必定有重大发展的企业，一旦其股票有所下跌，就应该赶快建仓、买进，因为股价一定会继续上升的。任何时期股价下跌，都是建仓的好机会。

GEICO公司是一个保险公司，其重点拓展政府雇员和军人等稳健保守、事故率很低的驾车人士，采用直接邮寄保单的直销方式，相对于保险行业主要通过保险代理人销售的传统方式而言，具有巨大的成本优势。巴菲特看中了这一点，购入该公司股票。

1958年，由于GEICO的管理层扩大了业务范围，利润全部用于再投资，很快成为全国第五大汽车保险公司。但是到了1975年，公司过度扩张、保险索赔大幅上升以及通货膨胀等因素冲击着其股票与债券投资组合，GEICO濒临破产，当时该公司股票从每股61美元暴跌到2美元。在此紧要关头，巴菲特挺身而出。

"GEICO不一定会破产，但是已朝破产的方向陷落。当时是1976年，这是一个具有庞大特许权的企业，在利用其特许权获利之际，曾犯了很多错误，但是却没有对该公司造成任何伤害，我相信该公司的管理者绝对有能力带领GEICO度过最黑暗的时期，重建企业的价值。他们至今仍然以低成本营运，也犯过许多错误，因为不知道应该预留多少亏损准备金，所以仍不知道自己的成本到底是多少，只是沉醉于自己的成长。他们犯过各式各样的错误，但是仍能保有特许权，这和1963年美国运通发生色拉油丑闻的情形相当类似，这个风波也没有影响该公司旅行支票与信用卡的业务，丑闻可能会摧毁资产负债表，但关键是，该公司虽然没有净值，却价值不菲。"

　　巴菲特相信，这些风波无损于公司的竞争力，他对该公司新任总经理拜恩信心十足。1976年及接下来的五年间，巴菲特在GEICO共投资了4 570万美元，拥有了该公司33.3%的股权。

　　继任的总经理拜恩采取激烈的补救行动，果断采取了业务调整、发展再保险、注入新资金、缩减成本四项措施，使公司转危为安。

　　1977年，GEICO营业利润又重新得以恢复。GEICO成为伯克希尔成长的重要基石。拜恩曾说，从某个角度来说，GEICO造就了巴菲特的金融事业。也可以这么说，是GEICO令巴菲特洞悉了保险业的秘密。在此基础上，巴菲特构筑了自己的保险帝国，并进入再保险领域。保险业不仅成为其"利润奶牛"，而且为其提供了巨量的浮存金。

　　到了1995年，巴菲特投资GEICO的股票已增值50倍，赚了23亿美元。同时由于公司不断回购股票，其持股比例增至51%。就在这一年，巴菲特又支付了23亿美元收购了GEICO的其余股权，使其成为旗下全资子公司。

　　巴菲特看重了该公司强大的发展潜力，即便其面临倒闭时，也没有放弃，而是帮助该公司渡过难关，而这样巴菲特也通过分期建仓、逐渐增持，让自己获得了丰厚的利润。

　　当然，不仅股价降低时可以积极建仓，如果发现企业发展有利于股票增值，这也是一个建仓的好时机。

　　2005年1月28日，宝洁宣布了收购吉列的交易，计划按0.975股宝洁股票换1股吉列股票的换股方式进行交易，巴菲特由于长期持有吉列股票，回报立即大增。吉列当天收盘股价猛涨12.9%，达到51.60美元。这一涨幅使巴菲特持有的吉列股票总市值冲破了51亿美元，而1989年巴菲特买进吉列股票的成本是6亿美元。

　　巴菲特称宝洁与吉列的联姻是一项梦幻般的交易，全球最大日用消费品公司由此产生。宝洁与吉列交易达成后，巴菲特的股票池中吉列将由宝洁取代。对照巴菲特的投资原则来看，合并后的宝洁无疑也具有巴菲特所青睐的特点——全球最大的家庭用品公司、强大的竞争地位、优质的成长性。

　　在宝洁与吉列的联姻过程中，巴菲特起着非常重要的推动作用。宝洁收购吉列的交易在2005年1月中旬时曾处于僵局，因为两家公司无法就并购价格达成一致。宝洁最初提出以每股50美元收购吉列，按照这一报价计算，每股吉列股票将获得0.915股宝洁股票。此时，吉列的并购顾问高盛董事长兼首席执行官亨利·保尔森及吉列的第一大股东巴菲特促使两家公司重回谈判桌。巴菲特之所以如此积极地促成双方的联姻，究其根源，还是与他的投资理念有关。考虑到宝洁并购吉列之后全球第一大日用消费品公司将横空出世，巴菲特热衷于促成这笔交易，随后不久，他就乐观增持宝洁公司的股票了，因为他知道其未来发展前景很好。

分期建仓并不是为了抄底，它只是一种买股策略。如果发现股票已经进入值得我们持续持有的阶段，那么，任何一次买入的时机，都是分期减仓的最佳时机。所以，我们要留意自己手中的股票，如果发现有降价的，并且投资价值优越，那就赶快购买吧。

每次建仓份额不必太大

【巴菲特微语录】

市场并不总是有效。有时候，市场上那些股价飙升的股票，有一些绝对是被高估了，它们从长远来看，可能没有多少升值空间或根本没有价值。然而，很多投资者却被股市的表面现象迷惑了，把大把大把的资金都投入到了这类股票中，这种行为会传染其他人，这样，越来越多的人购买该股，导致该股与其内在价值明显脱节。

——巴菲特这样抄底股市

【活学活用】

面对某支股票价格狂飙似的上涨，有多少人能够冷静分析一下呢？更多的人则是害怕错过这个赚钱的好机会，把大把的钱投进去，做梦都在想着不久之后自己的钞票成倍增加。如果股市总是理性的、正确的也还好，但是有时候，股市充满非理性，那些看似很红的股票，很可能是价格远远高于价值，即将暴跌的股票。如果把大部分资金都投入到这样的股票中，那么未来被套牢的损失，不敢想象。

同样，如果股价下跌，我们看到自己中意的股票已经下跌到了一定程度，就以为它已经到了底部，于是大量买进，结果，股价继续下跌，自己被套牢，还没有资金解套，这样的情形真是不妙。

所以，凡事应该给自己留有余地，股市上到底什么时候股价快下跌，什么时候股价到底，这个点，谁都无法准确预测，包括像巴菲特这样的世界级投资大师也无法预测。所以，我们在投资的时候只能试着买入，特别是对于手头自由支配现金不多的股民，更应该小分量地逐步建仓，以免一次建仓，股市行业恶化，自己被套牢而无法自救。

不要以为巴菲特一次投资几十个亿，总是大手笔，其实，对于他来说，那几十个亿是很小的数目，即便血本无归，对其来说也只是九牛一毛，对发展没有妨碍。他更懂得保险的重要，即便这几十个亿的小数目，他还要上多道保险，以免亏损呢。那么，我们更应该小心翼翼，不比谁投资多，最后看谁赚得多才是最重要的。要让自己牢牢抓住财富，成为掌控财富的主人，而不是任人宰割的羔羊。

所以，要让自己手头的每一笔钱尽量用在刀刃上，保证其增值，而不是打了水漂。要保证自己手中有足够自救解套的现金，每投资一次，都上保险，即使这样可能让你错过赚大钱的机会，比如，某一次你的投资的确是抄到底了。但是，这样的概率很小，这也就意味着，我们抄底赚大钱的机会很少。而更多时候，是小赚或者亏损。如果抱着赌一赌的心态，那么，更多的是亏损。最后按照概率来算，亏损的钱一定多于超底后赚的钱。

每次少量建仓，虽然不会让自己收益太多，但保证不会有太大的亏损。如此日积月累，积少成多，小财富也成了一大笔钱。

所以，我们虽然没有巴菲特那样雄厚的财力，无法迅速创造更多的收益，但我们可以学习他的投资方法，少量建仓，逐步建仓，坚决不冒大风险投资，以规避风险为主，多观察再行动，不急着抄底。让自己始终有足够现金流，让自己始终能够保证本金不受损失，从小投入中赚钱。特别是对于信息不太灵敏，很难预见大市场趋势的散户来说，更应该以保险为主。

安全投资篇　不做赔钱的买卖

　　虽然我国股市历史较短，但最近一些年来发展得也非常迅猛，越来越多的股民加入其中。特别是2008年的大牛市，让人看到了股市钱生钱的强大力量，人们蜂拥而至。然而，看到赚钱，千万不要头脑过热，除了少数像巴菲特那样的股神外，我们很多人还是赔多赚少。

　　炒股最忌贪婪，懂得适可而止，学会日积月累，才是实现财富增值的法宝。所以，赌博心理要不得，学会几招安全投资技术，不管赚多赚少，做不赔钱的买卖才是关键。

第22章 避免损失，给自己上个保险

保住本金至关重要

【巴菲特微语录】

投资法则第一，尽量避免风险，保住本金；第二，尽量避免风险，保住本金；第三，坚决牢记第一、第二条。

——巴菲特投资语录

【活学活用】

"留得青山在，不怕没柴烧"的道理人人都懂，但是，真正能在可能赔钱也可能赚钱的十字路口作出抉择时，能够忍痛割肉的投资者寥寥无几，他们还盼望着时局扭转，直到市场张开血盆大口时，悔之晚矣。时机就是这样短暂，你错过了就什么都没有了，与其幻想未来赚大钱，不如先收回本金，以免股灾下血本无归。

对于巴菲特来说，钱赚了就该保存下来，永远不能失去或花掉，保住本金是他的个性和投资风格的基础。巴菲特是极端重视避免损失的人。他说："现在避免麻烦比以后摆脱麻烦容易得多。"保住本金是巴菲特扎根投资市场的基础，是他所有投资策略的基石。

本金是种子，没有种子便无法播种，更无法收获。1956年26岁的巴菲特靠从亲朋好友那里凑来的10万美元白手起家，50多年后，巴菲特已经拥有370多亿美元，在福布斯排行榜上稳居不下。在今天看来，巴菲特的故事无异于神话。但仔细分析巴菲特的成长历程，他并非那种善于制造轰动效应的人，他只是一个脚踏实地的普通人。

在他还是个少年的时候，就已经有积累金钱的意识了。13岁那年，巴菲特成了《华盛顿邮报》的发行员，并因此成了纳税人。但除此之外，巴菲特一点也不开心，他在学校成绩一般，还时常给老师惹点麻烦。在经历了一次失败的出走后，巴菲特开始听话和用功了。他的学习成绩提高了，送报的路线也拓展了许多。他每天早上要送500份报纸，这需要在5：20前就离开家。偶尔当他病倒时，母亲利拉就帮他去送报，但她从来不要巴菲特的钱："他的积攒是他的一切，你根本不敢去碰他装钱的那个抽屉，每一分钱都必须好好地待在那里。"

另外，他制定了最高效率的送报路线，而且还在送报时兜售杂志。为了防止读者赖账带来的损失，他免费给电梯间的女孩送报，这样一旦有人要搬走，女孩就会向巴菲特提供消息。巴菲特很快就把送报做成了大生意，他每月可以挣到175美元。

后来他师从格雷厄姆，从大师那里学到了"严禁损失"的投资理念，这让他逐渐建立了自己的投资理念，就是一定不干没有把握的事情，避免一切可能的损失。正是在这种避免损失、保住本金的信念下，巴菲特果断抉择，逃过了一次次股灾，当投资机会来临时，也使他有足够的资本投入赢利行业，迅速增值。

1998年6月19日，巴菲特和通用再保险公司隆·佛格森在纽约正式宣布伯克希尔公司将收购通用再保险公司的消息。但是，自从收购之后，再保险公司一直麻烦不断。

通用再保险公司和同属于伯克希尔的国家火险公司为FAI保险公司出售再保险产品，经商定后达成秘密协议：3年内，FAI公司不能寻求保险赔偿。这项规定在很大程度上使该产品转移风险的能力大大弱化，摇身一变成了短期贷款。

在之后不久，FAI公司被澳大利亚第二大保险商HIH公司收购，因为FAI公司的资产负债表被人为美化，随之HIH公司的利润也虚增。澳大利亚监管部门经过调查决定，从2004年10月起，通用再保险公司的6位主管将被禁止在澳大利亚从事保险业活动。另外，澳大利亚监管部门还发现，违规操作的再保险产品来自于通用再保险公司的一个位于爱尔兰首都都柏林的团队，而爱尔兰金融服务管理局也着手对通用再保险公司在爱尔兰的经营活动进行调查。

2004年3月，通用再保险公司的净利润比2003年下降10%，由2003年的近82亿美元减至73亿美元，巴菲特在股市上的投资业绩也出现了明显下滑。以标准普尔500指数为例，该指数成分股在2003年和2004年的平均账面净值增长率分别达到28.7%和10.9%，都超过了巴菲特的伯克希尔公司。同时，伯克希尔公司的现金出现大量闲置，到2003年年底，公司的现金存量从2003年的360亿美元升到了430亿美元。2003年，伯克希尔决定让通用再保险退出酝酿巨大风险的衍生品业务，当时它有23 218份未平仓合约，2005年年初下降为2 890份，2005年年底平仓合约减至741份，此举在当年让伯克希尔付出了1.04亿美元的代价。然而，正是如此果断的退出，让伯克希尔躲过了2008年的"次贷危机"。

巴菲特心中的那本保住本金的账，其实普通投资者也能算得清楚——如果你损失了投资资本的50%，必须将你的资金翻倍才能回到最初起点。如果你设定年平均投资回报率是12%，要花6年时间才能复原。对年平均回报率为24.7%的巴菲特来说，要花3年零2个月。的确，避免赔钱比赚钱要容易。

当然，保住本金并不意味着在投资市场上缩手缩脚，而应该积极开展风险管理。作为一位市场生存大师，索罗斯的父亲教给他三条直到今天还在指引他的生存法则："冒险不算什么；在冒险的时候，不要拿全部家当下注；做好及时撤退的准备。"这三句话同样适合普通投资者，在不清楚风险或自己没有足够的风险控制能力的情况下，不要贸然投资。在做任何投资之前，我们都应把风险因素放在第一位，并考虑一旦出现风险时我们的承受能力有多强，如此才能立于不败之地。

投资不能忽略 "安全边际"

【巴菲特微语录】

我的老师本杰明·格雷厄姆《聪明的投资者》一书的最后一章中，把稳健的投资归纳为 "安全边际"。在读到这篇文章42年后的今天，我仍然非常相信这个观点。而那些不重视这个简单原则的投资者，在20世纪90年代开始就会慢慢品尝到投资造成损失所带来的痛苦了。

——巴菲特致股东函（1990）

【活学活用】

投资者投资的上市公司最好要有一条经济护城河，只有这样，才能确保该股票获得超额的业绩回报。巴菲特认为，与买入股票的价格高低相比，该股票是否具有安全边际更重要。

所谓安全边际，打个比方，当一个女孩子出门约会时，万一必须自行搭车回家，事先应该额外准备好计程车费。考虑有价证券的投资，一定要顾及本金的安全和满意的报酬率。

巴菲特认为，无论你买入的股票价格高低，如果该公司不具备安全边际，没有经济护城河，那么随时随地都可能在与同行的激烈竞争中败下阵来，从而给你的投资造成损失。所以，投资者千万要小心。

只要一个投资者能保持冷静的头脑，做到坚持理性投资，那么，他就能做到在保住本金的前提下，获得一定的报酬（无论多低），由此，这个人就可称为真正的投资者了。

巴菲特认为，他之所以投资成功首要的一点就是，他必须以合理的价格购买，同时公司必须符合他对企业的期望。巴菲特认为，如果投资者犯错则是因为在下面三个地方出了问题：

（1）我们所支付的价格；

（2）我们所参与的经营管理；

（3）企业未来的经济状况。

巴菲特认为，不但要辨认出可以赚得高于平均收益的公司，还应该在价格远低于其实质价值时购买这些企业的股票。巴菲特教导投资者，只有在价格与价值之间的差异高过安全边际的时候才购买股票。

许多投资者只知道一味地钟情于优质企业，却忽视了"安全边际"这一更为根本的投资准则，以为只要是投资好公司，未来就一定有好的投资回报，这种想法实在是太单纯了。1997年巴菲特的股经传入我国时，深圳发展、四川长虹等绩优概念股正被市场炒得热火朝天，许多投资者抱着投资绩优股和"好股套不住人"的投资理念，在两种股票的价格已经涨升数倍的情况下冒险高位吃进。结果由于公司业绩不断下滑和市场热点的转移，两支股票的价格连续走出了下跌行情，直到现在恐怕还有很多人没有摆脱当年被套牢的灾难。

投资大师费雪在总结他的一项失败的投资经历时说："对于投资公司的潜力，我的判断可能是对的，可是这却是一次差劲的投资。我所犯的错误，在于为了参与这家公司的美好未来，而付出了不适当的价格——可是持有那么多年后才赚到微薄的利润。"投资的目的在于赢利，如果因为好公司而忽略好价格，那么你会为此付出不应有的代价。

巴菲特在伯克希尔公司2007年年报致股东函中提出，2007年伯克希尔公司投资的股票业绩表现总的来说是不错的，其中持有市值最大的四家公司中，有三家公司表现相当出色，它们分别是美国运通公司，每股收益增长了12%；宝洁公司，每股收益增长了14%；可口可乐公司，每股收益增长了14%。富国银行虽然受次贷危机影响，收益有所下降，但其价值仍然有增加空间。

巴菲特虽然肯定了上述公司的每股收益增长情况良好，但他依然坚持认为，任何时候都不要以投资对象的市场价格来衡量投资业绩。他更愿意采用两条自己制定的标准来衡量投资业绩：一是在扣除整个行业预期增长率后，看一看它的实际收益增长有多大；二是看看它的安全边际在这一年里有没有变得更宽。

巴菲特特别强调，虽然后一条标准带有主观色彩，但却是非常重要的。如果该公司的安全边际变得更宽了，表明它让它的竞争对手日子变得更难过。相比而言，它自己的竞争优势就更加明显。

可见，安全边际作为衡量标准，作用重大，首先它让投资者避免受到价格上的风险。如果巴菲特所计算的企业价值，只是略微地高于它的每股价格，他不会购买该股票。他推论说，如果公司的实质价值因为他错估未来的现金流量而有些许下降，股票价格终究也会下跌，甚至低于他所购买的价钱。但是，如果存在于购买价格与公司实质价值之间的差价足够大，则实质价值下跌的风险也就比较低。假设巴菲特以实质价值的七五折购买一家公司，但随后该公司的价值下跌了10个百分点，他最初的购买价格仍然会为他带来适当的报酬率。其次，安全边际原则也提供了一些机会，使我们可能获得极佳的股票报酬率。如果能够正确地辨别出一个拥有高经济报酬率的公司，长期之后该公司的股价将会稳定地攀高，反映出它的报酬率。股东权益报酬率持续维持在15%的公司，它股价的上涨程度将会超过股东权益报酬率10%的公司。不仅如此，借由使用安全边际，如果巴菲特能够在远低于实质价值的价格下收购杰出的企业，伯克希尔将会在市场价格进行修正的时候，额外地大赚一笔。

巴菲特在他几十年的投资活动中，始终注重考察企业的实质价值，考察安全边际，巴菲特提出了投资绩优股的最佳理论：好公司+好价格=好股票。选择那些市场价格低于实质价值的企业，同时重视企业的长远发展，这才能保证投资的成功。

股价不会无限增长

【巴菲特微语录】

在有限的世界里，任何高成长的事物都将会自我毁灭。如果是成长的基础相对较小，则这项定律偶尔会被暂时打破，但是，当基础膨胀到一定程度时，好戏就会结束，高成长终有一天会被自己所束缚。

——巴菲特致股东函（1989）

【活学活用】

经常在股票交易市场，有很多人看到股价增长幅度很大，增长很快，于是便迫不及待地购入股票。然而，这样做的结果往往事与愿违，可能在人们刚刚购入后，股价就大幅下跌。

巴菲特从来不相信股票价格会无限增长，他经常会表示能够有20%~30%的增长都是不可能长期持续的。所以，巴菲特在购买某家股票之前，总是尽可能地估计这只股票在10年后会在哪种价位交易，并测算公司的赢利增长率和平均市盈率，与目前的现价进行比较。通过这样的比较，如果股票价格在长时期内至少获得15%的年复合收益率的话，则果断买入。如果其将来的价格加上可预期的红利，无法实现15%的年复合收益率，那么，巴菲特就更倾向于放弃它。

举个简单例子，假如你在2011年4月，以每股89美元的价格购入可口可乐公司的股票，如果你的投资在长期内能够赢得15%的年复合收益率，那么，10年之后的2021年，可口可乐的股票大概可以卖到每股337美元，这样才能达到预期的目标。所以，在决定以每股89美元的价格购入之前，就要保证股票有15%的年复合收益率。为此，需要衡量四个指标。第一，可口可乐现行的每只股票的收益水平；第二，可口可乐股票交易的平均市盈率；第三，可口可乐的利润增长率；第四，公司的红利分派率。通过了解这些数据，就可以计算出这家公司股票的潜在收益率。

比如，可口可乐公司股票的成交价为89美元，连续12个月的每股收益为1.30美元，那么，预期的收益水平的年增长率将会是14.5%，再假定一个40%的红利分派率。如果可口可乐公司能够实现预期的收益增长，到了2021年，每股收益将达到5.03美元，用可口可乐的平均市盈率22乘以5.03美元就能够得到每股110.77美元。最后，再加上预期11.80美元的红利，总收益就能达到122.57美元。

如果要达到15%的年复合收益率，可口可乐公司目前的价格就只能达到每股30.30美元，而不是89美元。如果这样，巴菲特定然不会把赌注下在可口可乐股票上。

由此可见，如果投资者以正确的价格来购买正确的股票，获得15%的年复合收益率是能够实现的。但是，如果选择了错误的价格，购买了业绩很好的股票，获得较差的收益率也是有可能的。所以，买入股票的价格是和收益相关联的，价格越高，潜在的收益率就越低，反之亦然。

巴菲特从1994年开始大量买入甘尼特公司的股票。平均价格为48.90美元，他花了335 216 000美元购买了6 854 500股。他为什么选择这家公司的股票呢？

第一，甘尼特公司在美国38个州和其他领土发行报纸有190种。公司最大的发行物是《今日美国》和《底特律新闻》。它发行的大部分报纸是独领风骚的，具有很强的垄断性。另外，甘尼特公司还拥有13家广播电台和15家网络连属电视台。

第二，甘尼特公司在1984~1994年间，年复利收益率为8.6%；在1989~1994年期间，年复利收益率为5.3%。可见，每股收益都非常稳定，除1990和1991年这两年整个出版和媒体行业都经历了一场经济衰退，导致广告费下降外，其他年份收益均呈逐年上涨趋势。

该公司的权益负债表明，1994年，公司长期债务总额达到7.67亿美元，而所有者权益超过18亿美元。公司在1994年的收益达到4.65亿美元，完全有能力在2年内还清所有债务。

第三，该公司一贯保持了较高的股东权益回报率。在之前的30年中，美国公司的平均权益回报率大概是12%，而甘尼特公司的股东权益回报率要大大高于这一平均水平，达到20%。

基于此，巴菲特非常清楚该公司强劲的发展势头，于是，果断地买下了该只股票。所以，作为投资者，想要获得好成绩，一定要做好分析，在正确的股价下买入正确的股票。如此，必然能按预期计划获得收益。

频繁交易损失更大

【巴菲特微语录】

股票市场的讽刺之一就是强调交易的活跃性。使用"交易性"和"流动性"这样名词的经纪商频繁夸赞那些交易量较大的公司，但是，投资者必须明白，这对于在赌桌旁负责兑付筹码的人来说是好事，对于客户来说未必是好事。一个过度活跃的股票市场其实是企业的窃贼。

——巴菲特投资语录

【活学活用】

有很多人认为频繁交易会增加收益。通过频繁交易而买低卖高，这样就可以频繁获得价差，赢得更多的利益。虽然这样的想法在理论上可以行得通，但是在实践中却很难做到。即便是牛市，这种频繁交易的操作方法也是不明确的，常常会遭遇失败。

巴菲特在伯克希尔公司1983年的年报中具体讨论了关于股票频繁交易可能带来的利弊。最后总结说，股票频发交易只能增加交易成本，给股东财富带去惊人损失。

他举了一个例子来说明。比如，一家净资产收益率为12%的公司。如果其股票换手率每年达到100%的话，每次买入和卖出的手续费为1%（对于低价位公司来说手续费要高得多），以账面价值来买卖一次股票，那么，我们这家公司的股东们就要支付公司当年资产净值的2%作为股票交易的成本。这种股票交易活动对企业的赢利没有任何用处，而对于股东来说，则意味着公司赢利中的1/6都通过交易的"摩擦"成本消耗掉了。

所有这些交易就形成了一场具有昂贵代价的听音乐抢椅子游戏。如果一家政府机构要对公司或者投资者的赢利征收16.66%的新增税，那么，我们可以想象这对公司和投资者来说是多么痛苦的事情。在股票市场频繁的交易，投资者付出的交易成本就相当于他们自己对自己征收了这种重税。

如果市场日成交量达到1亿股，那么，每个交易日则不是股东的福音而是诅咒，因为这意味着，相对于日成交量5 000万股的交易日，股东们想要变换坐椅就要支付两倍的手续费。如果日成交量1亿股的状况持续1年，而且，每次买进卖出的平均成本是每股15美分，那么，投资者坐椅变换税总计大约是75亿美元，这大致相当于财富500强中最大的4家公司埃克森石油公司、通用汽车公司、美孚石油公司和德士古石油公司1982年的利润总和。

另外还有一个成本，是对交易者自身的损耗。所有的技术面分析都需要时间的持续性，频繁交易肯定赚不到钱。因此，必须考虑人为因素，交易者不是一台可以不断运转的机器，他需要休息、调整。

《客户的游艇在哪里》的作者小弗雷德·斯韦德曾经懊悔地说，在股票市场持续上涨了15年的情况下，他还是连凯迪拉克都买不起。这是为什么？斯韦德认为是自己年轻时对持股的态度，他相信了一位爱尔兰老人的话，那位老人的信条就是："证券之所以存在，就是为了卖掉。所以，卖掉它。"正因为如此，斯韦德一有利润就急忙卖掉，他以为这样自己就能获得更多的财富。然而事实并非如此。终于，他明白了，其实正确的做法应该是："买好之后就该像一个肥胖而愚蠢的美国农夫一样，把这些股票紧紧地握在手里，那些农夫即便在他们最贪婪的美梦中，也绝对想象不到股票可以让他们如此富有。"

2007年正是中国股市火爆的牛市，全年的证券交易印花税收入达到了2005亿元。平摊到每个股民头上，相当于每人贡献超过2 800元。而在2009年，全球最赚钱的银行——中国工商银行净利润为1 107.66亿元。也就是说，投资者把手中股票换来换去的代价就是耗掉众多大企业辛苦一年的所得，相当于工商银行全年净利润的两倍多。

因此，投资者还是老老实实地做一个小弗雷德·斯韦德所说的"肥胖而愚蠢的农夫"吧。

投资者的频繁交易，让自己损失惨重，而让那些证券公司获得了更多的利益。在频繁交易中，投资者手中的钱在不断地损耗，而券商、经纪人、交易员等却因为客户不断的成功交易而越来越富有。比如1万元，每天交易两次，每次只要30元，一个交易日就要60元，一个月下来就要1 200元。证券商、经纪人、交易员等最终都能买得起豪华的"游艇"，而只有辛苦的投资者变得越来越穷。所以，当我们听从了一些交易员、经纪人或者证券商的话频繁交易，那就是在帮助他们买游艇。千万不要盲目听从，要自己思考一下。

总之，频繁的交易除了让自己越来越忙碌，越来越穷外，没有什么好处。投资者还是放长线钓大鱼吧。

从垃圾股或债券中赢利

【巴菲特微语录】

低价格最常见的起因是过于悲观，这种情绪有时候四处弥漫，有时候只是一家公司或一个行业所特有的。我们要在这种环境下开展业务，不是因为我们喜欢悲观主义，而是因为我们喜欢它导致的低廉的股票价格，理性投资者从来不认为乐观主义会成功。

——巴菲特致股东函（2003）

【活学活用】

巴菲特总是不同于其他投资者，往往别人认为很不好的股票，他却力排众议，坚决购买，等到他购买后，这只股票神奇地惊天逆转。巴菲特认为世界上的每个人最终都会喝调味碳酸饮料，所以，他在其他人不看好可口可乐公司时买进它的股票；他认为全世界所有人最终都会用上信用卡，所以，他买进美国运通公司的股票，即使它当时正处于色拉油丑闻之中；他认为世上所有男性最终都会使用一次性剃须刀，所以，在吉列抵挡投机者恶意收购时向其伸出了援手。结果，这些企业如今都已经成为了知名企业，它们的股票价格也已经上涨了很多，当然，巴菲特从中获益颇丰。2002年，巴菲特在投资上出了奇招，开始投资一些垃圾债券。结果，他在这方面的投资获得了5倍的收益，直到2002年底，这部分的资金已经增加到了83亿美元。

同样，别人不看好的垃圾债券，巴菲特也出大手笔购买，从中受益。华尔街的债券交易巨头所罗门兄弟公司非常擅长政府债券、市政债券、抵押债券等一切固定收益交易，并且一直认为公司交易员和数理分析师的能力很强。然而，就是因为该公司交易员的狂妄自大而导致该公司濒临倒闭。仅仅一次国债丑闻就让他们陷入困境无法自拔。巴菲特由此乘虚而入，买入这家公司股票，成为了这个华尔街头号交易行的最大股东和董事长，并且最后又把它卖给了旅行者集团（现在为花旗集团的一部分），自己从中大赚了一笔。如果现在哪家公司面临倒闭，巴菲特同样会乘虚而入，虽然他没有做过一笔衍生品或结构化的生意，也不懂程序交易，可他懂得"高卖低买"，从中获利。

20世纪80年代末90年代初，垃圾债券市场崩溃。在1989年、1990年两年间，巴菲特以低于债券面值的价格购买了RJR纳比斯柯公司4.4亿美元的垃圾债券。随后，KKR公司凭借银行贷款和发行垃圾债券以250亿美元成功收购了RJR纳比斯柯公司。到了1991年，RJR公司宣布将按债券的票面价值赎回大部分垃圾债券，这一公告使其债券价格上涨了34%，而巴菲特从这项投资中获得1.5亿美元的资本收益。

总之，不论是垃圾股票还是垃圾债券，巴菲特都会衡量其价格和价值的关系，并且还要从上百个投资对象中寻找那些数量很少的、回报风险比率有吸引力的品种。由此可见，越是别人看不上的垃圾股、垃圾债券，越是可能存在巨大的获利空间，我们应该仔细研究，从中发现价格明显低于其本身价值的具有成长潜力的企业，因为总有一天，这样的企业会东山再起。

密切关注通货膨胀

【巴菲特微语录】

通货膨胀是一场灾难，但这场灾难也可能给投资者带去福音。

——巴菲特投资语录

【活学活用】

我们所有投资者都有一个非常可怕的敌人，而且还常常错误地低估了这个敌人，这个敌人就是通货膨胀。对投资者来说，通货膨胀是最危险的敌人，它的侵蚀力量实在可怕。打个比方，你的钞票的购买力在不到15年内，就会少掉一半，在随后的5年内，又会再少掉一半。通货膨胀率如果是7%，只要经过21年，你的钞票购买力就会降到只有目前的1/4。

如果你是个投资者，如果你在20世纪开始时，投资100美元在美国的普通股上，这笔投资到现在值多少钱？结果是70多万美元。竟然能拿这么多！但是，别高兴得太早，事实上，到1975年为止，这笔钱只增加到7.5万美元，其余64.3万美元是最后20年股票市场勃兴才得到的。表面看似惊人的收益，其实是"膨胀"效果。一个世纪的真正获利只略超过4万美元。可见，通货膨胀会无情地摧毁财富购买力，它让大部分财产都灰飞烟灭了。

巴菲特非常关注通货膨胀。他表示，通货膨胀对各个企业的影响是不同的。最好的企业有能力维持实质美元的盈余创造力，而且不用为了创造名目上的成长率而进行相对应金额的投资。那些糟糕的企业，是你必须投入越来越多的"投资"才能维持的一家"烂公司"。

巴菲特认为最好的企业指的是那些靠极佳经济商誉赚钱，固定资产比例很小的公司。所以，巴菲特在收购企业的时候，会考虑那些能够长期发展，创造稳定的现金流，同时经营成本相对较低的传统行业。

巴菲特买下喜斯糖果公司就是一个典型的例子。他在1972年买下了喜斯糖果。在那个年代，美国发生了很多不寻常的事件，首先是越战的延续和结束，这场战争让美国社会动荡不安。同时，嬉皮文化也达到了高峰，年轻人游手好闲，追求享乐，大量大麻和海洛因等毒品肆意泛滥。最后石油危机导致全球性的经济衰退。这种种因素，导致美国股市处在一个特殊时期。70年代的美国经济是停滞的，70年代初到70年代中期，美国经济衰退，经济霸主地位开始动摇，70年代中期到70年代末，美国经济发展缓慢，出现停滞和通货膨胀。在这样的背景条件下，喜斯糖果这样一个拥有稳定现金流的企业，恰好是抵消通货膨胀的最好选择。喜斯糖果在通货膨胀时期表现得相当出色，因为它不需要现时美元的庞大资本支出，拥有稳定的客户群和管理阶层，所以，巴菲特对投资该公司非常放心。而相比之下，那些需要大量的固定资产才能顺利运作的公司，总是被通货膨胀所害。

所以，在通货膨胀下，还是有很多企业可以投资的，投资那些信誉好，经营成本低的传统行业，投资者依然能够减少资金无形的损失，继续赚钱。

第23章 走出股票投资误区

主力机构行为不影响散户

【巴菲特微语录】

市场上有所谓的专业投资者，手中掌控着数以亿计的资金，就是这些人的一举一动造成了市场的动荡。他们没有把精力集中在研究企业下一步发展上，只沉醉在琢磨其他基金经理人下一步的动向。对他们来说，股票只不过是"大富翁"里的棋子，是赌博交易的筹码。这些人的做法发展到极致，就形成了投资组合保险，一种在1986年到1987年间广为基金经理人所接受的策略。这种策略只不过是像投机者停损单一样，当投资组合或是类似指数期货价格下跌时就必须处分持股。

——巴菲特致股东函（1987）

【活学活用】

主力机构拥有大笔资金，当这些主力行动的时候，股票市场会出现剧烈波动，这不言而喻。就如巴菲特所说的那样，这些主力机构从来不去研究上市公司下一步的发展方向，而是把主要精力用在研究同行下一步的操作动向上。在他们眼里，股票就是一项赌博活动，而不是投资。并且他们还推出了各种主力机构普遍接受的一种策略，那就是所谓的"投资组合"。当股市下跌到一定程度时，这种投资组合就会涌出一大堆卖单，推动股市进一步下跌。比如，在1987年10月，主力机构拥有这笔资金的规模高达900亿美元，所以，他们的一举一动随时随地都有可能成为股价迅速上涨或下跌的推动力。

正因为如此，一些散户投资者抱怨说，市场是由主力机构操纵的，散户投资者根本没有一点机会。这样的判断也是不对的。巴菲特认为，无论你拥有多少资金，股市面前人人平等。股市波动是正常的，作为理性的投资者不应该因为股价波动就轻易卖出自己的股票。有时候，市场越是波动得厉害，对理性的投资者就越有利。所以，是否买卖股票的唯一参考，应该是看该股票的内在价值，以及将来的发展趋势。

一个圣路易斯家属请求巴菲特为他们推荐几位既诚实又能干的投资经理人，于是，巴菲特把唯一人选——许洛斯推荐给了这个家庭。之所以巴菲特如此欣赏许洛斯，就是因为他能够抓住股票发展的本质，而不会胡乱追逐主力机构的动向变化。

许洛斯这个人从来没有读过大学的商学院，甚至也没有读过相关专业，但是从1956年到2006年之间，他却一直掌管着一个十分成功的投资合伙企业。他掌管该企业的原则是，投资合伙人一定要赚钱，否则自己分文不收。

那么，他是怎样操作股票，实现一定赢利的呢？许洛斯和他的唯一员工——儿子爱德文，一个艺术硕士一起工作。他们从来不听什么股市的内幕消息，甚至连公开消息也很少关注，他们完全采用简单的方法，归结成一句话就是："努力买便宜的股票。"

在许洛斯长达47年的合伙事业中，投资的大多数是冷门股票，可是其业绩表现却大大超过了同期标准普尔500指数。

在许洛斯看来，任何现代投资组合理论、技术分析、总体经济学派及其他复杂的运算方法，都是多余的。不如老老实实做企业发展统计，最后买尽量便宜的股票。

许洛斯的投资行为，正印证了巴菲特曾经说过的那句话："投资者没有必要太过关注主力机构如何操作，某股票价格在主力机构操纵下今后可能上涨或者下跌。正确的做法，应该是把股票交易价格是否合理与其内在价值相比较。"

事实上，由手握重金的基金经理人所造成的市场波动，反倒让真正的投资者有更好的机会可以去贯彻其明智的投资行为。只要投资者在面临股市波动时，不会因为财务或心理因素而被迫在不当的时机脱手，就很难会受到伤害。

不能轻信股评的推荐

【巴菲特微语录】

投资经纪人会告诉你在未来两个月内如何通过股指期货、期权、股票来赚钱，这完全是一种不可能的幻想。如果能够实现的话，他们自己早就赚足了，根本不会告诉投资者。

——巴菲特投资语录

【活学活用】

现实的情况是，很多投资者在投资后会面临这样或那样的困难，如所掌握的资讯少得可怜，即使那些公开的资讯投资者也没有能力去全部收集得到；分析能力有限，无法得出一个相对准确的预测结果。

这些方面的不足都直接打击了投资者的自信心，于是投资者开始希望外界某种神奇力量能够给自己指明方向，选到好股，这样最后便找到了股评家。

不可否认的是，股评家的专业素质和投资赚钱能力的确位列一流水平，远远高于普通投资者。问题是有些投资者对股评家产生了某种崇拜的情绪，迷信股评家所荐股票和所做的后市预测。不管其观点对不对，所选股票符不符合自己的特点，也不管当前位置是不是买入的好时机，盲目欣然买入。

在股票交易中，巴菲特认为专家的意见的确有一定的参考价值，因为专家经过较长时间的研究，对各家上市公司的财务结构、上游材料供应、下游产品经销、同行竞争能力、世界经济景气影响、国内经济发展情况以及未来各行业发展潜力都有一个比较全面、准确的分析。根据他们的建议选择投资对象和投资时机，能够让自己尽量少犯错误。但是对于这些股评家的意见，巴菲特认为投资者还是应该表现出一定的鉴别意识和批判精神，因为任何一个专家都不能保证永远成功。

比如，投资大师柏彻特也是个传奇人物，他开始加入美林证券的时候是技术分析师。后来受到艾略特波浪理论的启发，决心自立门户，离开了美林公司，到了一个谁也想不到的地点——佐治亚州的盖恩维拉撰写投资预报。最初几年顺风顺水，预测惊人准确。20世纪80年代初期，道琼斯指数在1 000点上下，他预测大多头的股市将至，道琼斯指数可望上涨到3 600点，并在2 700点稍做喘息，他要他的信徒全力投入直到1987年10月。1987年10月，美股大崩盘，道琼斯指数从2 695点跌到1 795点。柏彻特像当时技术派的真正天才，预测非常正确。

1987年10月美股大崩盘后，道琼斯指数跌到只剩2 000点左右，柏彻特对长期趋势转向悲观，建议持有国库券。他认为"大多头市场可能已结束"，道琼斯指数在20世纪90年代初期将跌到400点以下。可是股市无情地嘲弄了柏彻特，"八七股灾"后，美股重拾升势，道琼斯指数未见到400点而是扶摇直上11 000多点。柏彻特让他的信徒错失了一个涨幅达4倍多的超级大牛市，其后他的信誉江河日下。

由此可见，即便是最权威的人士也不可能完全预测未来的发展，他们常常犯下这些错误。

（1）往往比较短视，喜欢追涨。

（2）目光太过短浅只局限在明星股、强势股。有些股票股价早已涨上了天，庄家随时有可能出货，这类股票极不适合一般投资者，但一些股评家照推不误。

（3）推荐股票往往是一推了之，没有后续的"售后服务"，而股市时局瞬息万变，多空转势随时都可能突变。投资者根本无法获得股评家的及时通告，当初买入的时候也没搞清楚股评家选股的真实依据，更重要的是股评家没有预先告诉投资者未来放弃该股票的条件，而投资者自己也没有主见。这种只知进，不知出的选股方法是很危险的。

（4）股评家的观点都是以公开的形式发表，必然会引起庄家的注意，庄家有时便有意利用股评，与股评反向操盘，或同向借势操盘。

以上种种因素决定了投资者万万不可迷信股评家的推荐。

投资者应该有自己对股市的看法，在不了解股市行情的时候，最好避免损失，在有一定看法和把握的时候再去一试身手，避免迷信股评专家。

一个理性的投资者，应该清醒地认识到，股评家所推荐股票见报之时，往往不是最佳的买入时机。在买卖股票时一定要有清醒的认识，要对股市多加分析，主要应该考虑以下这些问题：

（1）这家企业是否有发展潜力？它目前的股票价格未来是否还有上升空间？

（2）买入之后，如果上升，你会怎样做？是否止盈平仓了结？在什么价位止盈？

（3）在什么价位加注？加多少注？每次加注资金是多少？

（4）如果买入之后下跌，你会怎样做？是由它下跌不去理会吗？

（5）股价下跌是否止亏？如果止亏，在什么价位止亏？

（6）在低位再多买些？如果再多买些，会买多少？在什么价位买？

其实，股票投资是一门很深的学问，绝大多数人都未能真正读懂它，只有像巴菲特那样的投资大师才真正悟到了炒股的精髓。所以，我们应该仔细研究，正确把握股市发展规律，提高自己的投资能力。

避免陷入多元化沼泽

【巴菲特微语录】

我们真正熟悉的生意可能不会超过六个，如果我们真的懂得六个生意，那就是我们所需要的所有多元化，这样，我们一定会赚大钱。但是，如果我们决定把钱放在第七个生意上，而不是去投资我们最熟悉的认为最好的生意，那这个决定一定是个错误。因为靠第七个生意赚钱的概率是很小的，而因为最熟悉的生意而发财的概率却很大。我认为，对任何一个拥有常规资金量的投资者而言，如果他们能够真正懂得六个生意，那么，投资这六个已经绰绰有余了。

——巴菲特在佛罗里达大学商学院的演讲（1998）

【活学活用】

所选股票太多是股市输家的一大陋习。绝大多数投资者是一个人在股市单打独斗，操作的资金有限，却买进了近10只股票。且不管当初研究这10只股票所消耗的巨大精力，光是每天盯住这10只股票察看盘口就已经令投资者晕头转向。何况每只股票走势各异，有的上涨，有的下跌，强烈冲击着投资者的神经，一涨一跌就好像同时被人泼冷水和热水，令投资者无所适从。

显然所选股票数量过多，会直接导致投资者的目光无法集中，很容易看走了眼，同时缺乏时间去周全地照顾每一只股票，这样就会错失一些重要信息，不能够在第一时间果断作出买卖决策。所以说，选择股票过多，也不是件好事情。

对此，巴菲特深有感触。他曾一度采纳其导师格雷厄姆的观点，进行上百种的投资组合，以防止某些企业或股票不获利的可能发生，分散投资风险。但是，他在投资实践中发现，这种投资方式常常令人左支右绌，照顾不过来，于是他转向了费雪和门格的理论。费雪认为，投资者为了防范风险，避免将鸡蛋放在一个篮子里，而将鸡蛋分散在许多篮子里，结果是许多篮子里装的全是破鸡蛋。因为精力有限照顾不周，导致鸡蛋打破，所以多元化的投资理论并不适用。后来，巴菲特还深受英国经济学家凯恩斯的影响。凯恩斯在投资领域有许多杰出的见解，他曾经说过，他的大部分资产都集中投在他可以算出投资价值的企业证券上。

这些经历和专家的思想给巴菲特带去了深刻的影响。后来，巴菲特认为市场上流传的分散投资或者多样化投资是人们为了掩盖自己的愚蠢所采取的行为。他逐渐开始走向集中投资道路。这样，他只需持有少数几种股票，而这少数几种股票所属的企业他都有一定的了解，而且他持有这些股票的时间都很长，这样他就可以认真地考虑是否需要进行其他某种投资。

巴菲特正是以这种严谨认真的精神来考虑投资于什么和以什么价格来投资这两个关乎投资成败的问题，从而大大降低了投资风险，提高了投资效率。也就是说，这个策略使得他仅仅投资于一些他非常了解的和价格合适的优秀企业，从而减少了遭受损失的危险。

巴菲特这种做法很符合投资现实。事实上，我们总是把鸡蛋放在一个篮子里并用心守护，尤其是这些鸡蛋非常宝贵的时候，显得更为重要。而多元化投资，自己既会忙得焦头烂额，又因为不了解而错误率更大。

巴菲特说：“对于每一笔投资，你都应当有勇气和信心将你净资产的10%以上投入此股。”在与商学院的学生交谈时，他给他们提出这样的建议，当他们离开学校后可以做一张印有20个洞的卡片。每次作一项投资决策时，就在上面打一个洞。那些打的洞较少的人将会更加富有。如果你将大部分资金集中投资在少数股票上，巴菲特的经验告诉你：你将会获得更安全、更稳定的投资收益率。

巴菲特对自己集中投资的股票数目限制在10支以内，对于一般投资者集中投资股票的数目建议最多20支。事实上，他集中投资的股票常常只有5支左右。

记住，多元化只能让我们捉襟见肘，不如集中我们熟悉的几支股票，认真分析，这样投资更为有效。

长线投资不在于钱多钱少

【巴菲特微语录】

大家不用太认真，因为对于持股比重较大的投资，我们通常情况下要持有一段时间，因为，我们投资所获得的利润是依靠这些被投资公司在这段时间内的经营表现，而不是在特定时期内股票的价格。这就像是我们已经买下了一家公司，却只是去关心他短期的经营业绩一样，是一件很傻的事情，如果已经购买了公司的部分股票，拥有该公司的部分所有权，却还是一味地盯着股票的短期盈余或者盈余短暂的变动，都是很不应该的事情。

——巴菲特致股东函（1977）

【活学活用】

很多投资者认为自己投资的钱很少，即便做长线，赚得也很少，所以没必要等待那么长时间，不如做短线获得投资回报赚钱更快。很多人总认为长线投资只是针对拥有大量资金的投资者来说的，对于拥有资金较少的散户没有什么意义。

其实不然，长线投资不在于钱多钱少，钱少照样会收益颇丰。比如，投资者于福，他在1993年买入万科A1 000股，成本为2万元左右。到了2007年，当年买入的万科股票，现在的市值为36万元，回报是18倍。证券公司的工作人员说，如果每次万科A的配股和权证都要的话，回报可以达到72倍，也就是接近150万元。那么，于福为什么没有要那些配股和权证呢？其实，不是他不要，而是当年他买完这些股票后，就一直没有关注它。但是，即便如此，在14年之后，于福也得到了高达18倍的投资回报，年均23%的收益率足够让绝大多数的基金经理汗颜。

由此可见，即便投资钱少，但投资时间长，也同样会获得丰厚的回报。所以，千万不要把小钱浪费在短线投机里，以免造成损失。

在20世纪70年代，巴菲特持有的资金量也不多，所以，每次股价的波动都会对伯克希尔的净值产生很大的影响，但是，巴菲特没有被短期股价波动所左右，一直坚持长线持有策略。到了1977年，伯克希尔保险事业投入的资金成本已经从原来的1.345亿美元增加到了2.527亿美元，因此，投资增加的净收益也从1975年的税前850万美元增长到了1977年的1 240万美元。

可见，投资少也能赚大钱。作为投资者一定要耐心等待，不要抱着短期投机心态，即便是资本很少。况且，越是钱少越经不起短期股市上的惊涛骇浪，越容易损失掉。这就像成功的农夫绝不会在播种之后，每隔几分钟就把种子挖起来看看长得怎么样，他们会让谷物发芽，让它们生长。否则，谷物必死无疑。

如果实行短线投资可以大获成功，短线投资应该成为投资的主导。但事实上，很少见到短线投资者能够在市场上发财。赚一点利润可能并无问题，但比起长线投资人士而言，反而容易招致损失。短线投资者容易损失的原因正是股票在短线上的波动很大，并不容易捕捉，有时看到一只股票某日突然之间上升而买进，可能这只股票只是炒高来派货，或只炒一日半日就再回落，这种现象股市上屡见不鲜。短线投资者因为并非抱着长线投资的心态，即使亏，也会止亏。十次有五次这样，即使其他五次赚钱也可能只是白干。如果某一两次买得较为大手，但股价回落得急，可能即使再多赚三五次，都不能弥补一两次的损失。即使赚得到钱，最终获利的可能性也有限。

所以说，钱少，并不是做短线的理由。即使是小钱，只要看准公司，长期投资也能发大财。巴菲特曾经说过："我偏爱的持股期限是永远。"这就是为什么他敢说10美分也能成为1亿美元的缘故。可见，不管钱多钱少，长线总比短线好。

长线投资并不是万能的

【巴菲特微语录】

我们必须强调的是，不管我们所投资的这家公司的股价是上涨还是已经持续了一段时间，我们不会轻易就处理掉，我们更愿意无限期地持有这家公司的股份，只要这家公司能够运用其资金产生让人满意的报酬，管理阶层优秀能干并且正直，同时，市场对其股份没有过度高估。

——巴菲特致股东函（1987）

【活学活用】

长线投资是巴菲特的经典投资理论之一，因此，一些投资者就模仿巴菲特这一理论，买入股票后长期持有。但是，虽然股票以长线投资为好，也要分情况，长线投资不能保证一定会获得丰厚的回报。能够进行长线投资的企业股票，该企业一定具备一些条件。

首先，企业具有持续稳定的获利能力。第一，公司产品或服务有定价权。一些企业能够轻松提价，并且不会因此担心市场占有率或销量下滑。而且能够利用少量的支出轻松获得大量收益。这样的企业才能适应通胀的经营环境。

其次，企业所在的行业发展前景稳定。对于商业前景的持续稳定，巴菲特在1987年致股东信函曾这样写道："经验表明，能够创造盈余新高的企业，现在做生意的方式通常与其5年前甚至10年前没有多大的区别。"

再次，高权益回报率，没有或极少负债。巴菲特认为股东权益回报率是最好的单年绩效指标。高回报率常常能够让我们获得更多的财富，同时也更容易获得股东的支持。另外，该企业一定是负债极少或没有。在通胀加剧的情况下，越来越多的公司会发现仅维持它们当前的营运就需要花光先前所赚的所有钱，所以，不管这些公司的盈余多么吸引眼球，如果这些数字难以兑现为白花花的现金，投资者就会心怀疑虑。

正如巴菲特在1980年致股东信中写的那样："我们偏好于并购能'产生现金'而不是会'消耗现金'的公司。"

最后，管理层管理能力强。巴菲特非常重视企业的管理层领导能力，他认为管理层就是要创造现金，而自己的优势是配置资金。

另外，尽量投资自己熟悉的简单的企业。不投高科技企业就是巴菲特这一观点的体现，在1999年致股东信中巴菲特写到："想要预测处在快速变化发展中的公司未来发展前景，显然已经不在我们的能力范围内了。这也是为什么我们从来不买高科技股票的原因，即使我们都承认它们所提供的产品和服务将会改变整个社会。但问题是，我们无法分辨出这些高科技公司，究竟哪家才具有长期竞争力。

还有合理的价格。巴菲特认为账面资产和企业内在的价值无关。拥有同样资产的企业，最后创造出的收益却不一定相同，所以，不能光看账面资产就盲目投资。另外，企业成长本身也不一定就表示有价值。虽然成长常常会对价值有正面影响，有时还非常重要，但并非绝对。

以上这几点不是孤立的，是相互关联、互为一体的。我们在考虑某个公司是否具有长期投资价值时，一定要对以上几点进行综合考虑，这样才能了解得更全面。当然，到底持有多长时间呢？这里的长期，指的是在较长一段时间内，在这段时期内，可能会有股价下跌，但这个阶段下降，下一个阶段就可能上升，最终股票会在总体上为投资者带去相当大的赢利。

最后，长期投资能够跑赢市场的原因应该是"在适当的价格买入那些真正优秀的公司，并且持有到它的股价不再被低估为止"。牢记这句话，我们就能够对巴菲特投资理念有更深刻的理解。

成功不是靠简单的技术分析

【巴菲特微语录】

如果你生活在一个父权结构非常严密的社会，每一个家庭都以父亲马首是瞻，20天后，你就会发现215位赢家是来自于21.5个家庭。很多天真的分析师会因此认为，其中具有高度的遗传因素。当然，这实际上没有任何意义，因为你所拥有的不是215位个别赢家，而只是21.5个随机分布的家庭。

——巴菲特在哥伦比亚商学院的演讲（1993）

【活学活用】

技术分析是每一个国家都有很多人关心的事项，就像六合彩、赌马和上赌场那样，因为时对时错，因而能够满足那些寻找刺激感的投机客的心理。但这是否是聪明的投资者应该使用的选股方式呢？

首先我们了解一下股票分析师，他们的工作，就是将所有股票列入三个等级之一：应该买入的好股、应该继续持有的中等股和应该卖出的坏股。

大半的股票分析师都是附属于证券公司，而后者的生存能力，还取决于股票的交易量。因此，为了增加营业额，股票价格的极度波动是一大好事。

基金经理也是股票分析师报告的一大使用者。美国的基金经理喜欢交易频繁，一来是可以尝试吃散户投机客的钱，二来是证券商会付一些佣金给基金经理。

这使得股票分析师的股票建议，在像巴菲特这样的长远投资人看来，是非常漂浮不定的。巴菲特对分析师并不客气，他曾说过："只有在华尔街，你才会看到有人开劳斯莱斯上班，却听取搭地铁上班者的意见。"

另外，从技术分析本身来看，巴菲特提醒投资者，技术分析不能够为你长期赚钱。技术分析主要研究股票的形态与供需的关系，在完全竞争的市场，技术分析具有较大的正确预测概率，而在一个不完全竞争的市场中（市场包括人为操纵股价、内幕交易等），技术分析的正确预测概率则大大降低。

我国股市的"消息市"和"政策市"的特征相当明显，股市的投机性也非常强。大户和机构可以凭借他们的资金实力把每股业绩仅有几分钱的股票炒至二三十元的高价，而一些业绩不错的股票，却因为没有庄家的关注而变得股价呆滞——股市行情好时，别的股票股价飞涨，而它们却原地踏步；行情转坏，股票都在跌价时，它们也跟着下跌。正所谓："有庄的股票是个宝；无庄的股票像根草。"中小散户想要在股市里赚到钱，只能千方百计买进有庄家关照的股票。技术分析方法正好在一定程度上帮助他们"跟庄"，于是，不少中小散户便利用技术分析的方法在庄家吸货时也跟着买进，跟庄家抢筹码；庄家拉抬时，则享受免费坐轿的服务；而在股价的顶部发觉庄家派货时，由于中小散户筹码极少，能够一下子出清，轻松地出来做一个旁观者，观看庄家慌乱出货的情形。

不过，世界上岂有免费的午餐。变幻莫测的股市不仅是资金实力较量的场所，同样也是智慧和技能较量的场所。在一个不以股票内在价值作为投资根据，而是以图表形态和技术指标作为买卖理由的股票市场里，人们所做的一切，归根结底是在电脑屏幕上做着图表的赌博游戏——只不过这种赌博游戏被美其名曰为"投资"而已。既然是在做赌博游戏，那么，一部分人的赢利必然是以另一部分人的亏损作为代价。这样，道理便很清楚：庄家们的获利，必然是以被套股民的亏损作为代价；反之，若跟庄的散户们都赢了，则庄家只能以惨败为结局。

既然中小散户们能够利用技术分析方法占庄家的便宜，为了争夺利益，庄家们也发明出在技术图形上制造陷阱的方法，诱使那些靠技术分析方法进行买卖的人上当，从而在吸货时使技术分析者割肉抛出手中的筹码；要派货时，又使技术分析者误以为还有行情而买进，接走其不要的筹码。

可见，证券市场存在很多不确定性，有很多陷阱和泡沫，仅凭技术分析很难做到准确把握股票未来的发展行情。世界最成功的基金经理彼得·林奇也不相信技术分析，被雅称为现代金融学之父的法玛教授称技术分析为"占星术"，著名美国财经作家卢文斯廷则称之为"图表巫术"。

所以，我们在投资股票时，一定要擦亮眼睛，清醒而理智地投资，千万不要仅凭简单的技术分析就妄下结论。

名气大的企业不一定好

【巴菲特微语录】

去年，我曾非常激动地向大家宣布，我们2000年将会投入大笔资金到广告行销上，并且每一分钱都会用在刀刃上。然而，事实证明，我的做法错了，我们投入大量的广告，结果，这并没有增加咨询保险的电话，我们的咨询电话成交率反倒出现首度下滑。这些不尽如人意的事态发展，让我们在今年每张保单上的成本都大幅增加了。

——巴菲特致股东函（2000）

【活学活用】

在炒股的时候，我们常常受企业的广告所影响，这样使我们误认为，越是经常上电视广告的企业越有名气，越是大牌，如果投资这样的企业一定有丰厚回报。

然而，巴菲特的亲身经历告诉我们，不要被企业的广告蒙蔽，简单的广告和名气大小并不意味着企业就一定赢利。

秦池是山东省临朐县一家酒场的白酒品牌，厂家于1990年3月成立，建立初期，它只是山东无数个小酒厂中的一个，销售范围也只局限于潍坊，每年产白酒的量仅有1万多吨。为了谋求更好的发展，1993年，厂长姬长孔开始把目标锁定沈阳。同时，秦池采取多种营销方式。比如，在电视台上密集投放广告，并由当地技术监督部对秦池酒进行鉴定，还推出消费者免费品尝等活动……经过一系列宣传活动，秦池一下子为众人所知。

1995年，秦池以6 660万元高价买下央视黄金广告段，成为"标王"，并由此一夜成名，其白酒也身价倍增。中标后的一个多月内，秦池就签订了销售合同4亿元。1996年，初尝甜头的秦池以3.2亿元的天价再次成为"标王"。

秦池对外出示的数据显示，当年企业实现销售收入9.8亿元，利税2.2亿元，较上年同步增长了5～6倍。他们预期1997年年度销售额将达到15亿元。

如此一个小小的县级企业，怎么能生产出有15亿元销售额的白酒呢？1997年初，北京某报社派记者暗访，竟然发现一个可怕的事实。秦池的原酒生产能力只有3 000吨左右，它用本厂的原酒、酒精勾兑成低度酒，再加上从四川邛崃收购大量的散酒，然后以"秦池古酒"、"秦池特曲"等品牌行销全国。

秦池的"勾兑酒"事件爆发，秦池也从"标王"的宝座上跌落下来。那年，秦池完成的销售额不是预期的15亿元，而是6.5亿元，第二年，更下滑到了3亿元。到1998年，该厂已经开始欠税经营。如今秦池牌白酒已经消失了。

这个曾经在中华大地上以天文数字豪夺中央电视台标王的一家小酒厂，在广告的光环下，虽然取得了短期的经济效益，但随之而来的便是销声匿迹，给广大的企业留下无限的遐想。

可见，"知名企业"不能简单地等同于"好企业"，如果我们能近距离地接触那些广告堆出来的所谓知名企业，就会发现，其实他们绝大多数也很平常。虽然在巨大的广告效应下，这些知名企业比一般企业有更大可能取得成功，但如果企业内部没有完善的管理，没有一定的雄厚实力，那么，这样的企业不会支撑多长时间。

所以，我们购买股票时，一定不要被企业铺天盖地的广告所迷惑，一些没有太大名气的企业，反倒可能是很有潜力的企业。比如，巴菲特在投资State Farm这家保险公司时，很多人都不看好它，因为它属于合作互助性质的公司，董事会和管理层都不能够拥有股份，所以，该公司缺少资金，也无法提供丰厚的薪酬来吸引明星经理人。但是，巴菲特却独具慧眼，结果这家公司也不孚众望，在艰苦的环境下逐渐发展了起来，到1999年，该公司已经在美国企业排行榜上名列前茅。

　　由此可见，投资者不要单纯地以为名气大的公司就是好公司，很可能徒有其表。广告只是公司的一种宣传手段，它和公司是否赢利没有直接关系，甚至因为广告投入太多，企业因此亏损也有可能。所以，关键还要分析企业产品、赢利情况、管理层等对企业未来发展起到实质作用的因素。

第24章　警惕股市陷阱

会计为企业遮瑕

【巴菲特微语录】

　　这些经理人开始认为他们的主要工作之一是让公司的股价越来越高。为了让股价处在高位，他们实施了令人尊重的精彩的运作。但是，一旦运作达不到预期的效果，这些经理人就会求助于某些不大令人尊重的会计手段，不是"制造"出想要的盈余数字，就是在未来的盈余上做手脚。通过这样操纵赢利用以迎合他们所认定的华尔街的某些愿望。

——巴菲特年度报告（1998）

【活学活用】

　　投资股票，分析企业的财务报表很重要，因为财务报表可以反映企业的经营情况。但是有时候，一些经理人为了能够保证股票价格攀升，故意让会计在财务报表上做手脚。比如，一些上市公司明明亏损，却刻意不让其出现亏损；为了维持与满足配股的最低条件，明明小盈，刻意编制中盈至大盈的会计资料；刚刚配过股，当年不可能再获准配股，为了保持"发展后劲"，明明大盈则编制成中盈甚至小盈的会计资料。这就造成了上市公司报表数字虚假，公司内部治理人和社会公众投资者之间信息不对称。投资者通过报表分析上市公司真实经营状况时感到迷雾重重，无所适从。一旦相信了一个虚假的报表，可能就给自己带来巨大的经济损失。

巴菲特一直以来对会计科目感到高度的怀疑，因为会计科目下的诸多项目能够把许多企业问题都解决掉，并且能够掩盖许多年管理不当的迹象。

比如，有一个科目叫做"重整损失"，在法律角度上说是合法的，但是通常情况下，这个科目被当成了一个操作损益的工具。有时候，为了把过去公司塑造自身盈余形象而造成的很多垃圾一次性出清或者为给未来年度虚增的盈余进行预先铺路，公司会想尽一切办法。通常，很多上市公司会把多年累积下来的开支在某个季度一次性地提列损失，这是一种典型的令投资者大失所望的骗术。

所以，我们应该学习会计学，提早发现投资陷阱。股民程远在2007年年初涉足股市，当时中国股市正处在大牛市，很多人从中获得较大收益。对股市一无所知的他，抱着尝试的心态投下15万元。没想到，短短几个月时间，他的收益就翻了一番，这让他自以为自己很有投资天赋。后来，他又接连投下股票，都有了收获。但是，2008年之后，股市大跌，他的投资也一落千丈，他终于醒悟，上天没有赋予他炒股的天分。

痛定思痛后，他决定重新学习投资。起初，他先从技术分析学起，虽然刻苦但效果不好。后来他想，如果学习投资，应该学习那些最成功的投资者，于是开始学习巴菲特。

巴菲特提出要懂会计，他就买了很多关于会计和财务的书，潜心自学。以便更方便地读懂上市公司的财务报告，辨别企业投资价值。

会计学也的确让他避免了投资陷阱。一次，他看好一支在2008年刚刚上市的股票，他发现这家公司上市之前的利润很低，但到了2008年利润却翻了一倍还多，而此时募投项目没有达到生产状态。根据所学的会计知识，他认为这种无缘无故利润大增的情况值得特别注意，很可能其中存在调节利润的情况，一年多计成本而另一年则少计成本。后来，该股票的确没有想象中那么好，幸亏自己没有投入。

在一次次的实践中，程远终于逐渐摸清了巴菲特的投资理念，并结合实践，找到了自己投资的一些方法，他乐此不疲地研究企业、股票市场。通过他的不断学习，他逐渐获得了较为稳定的收益。

学习会计，能让我们预测企业未来发展中存在的危机，从而避免受到损失。比如，应收账款绝对值增幅巨大，应收账款周转率过低，则说明该公司在账款回收上可能出现了较大问题。庞大的应收款会像无底洞一样不断侵蚀市场投资资金。特别应该注意的是，通常，正常经营活动所产生的应收款比较分散，可以通过正常的业务关系回笼，但是，有些应收款是被控股的大股东"借"去的，如果这样，以现金偿还的可能性就很小，形成呆坏账或者无法回收的可能性就较大。所以，应该注意应收款的来源，预先发现应收款可能给企业带来的潜在危机。

总之，一些企业经理人常常为了遮掩企业存在的诸多问题，通过会计手段进行抹平，但再怎么遮掩，也会漏下蛛丝马迹，只要我们仔细研究，认真分析，定能发现其中的陷阱，避免损失。

摆脱多头陷阱困惑

【巴菲特微语录】

这些经理人应该已经收到了一些消息，当你发现自己已经深陷其中时，最重要的一件事情是不要再继续挖洞了，不过在这个临界点还没有到来时，很多人虽然不情愿但是仍然还在用力地挖洞。

——巴菲特致股东函（1990）

【活学活用】

多头陷阱指的是，当股价或指数不断创历史新高，市场一片乐观气氛，许多中小投资者，尤其是一些从来不关心股票的人，也开始大举买进股票。这时候，股价或股指却不涨反跌，将追高买进的投资者全部套进"陷阱"，这就是所谓的多头陷阱。通常这个陷阱的制造者是那些有资金优势、信息优势和技术优势的人，他们通过技术处理手段操纵股价和股价走势的技术形态，在盘面中出现明显做多的势态，进而引诱中小投资者得出股价将继续上升的结论，导致人们蜂拥买入，最后，这些操控股市者高价卖出大部分股票，使中小投资者损失惨重。

18世纪初，约翰·肖成立了密西西比公司。成立初，以每股500法郎发行了1亿法郎股票。但人们都不看好密西西比公司，于是，股价迅速跌至每股300法郎。这时肖突然公布：他要以每股500法郎价格收回自己公司的股票。于是，股市沸腾，投资者认为，只要以低于每股500法郎的价格购进密西西比股票就可以获利。于是，该股票迅速成了人们争相抢购的对象，股价也随之迅速攀升，直到接近每股500法郎。同时，肖又买通政府，宣布自己将会获得一系列贸易特权，并许诺借给政府15亿法郎，还允许投资者分期付款支付该股票。结果，密西西比股票狂涨到每股1.8万法郎。然而，就在这时，肖则抛售了手中大量货币，赢得了高额收益。而其他普通股民损失惨重。

所以，当人们疯狂购买股票时，千万要警惕其中可能发生的多头陷阱。

多头陷阱通常可以分为两种，一种是股价构筑顶部时的多头陷阱，另一种是股价在下跌过程中形成的中继型多头陷阱。

对于多头陷阱的识别，我们主要从消息面、基本面、技术面等方面进行全面分析。

第一，从消息面上分析。

主力常常利用宣传上的优势进行造势。比如，寻找一些所谓的股评专家对该股进行吹捧，鼓动人们购买；散布一些小道消息。并且，这些煽动性消息会随着该股股价上涨而愈演愈烈，人们一夜间全都认为这只股很好。如果股民听到太多关于这只股的吹捧，那么，就该小心了。因为通常情况下，当人们正兴高采烈看着股价上涨时，突然有一天该股主力抛售，股民就被套牢。

第二，从个股基本面上分析。

因为取证的困难，我们很难证实一家上市公司是否和主力联手坐庄。但是，现实股市中也确实存在着一些奇怪的规律。那就是当主力资金建仓时，常常是这个上市公司问题最多的时候。比如，该公司遭遇了官司，碰到了天灾人祸或者是经营业绩下滑等不如意的事情。这些情况，让很多投资者丧失对该股的信心，而这时，主力则能够轻松完成建仓，然后静待该股拉升到让投资者目瞪口呆的高位，这时，通常企业也渡过了难关，主力打算出货。而在出货前，股票攀高时，股民常常会纷纷购买，却被突然的主力出货、股价下降而套牢。所以，投资者在分析上市公司的基本面时，一定要注意，如果盘面上出现巨量长阳走势，盘中有大笔交易，可见主力进仓，这时不要高兴，如果该公司没有实质性利好信息股价就暴涨，应该果断退出或者不进入，以免中了多头陷阱。对于那些业绩容易有大的起落或者业绩异常好的企业，投资者应该尽量避免投资，以免落入主力的多头陷阱。

第三，从技术面上分析。

从盘面上看，往往有多头陷阱在K线走势上连续几根长阳线急速上升，并且冲破各种强阻力位和长期的套牢成交密集区，甚至攀升得出现了跳空缺口，让人们看到好像还有很高的上涨空间。其实，这些都是不正常的现象。另外，当盘上出现顶背离现象，股民更应该仔细研究。当然，只依靠一种指标的顶背离现象进行研究判断，很可能判断失误，发现不了多头陷阱。应该注意研究多种技术指标，如果发现多种技术指标显示出相同性质的信号，才能保证判断的准确性。因为，不管主力怎样掩饰或骗线，多种指标多重周期的同步背离现象都会直接揭露主力的真实意图。所以，投资者要注意观察多种指标是否在同一时间段内在月线、周线、日线上同时发生顶背离现象。

总之，股市风云变幻，天上不会掉馅饼，投资者多一份谨慎和理性，多一刻分析，更容易识破陷阱，避免损失。

不被空头陷阱蒙蔽

【巴菲特微语录】

这种情况可能在重大自然灾害或金融风暴后迅速改变，如果没有这类事件发生，可能还要再等上一两年，直到所有的公司都不能承担巨大的损失为止。

——巴菲特致股东函（1990）

【活学活用】

所谓的空头陷阱就是股民砸盘建仓时营造的绝望陷阱，是波涛汹涌让人恐惧的骇浪。此时，股价不断下跌，人气散淡，散户纷纷抛售，大有股市逃亡的景象，多数股民认为无利可图，而结果却是十买九赚。如果投资者做到反其道而行必能赚钱。

例如，中国股市在1994年时，沪指从1556点的高位一路狂跌到最后一个重要关口——386点。从技术层面上来讲，386点已经是沪股的最后一道防线，一旦这里失守，那么投资者就不知道该去哪里觅底了。但是，当时的"333主力庄家"正是针对这一分析理论，打破了最低线，直接跌到333点，所有的投资者都对后市极度悲观了。刹那间，该股要跌到200多点的悲观情绪迅速感染了很多投资者，投资者们纷纷挥泪售出自己的股票。而这时的主力庄家则轻松建仓，随后，借三大政策的利好刺激，股价突然狂涨，而投资者则惋惜不已。

巴菲特多次强调的"别人恐惧时，你贪婪"就是证明。巴菲特从不按常理出牌，在别人恐慌股市时，他却信心十足地买下股票，而结果往往是这些不看好的股票日后大涨暴涨。所以，我们也应该像巴菲特那样，抓住投资的大好时机，同时，还要学会识别空头陷阱，知己知彼才能百战不殆。

识别空头陷阱和识别多头陷阱有些类似，主要从消息面、宏观基本面、技术分析面和资金面等方面进行分析。

第一，从消息面上分析。

市场主力利用自己在消息方面的优势营造降价恐慌，让人感觉一只股票定然下跌，从而导致投资者迫不及待地抛售。然而，渲染得太过，太不自然，常常能让敏感的投资者察觉，如果你发现有这种现象，就要静观其变，看其接下来的走势。

第二，从宏观基本面上分析。

投资者要多问为什么，为什么该支股会下跌呢？然后，留意是否的确有实质性的利空因素，比如政策变化等。如果没有特别的实质性利空因素，那么，就要留心这是空头陷阱了。

第三，从技术形态上分析。

通常空头陷阱在K线上的走势是连续几根长阴线同时暴跌，并且跌势凶猛，甚至跌破各种强支撑位，或者出现下跳空缺口。

第四，从成交量上分析。

通常如果是空头陷阱的话，成交量会随着股价的持续下跌，一直处于一个不规则的萎缩中。甚至有时候，盘面上会出现无量空跌或无量暴跌的现象，盘中个股成交也不活跃，让投资者误以为跌势还将持续。

综合上面几条进行分析，我们常常能够避免空头陷阱，当主力认为价格足够低时，就会大量买入该股票，让股价重新上升，投资者大可从中得利。

小心辨别信息真伪

【巴菲特微语录】

如果股票市场的信息总是有效的，我只能沿街乞讨。

——巴菲特投资语录

【活学活用】

信息是投资者的命脉，投资者做任何投资判断，都要从获得的信息中进行分析、判断，去伪存真，最终给出正确的投资策略。所以，拥有足够客观的信息很重要。

巴菲特非常重视信息，他每天都要阅读大量的企业报纸、杂志，从这些信息中发现企业发展的蛛丝马迹，从而得出正确的决策。

在如今这个信息高速发展的时代，信息的获得越发容易，但同时也面临着真伪的辨别问题。特别是作为普通散户，平时不可能去定期拜访上市公司，也无法与同业工会、供应商、经销商交谈，更不会说参与到企业的经营管理中，即便一年两次的股东大会，绝大多数的小股民也无缘参加。能够拥有很多股票市场消息的人通常是那些财务阔绰的中外基金、券商或者私募基金等，他们可以随便利用自己手中的信息资源为自己服务。我们普通投资者手中的信息，通常是被有信息优势的投资者歪曲的，很可能其中有一些是怀有其他企图的人故意散布的误导信息。

所以，作为投资者应该提高分析辨别信息的能力，从而正确利用手中的信息，把握未来股市。

第一，看与国家政策是否相悖。

国家政策发生变化，通常在股市中会有所表现。所以，所获得的消息如果和目前国家政策相符，那就可以关注一下股票市场表现；如果消息和国家政策不符甚至相悖，那么，就可能是虚假的，可以置之不理，以免扰乱自己。

第二，咨询一些证券管理机构、交易所或上市公司等。

如果咨询多家机构的答案都是否定的，那么，还是不要冒险购买。如果获得的答案多数是肯定的，那么，就继续观察一段时间，看看股票价格走势。如果股票的价格走势异常，则迅速撤出或者不要购买，以免陷入空头或多头陷阱，要迅速沽空，以免愈陷愈深。曾经有一个股民在听到一些消息后，直接跑到该公司总裁办公室问个明白，自然消息真伪也就立刻辨别出来了。

第三，根据股价变化来识别。

如果股价已经很高，这时，利多消息传出越多，投资者就越应该谨慎，以免陷入多头陷阱。如果股价很低，传出利多消息，同时有大笔交易，投资者可以密切关注，很可能是真的信息。另外，如果股价本来就很低，还有利空消息传出，很可能是空头陷阱，可以不必理会，勇敢建仓。

判断信息真假后，我们还要继续分析真实信息，以便发现投资机会。比如，看消息对股市的影响。如果股市没有因为该消息发生变动，那么，就可以不去理会；如果有变动，就应该密切关注，以便及时撤出或投入。如果一个坏消息出来，而这个企业向来经营状况很好，但股价大跌，这时候，要看股价的跌幅程度，如果跌得太厉害，其股票价格已经低于它的股票价值，那么，就可以立刻购买该股票，因为企业的股票早晚会涨上去，这可是个逢低建仓的好机会。

总之，投资者对股市中流传的消息不要盲目轻言，切忌把消息当成自己投资决策的唯一依据。要小心检验其真伪，结合基本面、股价的变化以及消息流传时股市所处的阶段等方面全面辨别，然后再作出投资决策。有时候，也可以利用这些错误信息作出反其道而行的投资决策，就像巴菲特说的那样："市场通常会错得很离谱，有些时候谨慎的投资人反倒能善加利用这种独具特色的错误信息。"

成交量中隐藏陷阱

【巴菲特微语录】

关键是利用市场，而不是被市场利用。

——巴菲特投资语录

【活学活用】

所谓成交量，就是指股票交易市场或个股买卖交易的数量。股票成交量的大小，可以衡量股票市场或个股交易的活跃程度，并由此可以观察和了解买卖双方主力进入或退出市场的情况。一些有经验的股票投资者，常常善于利用成交量，发现主力机构或庄股的动向，然后选择进入或退出市场的最佳时机。

我们股民也常常把成交量作为买卖股票的重要依据。所以，我们常常会听到这样的话："放量即有大资金进入"、"大盘没量，不好"、"这个股票没量，不好"。殊不知，股票成交量也可能存在陷阱。庄家主要通过以下方法制造成交量陷阱。

第一，针对人们"量增价升"的惯性思维，对倒放量拉升。

比如，坐庄的主力只要用20万股，自己买进自己卖出，来回对倒20分钟，就足可以吸引看成交量走势投资者的眼球，随之，会有很多投资者跟着追涨，然后趁机出货。

第二，借逆市放量上涨。

当股票普遍下跌时，一些庄家却买入某公司大量股票，这样，在盘上就出现了"万绿丛中一点红"，这吸引了人们的眼球。同时，也误导投资者以为该公司股票存在潜在利好，或者有大量新资金驻入，于是纷纷买进，而庄家则趁机出货。

第三，借利好放量上涨。

通常情况下，股市一些利好消息都是庄家先知道的。为此，他们会放量提前推升股价，等大家知道消息趋之若鹜地购买时，趁机减仓或出货。

第四，借利空大幅杀跌。

当个股下跌时，一些主力就通过大手笔连续买进卖出，打压股价，故意制造恐慌，诱骗散户抛售股票，以便主力快速建仓。

第五，缩量阴跌。

我们常常有这样的思维，认为成交量萎缩意味着抛压在减弱，于是一些庄家缓慢出货，麻痹高位套牢的投资者，导致其错过了最佳止损期。

第六，高送配除权后的填权陷阱。

通常情况下，当个股有大比例送红股、用公积金转送和配股的消息时，主力常常是最先获知的，于是，他们便提前炒高股价。这时，散户一般不会追高买进。等到股票大幅除权，价位立刻就便宜很多，主力再利用填权行情炒作和散户的追涨心理，在除权后形成大量买进的假象，然后趁机出货。所以，对于除权的个股必须要复权，让股价波动保持一种连续性，以避免掉入陷阱。

为此，我们应该研究主力的动向和意图，来避免被套牢。通常情况下，一旦主力放量拉升股价，其行踪就会暴露，此时研究该股成交量变化非常有益。我们可以准确地捕捉到主力动向，果断介入，这样常常能让我们在短期内获得非常理想的收益。那么，怎么看成交量变化，摸准主力动向呢？

（1）一般来说，当主力积极介入后，股票的成交量会明显放大，使股票成交变得活跃起来，出现了价升量增的趋势。之后，为了大幅拉升障碍的扫平，主力通常要洗去获利盘，这时，K线图上就会出现阴阳相间的横盘震荡。

（2）在主力洗盘时期，K线组合常常是大阴不断，收阴的次数也很多，并且每次收阴都会伴有巨大成交量，貌似主力在大肆出货，但股价却很少跌破10日移动平均线。

（3）在主力洗盘时，OBV、均量线也会出现一些明显的变化。当出现大阴巨量现象时，股价的5日、10日均量线始终保持向上运行，表明主力在不断增仓。另外，OBV在股价高位震荡期间，始终保持向上，即使瞬间回落，也会迅速拉起，并能够创出近期的新高。这表明单从量能的角度看，股价已具备大幅上涨的条件。

总之，投资者要不断摸索和实践，透过成交量变化摸清主力意图，从而避免被套。